JN300158

新しい生涯学習概論

後期近代社会に生きる私たちの学び

赤尾勝己 著

ミネルヴァ書房

まえがき

　1965年にユネスコで「生涯教育」という理念が提唱されてから半世紀以上が経過した。私たちは，今や後期近代の日本社会に生きている。本書はそうした時間的経過の中で，生涯学習に関する理論がどのように変容し，日本社会に定着していったかを跡づけながら，私たちにとって望ましい生涯学習社会とはいかなるものかについて考えていくうえでの素材を提供しようとするものである。本書の特色は，後期近代社会に生きる人々のアイデンティティ形成の特質から，生涯学習が求められている社会的要因をふまえながら，そこでの学びに関わってくる学習理論を同時に提示していることにある。

　本書は，人間の生涯における様々な場面での学習について，幅広い観点から述べることを意図している。学校の教室で先生から教科の授業を通して学ぶ場面では主に「学習」という言葉を使うが，学校以外の公民館をはじめとする生涯学習関連施設での講座や学級に参加しての学習や企業内教育での学習については「学習」のほかに「学び」という言葉を使うこともある。また，友達同士での情報交換や，親から注意をされたり，自分で本を読んだりして学ぶ場面では主に「学び」という言葉を使うこともある。

　人間の生涯における時間と体力には限りがある。私たちはこの生の有限性の中でどんな対象に自らの興味・関心を向けて学習をしていくのか，そのことが個々の人間の生き方と連動している。それゆえ，生涯学習には，人間が個人として，あまたある学びの対象の中から何を選択して学んでいくかという「個人化」（individualization）が大きく関わっている。

　後期近代社会では，常に集団での学習を前提とできない状況がある。学習は，究極的には個人に始まり個人で終わると言ってもよい。その過程で，個

人は様々な集団に参加する（あるいはさせられる）中で，様々なことを学んでいく。その集団への関わり方は部分的・複合的（ハイブリッド）であり，最終的には学習の成果は個人に帰着する。そこでの学びが人間形成に関わり，個性はその人間形成から生起するのである。

　本書は，後期近代社会における私たち人間の自己形成を軸にした生涯学習概論である。後期近代の進行において，人間の心性はますます個人化しつつある。ライフスタイルも多様化しつつある。日本社会は，アメリカ社会ほどではないが，裁判による訴訟件数も増加しており，クレーム社会になりつつある。人々の生活は断片化（compartmentalized）され，分業あるいは専門分化される中で，ものごとをトータルに理解することがますます困難になってきている。徐々に認識の全体性，すなわちホリスティックな認識枠組みが放棄されつつある。私たちはポストモダンの時代を迎えて「大きな物語」が描けなくなっている。ベック（U. Beck）によれば，私たちが生きているこの社会は，危険社会（risk society）である。私たちには，日々直面するかもしれないリスクを事前に察知し，それから自分を守る術を学ぶことが必要とされている。そうしたリスクを回避していくための学習も，私たちの生涯学習に託されている。人々の学びを受験勉強のように意味が十分に理解できないまま何かを記憶するというレベルにとどめず，日々の生活の中で直面する経験の意味をふりかえりながら，自らの認識のあり方を省察し修正していく変容的学習（transformative learning）を視野におさめる必要があろう。

　また，日々刻々と変わる情報環境に対しても敏感に対応していかなければならない。同時に，私たちが接する情報がどのくらい信憑性のあるものなのかどうかを見極める力が必要となっている。ここにメディア・リテラシーを身につける学習の必要性が現れてくる。

　学校教育は近代社会におけるマスプロダクションの産物である。学校では，現在でも集団を基調にした画一的な学びを中心としている。これはこれで，子どもたちの社会性と「学力」を涵養するうえで一定の意義を有する。しか

まえがき

し同時に，より重要なことは，子どもたち一人ひとりの主体形成である。学校での学びを子どもたちがとらえなおして，主体形成の糧としていけるようにしていく配慮が教師たちには必要となっている。

そうした中，21世紀に入ってから，学力の内実が国際化し，PISA型学力へ注目が集まり，その内実についての検討が求められている。PISA型学力は「生涯にわたる学力」を見据えており，2000年代初頭の日本社会における「ゆとり教育vs詰め込み教育」といった，国内的に閉じられた「学力論争」を止揚できる可能性を有している。後期近代社会においては，子どもにも保護者にも学校教育を相対化していく心性が育まれていく。不登校の児童・生徒数は10万人を超えている。また，学校に対する保護者による無理難題のクレームも増えている。個人化した子どもたちおよびその親たちの心性に，前期近代の集団主義，画一主義を基調とした学校のエートスが合わなくなっている。これもまた後期近代社会の必然的な事態であろう。

他方で，学びの時空間の再デザイン化を図る観点から，日本の生涯学習社会において人々は何を学んでいるのか，人々は何を学ぶべきなのかについて考える必要が出ている。特に，成人期以降においては，前期近代において支配的であった画一的なライフステージに基づく発達段階論（R. ハヴィガーストなど）はあてはまりにくい。ここでは年齢によって，何を学ぶかについての画一的な決定はできにくい状況にある。

本書は大学における生涯学習概論のテキストとして書かれているが，私たちがどのような生涯学習社会を望ましい社会とするかについて考えるための素材として利用していただければ望外の喜びである。本書の中で読者の皆様とともに，21世紀における日本の生涯学習社会の望ましいあり方を探っていくことができれば幸いである。

2011年12月

赤尾　勝己

目　　次

まえがき

序章　生涯学習を論じるうえでの諸前提 ……………………………… i
  1　生涯学習を推進する要因 ……………………………………… 1
  2　生涯学習という概念 …………………………………………… 2
  3　生涯学習と成人教育 …………………………………………… 4
  4　成人学習のとらえ方 …………………………………………… 7
  5　生涯学習と社会教育 …………………………………………… 9
  6　生涯学習とフォーマル・ノンフォーマル・インフォーマル
     な学習の関係 …………………………………………………… 11

第1部　生涯学習が必要とされる社会的背景

第1章　後期近代社会における生涯学習をとりまく環境 ………… 18
  1　再帰的近代化 …………………………………………………… 18
  2　個人化の進行 …………………………………………………… 21
  3　グローバリゼーションの進行 ………………………………… 23
  4　アイデンティティの形成過程 ………………………………… 26

第2章　問い直される学力——PISA型学力から生涯学力へ …… 31
  1　日本国内における学力論争の不毛 …………………………… 31
  2　PISA調査で問われた学力 …………………………………… 32

3　フィンランドの教育は何を重視しているか……………………36
　　4　キーコンピテンシーの提案……………………………………38
　　　　（1）カテゴリー1——相互作用的に道具を用いる　38
　　　　（2）カテゴリー2——異質な集団で交流する　39
　　　　（3）カテゴリー3——自律的に活動する　39
　　5　PIAAC調査に向けて……………………………………………40

第3章　「学習する組織」の提唱と学びの意義……………………44
　　1　「学習する組織」論が登場した背景……………………………44
　　2　センゲの学習組織論……………………………………………46
　　3　知識創造経営論…………………………………………………48
　　4　活動理論の登場…………………………………………………50
　　5　実践共同体としての学習組織研究の課題……………………53

第2部　海外の生涯学習に関する理論と動向

第4章　ユネスコにおける生涯教育から生涯学習への転換………58
　　1　ラングランによる生涯教育の提起……………………………58
　　2　ジェルピの生涯教育論…………………………………………60
　　3　「成人教育の発展に関する勧告」の意義………………………62
　　4　学習への着目……………………………………………………63
　　　　（1）フレイレの成人識字教育　63
　　　　（2）学びの4本柱　67
　　5　ハンブルグ宣言の概要…………………………………………69
　　6　生涯学習へのシフト変換………………………………………73

第5章　OECDにおけるリカレント教育から生涯学習への転換……77

1. リカレント教育の提起…………………………………………………77
   - （1）学習と教育のとらえ方　77
   - （2）有給教育休暇の制度　79
2. リカレント教育からの離脱と生涯学習への関与……………………80
3. ノンフォーマル・インフォーマルな学習の可視化へ………………83
4. 教育と市民的・社会的関与の関係への着目…………………………87

第6章　アメリカにおける学習社会論とその展開…………………93

1. 学習社会の構想…………………………………………………………93
2. アメリカの成人教育の特質……………………………………………96
3. 非伝統型高等教育の発達……………………………………………100
4. 成人識字教育の課題…………………………………………………103
5. 2005年成人教育調査の結果から……………………………………107

第3部　日本における生涯学習政策の展開

第7章　生涯学習政策の展開…………………………………………112

1. 生涯教育政策のはじまり……………………………………………112
2. 臨時教育審議会における「生涯学習体系」のとらえ方……………116
3. 生涯学習政策の本格化………………………………………………117
4. 現代的課題の学習とNPO法の関連性………………………………120
5. 生涯学習パスポートの提案…………………………………………123
6. 生涯学習に関する世論調査の結果から……………………………127

目　　次

第8章　地方自治体における生涯学習行政の展開……………………131

　　1　生涯学習によるまちづくり………………………………………131

　　2　生涯学習推進計画の策定…………………………………………133

　　3　首長部局施策との関連性…………………………………………135

　　4　生涯学習行政のパラドックス……………………………………140

　　5　コミュニティ教育施策との関連性………………………………141

　　　　（1）「第4の領域」の提案　141
　　　　（2）新たなコミュニティの形成に向けて　143
　　　　（3）社会教育関連会議の再検討の必要性　144

　　6　ヨーロッパにおける学習都市のイメージ………………………145

第9章　学校教育改革の動向……………………………………………150

　　1　生涯学力の提案……………………………………………………150

　　2　総合的な学習の時間の活用………………………………………154

　　3　社会構成主義的学習理論の援用…………………………………158

　　4　社会教育から学校教育へのアプローチ…………………………161

　　5　生涯学習施設としての大学・大学院……………………………163

第4部　社会教育・生涯学習関連施設における学び

第10章　図　書　館………………………………………………………172

　　1　図書館の自由を求めて……………………………………………172

　　2　司書の専門性をめぐって…………………………………………175

　　3　図書館の管理運営をめぐる新たな動向…………………………177

　　4　学校図書館との連携の必要性……………………………………178

　　　　（1）学校図書館とは　179

　　　　（2）ユネスコ学校図書館宣言とは　180

　5　注目すべき図書館の実践 …………………………………………… 181

第11章　博　物　館 …………………………………………………………… 185

　1　転換期における博物館の現状 ……………………………………… 185

　2　生涯学習施設としての博物館の役割 ……………………………… 187

　　　　（1）「メディア」としての博物館　187
　　　　（2）「学習者」として入館者　188
　　　　（3）ボランティアの役割　188
　　　　（4）子どもたちへの対応　189
　　　　（5）情報化社会への対応　189
　　　　（6）現代的課題への取り組み　189
　　　　（7）講座プログラムの充実化　190
　　　　（8）博物館協議会の活性化　190
　　　　（9）オーディエンスとしての入館者分析の必要性　190

　3　学芸員の専門性とは ………………………………………………… 191

　　　　（1）学芸員の5つの役割　192
　　　　（2）ミュージアム・エデュケーターとしての役割　193

　4　指定管理者制度の導入をめぐって ………………………………… 194

第12章　公民館および生涯学習関連施設 ………………………………… 198

　1　公民館とはどんなものか …………………………………………… 198

　2　講座の企画・運営 …………………………………………………… 201

　　　　（1）講座企画者に必要な力量　201
　　　　（2）生涯学習関連施設の役割　203

　3　曲がり角に来た公民館 ……………………………………………… 206

　4　指定管理者制度が導入された事例 ………………………………… 209

　　　　（1）ケース1──米原市公民館　209
　　　　（2）ケース2──長岡京市中央生涯学習センター　210

5　新たな動向……………………………………………………… 213

終章　生涯学習社会の課題と可能性………………………………… 217
　　1　自己のコスモロジーのたえざる再構築を求めて…………… 217
　　2　生涯学習社会は生涯資格化社会か…………………………… 221
　　3　一望監視型社会と自己監視の関係…………………………… 224
　　4　ささやかな希望的観測………………………………………… 227

あとがき……………………………………………………………………… 235
巻末資料……………………………………………………………………… 237
索　引………………………………………………………………………… 268

序章　生涯学習を論じるうえでの諸前提

1　生涯学習を推進する要因

　今日の日本社会における生涯学習を推進する要因として，次の7点が指摘できよう。

　第1点は余暇時間の増加である。1990年代以降，年間の総労働時間は短縮化傾向にある。これはアメリカからの外圧によるものであった。経済的な観点から言えば，内需拡大策の一環でもある。周知のように，学校教育では，2002年度から完全学校週5日制へ移行している。成人だけでなく子どもたちもまた自由時間の使い方が課題となっている。

　第2点は高齢化である。国連の定義によると，高齢社会とは65歳人口が全人口の7％を超えた社会を指す。超高齢社会とは65歳人口が14％を超えた社会を指す。日本では1998年に65歳人口が16.2％になり，すでに超高齢社会になっており，2045年にはこれが28.4％に達することが予測されている。日本人の平均寿命は，男性が81.47歳，女性が87.57歳（2022年）で，世界最高の長寿国である。そこで，60歳で仕事を定年退職した後の約20年間をどう生きるかが人々の課題ともなっている。

　第3点は，急激な技術革新である。私たちは学習によって，コンピューター操作能力に代表されるように，日進月歩の技術革新についていかねばならない。OECD（経済協力開発機構）では1973年に「リカレント教育」が提起され，ヨーロッパの国々では有給教育休暇が導入され，労働と教育の循環をすべての人に保障することがめざされた。日本では1991年から旧労働省によって生

涯職業能力開発体制が導入された。仕事の世界における技術革新についていくために人々は日々学ばざるを得ないのである。

　第4点は高学歴化である。高校進学率は98.53％（2021年度）に達し，ほとんどすべての中学生が高校に進学している。さらに，大学・短大進学率は58.9％（2021年度）に達し，今や高校生の2人に1人が大学・短大に進学する時代になっている。他方で，大学や大学院では科目等履修生や社会人学生・院生も増加している。

　第5点は国際化である。今日，街の英会話学校が繁盛し，英語を公用語とする企業も出てきている。2011年度からは小学校へ外国語教育が導入された。従来の文法中心の英語教育から，ますます「使える英語」への需要が高まっている。同時に日本への留学生や在日外国人との交流といった，「内なる国際化」への対応も求められている。

　第6点は情報化である。私たちは日々，新聞，ラジオ，テレビ，インターネット，携帯電話等の個人化されたメディアによって情報を収集・交換している。そうした情報の海の中で，情報の真偽を見極める能力，すなわちメディア・リテラシーを涵養することが必要になっている。

　第7点は，人々の心の奥底にある自己実現（自分さがし）への希求である。不況で明日が見えない状況下において，自分はどんな人間なのか，自分はどう生きるべきなのかが，実は真摯に問われている。今日の日本社会には，人々のアイデンティティ形成が困難な時代であるがゆえの隠れた哲学・心理学・宗教学ブームがある。

2　生涯学習という概念

　「生涯学習とは何か」という問いに対して，まず高齢者が公民館等で講座や学級に参加して学ぶ風景が挙げられよう。だが，これは生涯学習の一部にすぎない。あるいは，ある企業が運営している通信教育で学ぶことを思い浮か

べるかもしれない。しかし，これも生涯学習の一部でしかない。生涯学習は，人間が生まれてから死ぬまでの学習のすべてを指す。生涯学習は価値を問わない，内容・分野を問わない，なんでもありの世界である。ここには　学校教育での学びも含まれるが，個人での趣味も含まれる。そのうえさらに，いつでも，どこでも，だれもができ，日常生活と結びついている学びもある。個人的な教養，趣味，スポーツからギャンブルまで幅広い。さらに，人によってはカラオケ，パチンコ，マージャンでも生涯学習になりうるのである。生涯学習はまさに玉石混淆の世界であり，教育する側から見て望ましい学習もあれば望ましくない学習もある。生涯学習の中には，教育と対応した学習もあるし，教育と対応しない学習もある。そして，人間の生涯においては，教育と対応しない学習の方が圧倒的に多いのである。

　つまり，ここでは「学習」という概念を広く解釈する必要が出てくる。それは，個人で行う学習の内容が，必ずしも教育的な価値とは対応せず，場合によってはそれに反することもあるからである。その一般的特質として，次の3点が挙げられる。第1点は個人志向である。自分は何者かについての学び，自分探しのための学習である。これは個人学習の趣味や教養志向に表れている。バーチャルなゲームの世界にはまる人々もそうである。第2点は脱地域志向である。都市化の中で，人は地域社会と関わりを持たないでも生きることができるようになった。同時に，交通機関の発達により行動範囲が拡大化された。第3点は，脱社会志向である。自分の生きている社会のことをあまり考えなくても生きている人々にあてはまる。それは娯楽志向であり，ネット社会にはまる人もそうである。これら3点は，個人化されたインフォーマルな学び（informal learning）の特質でもある。

　つまり，生涯学習とは，学校教育に対応したフォーマルな学習（formal learning），公民館などの生涯学習関連施設での講座や学級などでのノンフォーマルな学び（non-formal learning），そして，上記のインフォーマルな学びの3層を包含する概念である（図9-4参照，161頁）。人間が生涯の中で最も多

く経験するのはインフォーマルな学びである。このように，生涯学習社会においては，これまで以上に，学習概念を広くとらえることが必要になってくる。

3　生涯学習と成人教育

　成人教育（adult education）は，ある社会において成人とみなされる人々をを対象とした教育である。教育とは，「ある人がある人をより善くしようという意図をもって働きかける過程」と定義できる（村井 1976:19）。ここにはなんらかの教育的価値が介在せざるを得ない。したがって，ある人がある人を「泥棒」にするために教育するというのはあり得ない。なぜなら，一般社会の通念上，泥棒というのは教育的価値を持たないからである。しかし，ある人が自ら泥棒になろうとしてそのための盗みのテクニックを学ぶ――学習する――ということはありうる。なぜなら，学習は教育と異なり，教育的価値に対応する場合もあれば対応しない場合もあるからである。教育と学習は予定調和的関係ではなく非対称的である。岡本薫も，生涯学習という概念が，新しい知識，技能，態度等が結果として習得されるようなあらゆる学習を含むものとしてとらえ，生涯学習は，マスター・コンセプト（総合的・包括的な概念）であると論じながら，次のように教育基本法の存在を引き合いに出しながら，教育と学習の関係について言及している。

　　「教育は常に『価値あるもの』であり，『悪しき教育』といったものは，少なくとも日本には存在しないということになります。これに対して，『学習』の方は，『新しい知識，技能，態度等が結果として習得されること』を意味する（習得された知識等が良いものか悪いものかは関係ない）ので，『価値』とは結びつかない概念です。…（中略）…このように考えると，『学習の目的』という観点から見ても，『生涯学習』の範囲は，『生涯教育』の範囲よりもはるかに広い，と言えるのではないでしょうか」（岡本 2004:

19）。

　日本における成人教育は，20歳以上の人々を対象とした教育である。ここには大学や大学院でのフォーマルな教育も含まれるし，公民館等における教育や企業内教育といったノンフォーマルな教育も含まれる。生涯学習は生まれて死ぬまでの年齢層の人々の学習を指しているが，成人教育がカバーする領域は成人の学習に限られており，子どもは成人教育の対象から除外される。日本には成人教育という概念が根づいていない。根づいているのは「社会教育」である。日本では，教育基本法と社会教育法の中に，社会教育施設・機関として，図書館，博物館，公民館が位置づけられている。欧米には成人教育学（andragogy）という学問がある。アメリカのノールズ（M.Knowles）は，成人教育についての代表的な理論家である。

　成人教育が関わるのは，成人が教育・訓練を受けるすべての場所である。アメリカを例にとると，企業内教育，病院内研修，成人対象の宗教教育，刑務所での矯正教育，成人基礎教育，成人識字教育，成人中等教育，地域住民への健康教育，コミュニティ・カレッジ，大学の公開講座，（専門職）大学院などである。一般に，教育とは，文化の中から教育する側が望ましい価値を有するものを選択・配列して，学習者の発達に応じて伝えるという意味あいがある。あるいは，教える人が教えられる人をより善くしようとする営みだと言うこともできる。しかし，上記のように企業内教育や矯正教育が含まれているように，成人教育には，教育だけでなく訓練（training）という概念も含まれるのである。日本では，企業内教育や矯正教育を教育と見做さない傾向がある。前者は各企業で担われるものであり，その内容は教育というよりもある特定の職務遂行能力を伸ばす「訓練」に近く，従来は経営学の研究対象であった。後者は受刑者の社会復帰をめざすための生活訓練であり，これは法務省矯正局の管轄であり文部科学省（文教行政）の管轄ではない。このように成人教育概念がカバーする範囲の広さを認識する必要があろう。

一方，ユネスコでは1976年の「成人教育の発展に関する勧告」の中で，「成人教育」を次のように定義している。

　「『成人教育』とは，内容，段階および方法がどんなものでも，正規あるいはそうでないものであろうと，初等・中等教育機関及び高等教育機関において，ならびに実務教育として当初に受けた教育の延長であるかこれに代わるものであるかを問わず，その所属する社会において成人とみなされる人々が，その能力を発達させ，知識を豊かにして，技術的・専門的な資格を向上させ，または新しい方向へ発展させ，さらに全面的な人格の発達および均衡がとれ，かつ自立した社会的・経済的・文化的発展への参加という二重の観点から，その態度または行動についての変容を生じさせる組織的な教育過程の全体をいう」。

　そして，生涯教育と成人教育の関係について，「成人教育は，生涯教育及び生涯学習の普遍的体系の一部であり，かつ，不可分の一部をなすものである」と述べられている。ここは厳密に言えば，成人教育は生涯教育の一部であると言うべきであろう。
　他方で，M.ノールズは「成人の学習を援助する技術と科学」として成人教育学（andragogy）を構想した。これは子どもを対象とした教育学（教育学：pedagogy）とは異なる，成人を対象とした教育学（成人教育学）を意味する。当初，ここには子ども＝依存的，成人＝自己決定的という子どもと成人の二分法が前提とされていたが，ほんとうに成人は子どもに比べて自己決定的だといえるか？　他人によって左右される他者決定的な成人もいるのではないか？という問いかけを受けて，ノールズはこの理論を子どもと成人を貫く教育方法のスペクトラム（虹）として提示することになった。
　なお，成人教育に関連する概念として，「継続教育」がある。これは continuing education および further education の訳語である。前者は，成人教

育の場におけるフォーマル・ノンフォーマルな教育と関わり，後者は，短期大学や専修学校のような中等後教育（post-secondary education）と関わっている。

4　成人学習のとらえ方

　「生涯発達」(lifespan development) という考え方がある。成人は経験の中で様々なことを学ぶ。その過程で自らの認識を変容させていく。変容的学習 (transformative learning) が生起する。そうした過程で自分に固有の学びを発見するのである。D. レビンソンはその著作『人生の四季』において，人間は人生において移行期と安定期を繰り返し，そのたびにアイデンティティ（自我同一性）の動揺を経験するという。各期はどの人間も年齢によってほぼ一致している。例えば40〜45歳が中年期への移行期である。S. ホイットボーンは，人間は人生の過程においてアイデンティティ構造の同化と調節をくり繰り返すという。そして，年齢によって一概に決められない「転機」(turning point) を経験する。

　私たちは，ある年齢になってみると，「回想法」の手法で「自分史」を発見することができるようになる。何歳の時にどんな事件があったか。そこでどんな人と出会ったか？　どんな本を読んだか？　どんな社会的現象があったか？　どんなＴＶ番組を夢中になったか？　そうした過程で，自分自身がどのように変化してきたかを冷静にみつめる中からこれからの生き方を探るのである。その際，他者の眼もあるとよいであろう。他者との対話の中で自分を発見する，自分にはわからなかった一面を知ることができるかもしれない。

　後期近代社会においては，年齢規範のゆらぎが生じてくる。何歳になったからこういう学びをしなければならないという時代ではない。平均的，画一的なライフサイクルから導き出された「発達課題」は衰退していく。大多数の人間を対象としたライフサイクル研究よりも個々人のライフコース研究へ重心が移動していく（嶋﨑 2008）。

また，「異文化としての他者」という言葉があるように，個人主義が進展する中で他者とのコミュニケーションが難しくなっている。他者理解における「共通感覚」の基盤の弱体化の中で，孤立化していく人もこれまで以上に増加する。そうした中にあって，私たちには，より包括的な人間形成を自覚的に追求していくことが求められる。自分と異なる文化に対して寛容であるためには，幼少の頃から多文化主義（multi-culturalism）の感覚を身につけていくことが必要になってくるのである。

　こうした学習による認識の変容に関わってくるのが変容的学習理論である。その代表的な論者であるメジロー（J. Mezirow）は，学習を，新たな経験に照らして，自分の中に新しい知識を作り上げていくことととらえている。つまり，学習というのは何かを記憶することにとどまらず，人間が，生涯における諸経験を通して，それまで自分の中であたりまえと思っていたことを問い返し，新たな認識を作り上げていくことである。ここでは，学習において意味（meaning）がキーワードになってくる。変容的学習理論を提起した当初，メジローは，「意味のスキーム」と「意味のパースペクティブ」に変容が起こるとしていたが（Mezirow 1991），1990年代半ばから次のような準拠枠（frame of reference）という概念を使用するようになる。

　　「準拠枠とは，『意味のパースペクティブ』，すなわち想定と期待の構造であり，私たちはそれを通して感覚の印象を濾過する。準拠枠は，認知的・情緒的・意志的側面を有し，私たちの意図，期待，目的を前もって傾向づけることによって，知覚，認知，感情，性向を選択的に形成し，その範囲を限定する」（Mezirow 2000：16）。

　そして，メジローは，変容的な学習が起こる際に，準拠枠の再編成が行われると論じる。準拠枠は，さらに下位の全般的・抽象的な「精神の習慣」（habit of mind）と，個別的・具体的な「観点」（point of view）に分けられる。

その他，人生経験から，自らの認識の変容について論じたものとして，コルブ（D. Kolb）の経験学習（experiential learning）論がある。コルブは，経験学習を「具体的な経験が変容された結果，知識が創出されるプロセス」（Kolb 1984: 38）と定義づけた。彼は，経験学習には次の4つのサイクルがあると論じる。

　　①具体的経験，　②反省的観察，　③抽象的概念化，　④能動的実験

こうした4つのサイクルを繰り返しながら，人間は生涯発達を遂げていくことになる。はたして，こうした4つのサイクルだけで，経験による人間の学びを説明できるかは疑問であるし，そこに成人教育者やリーダーやコーチなどの指導者がどのように関わるかについての研究も必要であろう。この経験学習論については，近年，松尾睦をはじめとする経営学者からも注目され，企業や病院などの組織において構成員がどのように成長していくかが調査されている。今後，隣接する社会科学における研究成果とのつき合わせをしていく必要も出てこよう。

5　生涯学習と社会教育

社会教育は，日本に特有な概念である。日本以外では韓国で平生教育という言葉が使用されている。旧文部省では，1921年の管制改革において「社会教育」という用語が使用されだし，1924年に文部省に社会教育課が誕生した。戦後の1949年に制定された社会教育法第2条では，「『社会教育』とは，学校教育法に基づき，学校の教育課程として行われる教育活動を除き，主として青少年及び成人に対して行われる組織的な教育活動（体育及びレクリエーションの活動を含む。）をいう」と定義されている。

また，2006年に改正された教育基本法第12条（社会教育）では，「個人の要望や社会の要請にこたえ，社会において行われる教育は，国及び地方公共団体によって奨励されなければならない」「2　国及び地方公共団体は，図書館，博物館，公民館その他の社会教育施設の設置，学校の施設の利用，学習の機会

図序 – 1　生涯学習の内容

```
┌─────────────────────────────────────────────────────────┐
│                        生涯学習                          │
│  ┌─────────────────────────────────┐                    │
│  │         教育による学習           │    自己学習        │
│  │                                  │    偶発的学習      │
│  │  学校教育による学習（フォーマルな学習）│ （インフォーマルな学習）│
│  │  社会教育による学習（ノンフォーマルな学習）│              │
│  │  家庭教育による学習（インフォーマルな学習）│              │
│  └─────────────────────────────────┘                    │
└─────────────────────────────────────────────────────────┘
```

出所：文部科学省資料をもとに作成。

及び情報の提供その他の適当な方法によって社会教育の振興に努めなければならない」と規定されている。

　生涯学習は，学校教育における学習も含んでいるので，生涯学習＝社会教育での学習とは言えない。上記の社会教育法において，社会教育が「組織的な教育活動」として定義されているが，このことが同じ社会教育の施設として規定されている図書館や博物館での学びとは異なる印象を与えていることは否めない。なぜなら，図書館では読みたい本を借りて読むこと，博物館では見たい展示を見ることが主であって，組織的な教育活動は，図書館の中での講座や読書会，博物館の中での講演会や講座などにとどまるからである。社会教育法制定当時から，特に図書館関係者から，図書館が社会教育の範疇に入ることに反対意見が寄せられたのはそのためである。「組織的な教育活動」という言葉で，すぐにイメージされるのは，公民館における学級や講座である。社会教育法が別名「公民館法」とも言われる所以である。

　このようにしてみると，社会教育という概念自体，現在でも内部に葛藤を抱えていることがわかる。公民館の講座や学級といった「組織的な教育活動」はノンフォーマルな教育を意味している。図書館と博物館での学びは，それとは異質な印象を受ける。文部科学省は，生涯学習を図序 – 1のように図式化している。

　岡本薫は，この「自己学習」について，「自己学習活動における学習」とし

て分類し,「教育機関の助けをかりずに,自ら学習すること」であり,「学習することを目的として,本などを用いてひとりで学習した場合」(岡本 2004：34) を例として挙げている。筆者は,これに,岡本の言う「日常生活の中で,結果としてたまたま何かが学ばれること」である「偶発的学習としての学習」(岡本 2004：34) を加えて,インフォーマルな学習ととらえている。

6　生涯学習とフォーマル・ノンフォーマル・インフォーマルな学習の関係

　フォーマルな学習とは,学校教育に代表される学習目的や学習時間が年間を通じて構造化され,学習を終えた後に何らかの学歴資格に結びつく,学習者から見て意図的な学習である。ノンフォーマルな学習とは,公民館や生涯学習センターや,男女共同参画センター,国際交流センター,コミュニティセンターなどの生涯学習関連施設で開講される短期間の講座や学級などに参加して学ぶことを指し,通常,資格には結びつかない。インフォーマルな学習とは,日々の仕事やレジャーなどの日常行動の中で行われるものである。その多くは無意図的な学習である(OECD 教育革新センター編著 2008：31)。

　例えば,ある人が落語家になりたいと思い,ある師匠にあこがれて弟子入りをするとしよう。その時,その人は,師匠の下で修業をしている複数の兄弟子たちがいる共同体に新参者として入門する。新参者はその「実践共同体」(community of practice) の中で,最初は師匠の身の回りの世話から始まり(周辺参加),様々なことを学んでいく過程で,落語家としての力量を身につけて,いつの日か二つ目から真打になっていく(中心参加)。レイヴとウェンガー (J. Lave & E. Wenger) は,この過程を「正統的周辺参加」(legitimate peripheral participation：LPP) と呼んでいる。筆者は,かつてある仕事で,落語家の桂あやめさんとご一緒したことがある。彼女は,師匠から稽古をつけてもらうよりも師匠の芸を盗むことの比重が大きいと語っていた(大阪府立文化情報セン

ター移転開館記念イベント，トークショウ「生涯学習って，なんや？」2000年2月5日）。

　認知的な観点からみると，インフォーマルな学習経験は，よりフォーマルな——構造化された——学習を補完できたとしても，それに置き換わることはできない。例えば，博物館や工場を訪れたり，地域の催しものに参加したり，趣味に没頭したりするといったインフォーマルな学習は，高校でのフォーマルな物理の時間で学んだ古典力学の法則や概念の多くを獲得することを期待されているわけではない（Schneider, Stern 2010：79）。

　一方，人間の学びは，ある人間をモデルにして自己形成を遂げていく場合と，「反面教師」という言葉が示すように，ある人間に対する反感や嫌悪をベースに自己形成を遂げていく場合もある。こうした「気づき」も人間のインフォーマルな学習の中で重要な位置を占めている。

　学校教育のようなフォーマルな学習場面では，教育的な価値から選択された教材，すなわち教科書を使って「正統化された知識」が教授される。年間もしくは半年間を通したカリキュラム計画（あるいはシラバス）に基づき，計画的に行われる。

　ノンフォーマルな学習としては，セミナー形式の研修の受講，資格を取得するための講習会の受講，学習塾での授業の受講，公民館などの生涯学習関連施設での講座や学級での学習などが挙げられる。

　インフォーマルな学習の世界は広くて深い。それは，人間の無意識にもおよぶ世界であったり，正統化されていない知識，言語化できない第六感，暗黙知とも関わっている。人間の生涯において幼少時からの人間形成の基底をなすのは，インフォーマルな学習である。様々な社会体験，自然体験はもちろんのこと，家庭で親からしつけられたり（家庭教育），学校や企業等でのインターンシップに参加することもインフォーマルな学習の一環である。ここでは「学習」というよりは，むしろ「学び」という柔らかい言葉を使った方がふさわしいかもしれない。ここでは教えられるよりも自分で学んでいくことに比重が置かれる。自分で本を読む，インターネットで情報検索をするよ

うな「教授なき学習」(learning without teaching) もある。実社会に出ると，インフォーマルな学びの比重が大きくなる。

　こうしたインフォーマルな学びの蓄積の内容を，フォーマルな学習やノンフォーマルな学習で得られた内容によって検証していくのである。その検証によって，自らの思い込みや臆見が，場合によっては偏見さえも覆されることがあるかもしれない。また，逆に，学校でのフォーマルな学習が，インフォーマルな学びやノンフォーマルな学習によってその正統性を問われるかもしれない。「学校ではこのように教わったが，私（たち）の経験では……」という感覚である。それは正統化された学校知（school knowledge）が，インフォーマルな学びによって得られた暗黙知（tacit knowledge）によって挑戦を受けることを意味している。また，フォーマルな学習が，ノンフォーマルな学習，インフォーマルな学習によって支持を受け，より豊かなレベルで補強されていくかもしれない。そうした意味で，ある局面では，フォーマルな学習，ノンフォーマルな学習，インフォーマルな学びはボーダーレスになっていく。今や，私たちは，フォーマルな学習だけでも，インフォーマルな学びだけでもけっして十分ではない社会に生きているのである。3種類の学びの内実は緊張対立関係を内包しつつ，ある局面においてはより豊かに融合していくのである。

　もう1点，生涯学習に関わる概念として「自己教育」について触れておこう。大平滋は，戦後すぐに，「自己教育」という言葉を使用したのは，文部省社会教育課長の寺中作雄であり，その後，政治的に革新的な民間教育運動団体が使用するようになり，現在では，文部行政関係者の間では使用されていないという経緯をまとめている（大平 1981）。この言葉は，アナーキーな価値の世界にも開かれた自己の学習を，もう一人の自己が教育的価値に照らして規範的な立場から統御しようとする働きであると言えよう。自己をモニターし対象化しようという働きは人間にしかできない。その意味で，自己教育とは，きわめて高次な認識作用であることがわかる。この言葉にイデオロギー

的な思いを込めることが，複数の先行研究によってなされてきているが，筆者は，「自己教育」の共同化によって近代公教育体制において支配的な「与える――与えられる教育」という関係性を批判的にとらえる立場をとりたい（持田 1976）。

　自己教育は，先に文部科学省が分類していた「自己学習」とは異なる。自己学習は一人での読書のように他者との関係を遮断した「独学」のイメージが強い。自己教育は，他者との関係性を遮断しない，教えられることを拒否しない概念である。にもかかわらず，そこで教えられたことをけっして鵜呑みにはしない主体性が機能する。つまり，自己教育とは，自己と世界との関係性，すなわち自己と他者や事物との間で生起する省察に基づいている。教育による学習である学校教育，社会教育，家庭教育による学習だけでなく自己学習まで及ぶ人間の学びの総体に関わっていると言えよう。自己教育を教育という範疇でとらえる研究者もいるが，本書では，自己教育を学習の範疇に属する概念，すなわち「自己決定学習」（self-directed learning）に近い概念として考えることにしたい。ただし，その際には，自己決定学習の「自己決定」の内実が問われてくることになる。なぜなら，教育的価値に反する「自己決定」による学習もありうるからである。

　以上のように，生涯学習を分析する学問は，教育学だけでなく，心理学，社会学も絡んでくる。そうした意味では，生涯学習研究には社会科学に属する諸学問による学際的なアプローチが必要とされてくるのである。

参考文献
赤尾勝己「生涯学習とは何か」『現代のエスプリ　生涯学習社会の諸相』No.466, 至文堂，2006年。
姉崎洋一『高等継続教育の現代的展開――日本とイギリス』北海道大学出版会，2008年。
生田久美子『「わざ」から知る』東京大学出版会，1987年。
生田久美子・北村勝朗編著『わざ言語――感覚の共有を通しての「学び」へ』慶應

義塾大学出版会，2011年。
今西幸蔵『生涯学習論入門』法律文化社，2011年。
上杉孝實・大庭宣尊編著『社会教育の近代』松籟社，1996年。
上杉孝實『生涯学習・社会教育の歴史的展開——日英比較の視座から』松籟社，2011年。
OECD教育研究革新センター編著／NPO法人教育テスト研究センター（CRET）監訳『学習の社会的成果』明石書店，2008年。
大平滋「戦後自己教育の論の展開」大槻宏樹編著『自己教育論の系譜と構造——近代日本社会教育史』早稲田大学出版部，1981年。
岡本薫『行政関係者のための新訂入門・生涯学習政策』（財）全日本社会教育連合会，2004年。
岡本夏木「意味の生成と発達」岡本夏木・山上雅子編『意味の形成と発達——生涯発達心理学序説』ミネルヴァ書房，2000年。
黒柳修一『現代イギリスの継続教育論——その生涯学習の動向』大空社，2002年。
佐藤一子『イタリア学習社会の歴史像——社会連帯にねざす生涯学習の協働』東京大学出版会，2010年。
嶋崎尚子『ライフコースの社会学』早稲田社会学ブックレット[社会学のポテンシャル2] 学文社，2008年。
社会教育基礎理論研究会編『自己教育の思想史』（叢書生涯学習第1巻）雄松堂，1987年。
D.A.ショーン／柳沢昌一・三輪建二監訳『省察的実践とは何か——プロフェッショナルの行為と思考』鳳書房，2007年。
新海英行・牧野篤編著『現代世界の生涯学習』大学教育出版，2002年。
田中俊也「状況に埋め込まれた学習」赤尾勝己編『生涯学習理論を学ぶ人のために』世界思想社，2004年。
寺中作雄『社会教育法解説/公民館の建設』復刻版，国土社，1995年。
常葉－布施美穂「変容的学習——J.メジローの理論をめぐって」赤尾勝己編『生涯学習理論を学ぶ人のために』世界思想社，2004年。
永井健夫「成人学習論としての省察的学習論の意義について」日本社会教育学会編『成人の学習』（日本の社会教育第48集）東洋館出版社，2004年。
M.ノールズ／堀薫夫・三輪建二監訳『成人教育の現代的実践——ペタゴジーからアンドラゴジーへ』鳳書房，2002年。
S.バーンズ・C.バルマン編／田村由美・中田康夫・津田紀子監訳『看護における反省的実践——専門的プラクティショナーの成長』ゆみる出版，2005年。
P.フェデリーギ編／佐藤一子・三輪健二監訳『国際生涯学習キーワード事典』東洋

館出版社, 2001年。
堀薫夫『生涯発達と生涯学習』ミネルヴァ書房, 2010年。
前平泰志「学校の時間・生涯学習の時間――自己教育の理論のために」『教育学研究』第56巻第3号, 日本教育学会, 1989年。
牧野篤『「わたし」の再構築と社会・生涯学習――グローバル化, 少子高齢社会そして大学』大学教育出版, 2005年。
松尾睦『経験からの学習――プロフェッショナルへの成長プロセス』同文館出版, 2006年。
松尾睦『学習する病院組織――患者志向の構造化とリーダーシップ』同文館出版, 2009年。
松尾睦『「経験学習」入門』ダイヤモンド社, 2011年。
松田武雄『現代社会教育の課題と可能性――生涯学習と現代社会』新装版, 九州大学出版会, 2009年。
宮原誠一『社会教育論』復刻版, 国土社, 1990年。
三輪建二『生涯学習の理論と実践』放送大学教育振興会, 2010年。
村井実『教育学入門（下）』講談社, 1976年。
持田栄一『「生涯教育論」批判』明治図書, 1976年。
山川肖美「経験学習――D.A.コルブの理論をめぐって」赤尾勝己編『生涯学習理論を学ぶ人のために』世界思想社, 2004年。
J.レイヴ・E.ウェンガー／佐伯胖訳『状況に埋め込まれた学習――正統的周辺参加』産業図書, 1993年。
渡邊洋子『生涯学習時代の成人教育学――学習者支援へのアドヴォカシー』明石書店, 2002年。
C. Hughes, *New times? New learners? New voices Towards a contemporary social theory of Learning*, British Journal of Sociology of Education, Vol.25, No.3, July 2004.
D.A.Kolb, *Experiential Learning: experince as the source of learning and development*, Prentice Hall, 1984.
J.Meziow, *Transformative Dimensions of Adult Learning*, Jossey-Bass, 1991.
J.Meziow, *Learning as Transformation: Critical Perspectives on a Theory in Progress*, Jossey-Bass, 2000.
M. Schneider, E. Stern, *The Cognitive Perspective on Learning: ten cornerstone findings*, In Hanna Dumont, David Istance and Francisco Benavides eds., *The Nature of Learning: Using Research to Inspire Practice*, OECD, 2010, pp.72-83.

第1部　生涯学習が必要とされる社会的背景

第1章　後期近代社会における生涯学習をとりまく環境

1　再帰的近代化

　後期近代社会では，学習者の個人的・主観的な時間，空間が超えられていく。私たちは，前期近代の時間・空間と後期近代の時間・空間の双方が織りなす生涯学習の時空間に生きている。ここではまず，近代（modernity）がどのような社会的環境を提供しているのかについて，ギデンズに依拠しながら概観してみたい。彼は，近代の有するダイナミズムを次の3つの源泉に求めている（ギデンズ　1993:72-75）。

　第1に，時間と空間の分離である。そこでは時空間が無限に拡大していく。前近代では，人間の諸活動に特定の時間と空間が結びついていた。近代になると，時間と空間が標準化された空白の次元に置き換わる。時間の空白化は，西暦と万国共通の日付，時刻表の登場に象徴されるように，時間を超えて物事を調整することが可能になる。空間の空白化は，世界地図の登場に象徴されるように，特定の「場所」から空間を切り離していくことを意味する。私たちの特定の「場所」への思い入れは，意味を持たなくなる。他方で，標準化された日付制度と世界地図によって，時間と空間は再結合して，人間の行為と経験について共通の世界史的枠組みを創っていく。

　第2は，脱埋め込み化である。社会的な活動を局在的（ローカル）な文脈から引き離し，社会関係を時空間の広大な隔たりを超えて再組織していくことになる。社会関係を前後の脈絡の直接性から切り離していくと同時に，そのことが時空間の拡大過程の手段となっていく。ここでは，象徴的通標として

の貨幣が登場し，前近代の物々交換が時間と空間に制約されていたことから解放される。貨幣とは時空間の拡大化の手段である。貨幣は時間や空間の面で，離れて存在する行為者間の取引遂行を可能にしていく。今日では，インターネット決済のようにネット上で取引が可能になっている。もう一つは専門家システムの登場である。これは科学技術上の成果や職業上の専門的知識の体系に依拠している。例えば，私たちは自動車を運転するが，どのように動くのかを知らない。自動車が故障しても自分で修理できない。コンピューターも同様である。貨幣や専門家システムは人々の間の「信頼」に依拠している。

　第3は，知識の再帰的専有である。社会生活に関する体系的知識の生成は，システムの再生産に不可欠な要素となり，社会生活を伝統の不変固定性から徐々に解放していく。近代の到来によって「再帰性は，システムの再生産の基盤そのもののなかに入り込み，その結果，思考と行為はつねに互いに反照し合うようになる。日常生活で確立された型にはまった行いは，『以前なされた』ことがらが，新たに手にした知識に照らして理に適うかたちで擁護できる点とたまたま一致する場合を除けば，過去とは本来的に何の結びつきももたない。あるしきたりを，それが伝承されてきたものであるという理由だけで是認することはできない」（ギデンス 1993:55）のである。

　　「近代の社会生活の有する再帰性は，社会の実際の営みが，まさしくその営みに関して新たに得た情報によってつねに吟味，改善され，その結果，その営み自体の特性を本質的に変えていくという事実に見出すことができる」（同上）。
　　「われわれが方向感覚を失って生きる世界は，再帰的に適用された知識によって徹底的に形成されているが，同時にこうした知識の構成要素がいずれも修正を受けないとは決して断言できない世界である」（ギデンス 1993:56-57）。

こうした知識の修正の背後では，人々のたえざる学習が営まれているのである。

　ギデンズは，今日の世界は，後期近代の最中にあると論じる。研究者によって，年代区分は異なるが，近代は，前期近代の約100年間と，後期近代の約100年間によって区分される。先進国社会において前期近代は概ね1860年代前半から1960年代前半にあたり，福祉政策，終身雇用，経済成長等がその特徴として挙げられる。その時代においては，人々は比較的安定した価値観へ適応していくことによって成長・発達を遂げていく。平均年齢をもとにした「発達課題」（developmental task）が人間形成の指針たりえ，すべての人が同じように生きることが強いられる，集団を基調にした人間形成が支配的な社会である。

　一方，後期近代は，概ね1960年代後半に現われ，自助努力，非正規労働，低経済成長等がその特徴として挙げられる。そこでは，社会における主流の価値観がたえず危機にさらされており，人々は自分がどう生きるのか，頼るべき確固たる価値観を見出すことが難しい。ロールモデルとなる特定の人間を見つけることが難しくなり，様々な人間の生き方を観察して，良い点を取り入れ自分で自分の「生きる道」を創っていかなければならない。個人化された情報環境を創ることが可能になり，日々の情報の選択的摂取が必要不可欠となる。自分の生き方を「自己決定」していかざるを得ない社会である。こうした社会では，個人の自立と他者との連帯の両立が必要になってくる。ここに個々人における生涯学習が必然化していく契機を見ることができる。

　後期近代社会においては，再帰的近代化（reflexive modernization）が徹底されていく。そこでは，人間はたえず自分と社会のあり方をを振り返りながら主体形成を図る必要が出てくる。他者から教えられることだけでなく，自ら学んでいくことがより大切になる。個々人の省察（reflection）が日常化するのである。つねに，「自分はこれでよいのか」と問いながら学ぶ人間，すなわち「省察的学習者」（reflective learner）としての人間が出現する（Jarvis 1992:

71)。また，省察的実践者（reflective practitioner）としての専門職が出現する（ショーン 2007）。一般市民からもつねに自らの「専門性」が問われている医師や弁護士などの専門職には「省察」が必要とされる。よりよい専門職になるには，「行為の中での省察」（reflection in action）と「行為についての省察」（reflection on action）が必要になってくるのである（ショーン 2007）。

2　個人化の進行

　このように，近代（モダニティ）の徹底化としての後期近代においては，再帰的近代化というメカニズムが生起してくる。後期近代においては，個人化とグローバリゼーションが同時進行する。

> 「個人化とグローバル化は，事実，再帰的近代化という同じ過程の 2 つの側面なのである」（ベック 1997：32）。
> 「制度的再帰性とは，行為作用がその行為作用の社会的条件に反映し影響を及ぼしていくことであり，自己再帰性とは，行為作用が自らに対して影響を及ぼしていくことである。そこには，たえざる自己モニタリングが必要となってくる」（ラッシュ 1997：215）。
> 「…こうした新たな生活様式は，一人ひとりを，自己の生活歴やアイデンティティ，社会的ネットワーク，コミットメント，確信等の演技者や，立案者，演出家として想定していく」（ベック 1997：32）。
> 「…人は個人化することを運命づけられているのである。個人化は衝動強迫であるが，選好や生活の局面が変化した場合，人は，たんにその人の生活歴だけでなく，その人のコミットメントやネットワークをも産みだし，自分で立案し，自分で演出することを強制されていくのである」（ベック 1997：32-33）。
> 「一言でいえば，『個人化』の本質は，人間の『アイデンティティ』が『所

与』のものから『課題』へと変わるというところにある」（バウマン 2008：197）。
「個人化とは単なる個人の孤立や隔離や関係の喪失や規範への従属を意味するのではなく，個人が依拠すべき確実な組織が崩れさり，個人がみずからの生活の営み方や生き方を創造することを余儀なくされることを意味する。…（中略）…個人は自己の生活歴の立案者であり演技者であり演出家となる。このような生活過程を通して，個人は自分自身をひとりの個人として組み立てていく。再帰的近代化は，このようにして自己反省的個人を創出する」（斉藤 1998：262）。

　すなわち，「再帰的達成課題としての自己」という事態が生じているのである。人間はすべて自己意識を発達させ，その後の学習過程の中でそれを維持したり修正したりする。「生きることと学ぶこと」が不即不離の関係になる。
　このようにして，「自己の再帰的形成」過程が人間の生涯学習の中心として位置づいてくるのである。それは「省察的学習の常態化」を意味する。
　今日の社会において個人化が進行しつつあるが，私生活中心主義と社会参加の関係についてみると，社会が個人化すると人々の市民性は後退するのだろうか？　この問いについてギデンズは次のように予想している。

「私生活中心主義，つまり異議申し立てという社会参加の忌避は，多くの面で『生き残る』ために役立つ。しかし，無関心や冷笑主義といった態度を最もとりやすい人々の側にさえ，さまざまなかたちの積極的社会参加がおそらくあちこちに生じていく。なぜなら，…（中略）…モダニティがわれわれの生活にもたらす安心と危険の差し引き勘定には，もはや『別の人たち』は存在しない――完全に局外者であることは誰にもできない――からである。モダニティに本来備わっている再帰性ゆえに，また近代の国民国家の有するポリアーキー・システムには集合的組織化への機

会が数多く存在しているゆえに，近代という時代条件は，多くの場合，私生活中心主義よりもむしろ積極行動主義を引き起こしていく」(ギデンズ 1993:184)。

筆者は，ギデンズのこの見方はやや楽観的ではないかと考えている。むしろ，「個人化の裏面は市民的行動の腐食であり，そのゆっくりとした崩壊でさえあるように思える」(バウマン 2008:71)というバウマンの見解の方に現実味が感じられよう。

3　グローバリゼーションの進行

次に取り上げるのは，グローバリゼーションの進行である。とりわけ，経済のグローバリゼーションは，私たちの毎日の衣食住に密接に絡んでいるだけに目につきやすい。グローバリゼーションは，さまざまな要因が絡み合って進行する。ギデンズはこうした現象について次のように論じている。

「グローバリゼーションは単一の現象なのではなく，さまざまなプロセスが重なりあった複合的現象なのである」(ギデンズ 2001:32)。グローバリゼーションは，「国家のもつ経済を制御する力の一部を，国家から奪いとるであろう」(ギデンズ 2001:32-33)。それは同時に「世界中の地域のローカルな文化的なアイデンティティの復興をうながす」(ギデンズ 2001:33)。その一例として，カナダのケベックにおける独立運動が挙げられる。そこには上下の力学だけでなく横断的な力学が働いている。

　　「一国内に，あるいは国境を股にかけて，新しい経済的・文化的なゾーンをグローバリゼーションが創成する」(ギデンズ 2001:34)。

ここにグローバルなコスモポリタン社会が登場してくる。ここで，人々は，

国境を越えた，遺伝子組み換え食品，地球温暖化，狂牛病等の新しいリスクと遭遇することになる。そこでは「民主主義の民主化」が求められる。「民主国家にとって必要なのは，民主主義を進化させることである」(ギデンズ 2001：149)。

デランティ (G. Delanty) は，人権が国境を超えている時代になっている現在において，コスモポリタンなシティズンシップについて次のように論じている。

> 「人権の第三世代は社会的・文化的争点に関心をもっており，人権はコスモポリタンなシティズンシップの最も重要な経験的表れである」(デランティ 2004：157)。

そして，グローバリゼーションは「空間の脱領土化」をもたらす。

> 「グローバリゼーションは脱領土化すなわち空間の消滅の過程にすぎない。時間は空間に還元されるにつれ，重要性を失うようになる」(デランティ 2004：163)。
> 「この時代は，普遍的なものつまり『グローバルなもの』よりも，特定のものつまり『ローカルなもの』を高める可能性のある枠組みどうしが相互作用する場なのである」(デランティ 2004：165)。
> 「グローバリゼーションは到達することができる条件ではなく，文化的，政治的，社会的，経済的絆を定義するさいに空間が重要ではなくなったことによって生じた社会的変化の過程であると思う」(デランティ 2004：167)。

換言すれば，グローバリゼーションは，時間と空間の壁を取り崩すものであり，時間を時間と関係ない空間へと解消する過程でもある。サイバー社会

はその典型である。それは近代化の産物であり近代化の継承者である。また，グローバリゼーションは資本主義と民主主義が牽引している。したがって，それは不均衡な過程であり，「南北問題」に象徴されるように，格差拡大をもたらす危険性を有する。

　「グローバリゼーションが断片化のみならず両極分解を起こす傾向がある」（デランティ　2004：176）。

　この一方で，グローバリゼーションが世界の秩序化を推し進めるという考え方がある。筆者はかつて，これがアメリカ中心的な一元的な管理を推し進める傾向が強まることだと考えていた。例えば，ネグリとハートはその著作『帝国』の中で，グローバリゼーションとはアメリカナイゼーションの拡大化を意味すると論じた。しかし，ウォーラーステイン（I. Wallerstein）らが唱える「世界システム論」の観点から，アメリカの主導権（ヘゲモニー）が拡張されていくという論理では，グローバリゼーションの問題は解けないのである。
　これに関して，バウマン（Z. Bauman）は「グローバリゼーション」は，あらゆる結果に誰も責任をもたないのはもちろんのこと，それを管理したり計画したりする人物が誰もいない中で進められる，自己推進的で内発的な，進路の定まらない過程のことである」（バウマン　2008：52）と論じる。これはグローバリゼーションによる「新世界無秩序」の出現を意味する。そしてそこにはローカルなものが台頭し，「不安定性」という現象が出てくる。「不安定性は今日，グローバルな権力のヒエラルキーを構成する主要な建築資材となっているばかりでなく，社会統制のための主要な技術となっている」（バウマン　2008：55）。
　つまり，後期近代社会は，信頼とリスク，好機と危険といった正反対の逆説的な特徴が同時進行する社会である。一方で，後期近代社会においては，人々の専門家システムへの信頼が揺らいでくる。例えば，それは近年の医療

過誤訴訟の増加にも表れている。ギデンズは,「専門家システムへの信頼」と述べているが，むしろ，ベックの言う「専門家システムへの不信」という指摘が正鵠を得ているのではないだろうか。

4　アイデンティティの形成過程

　アイデンティティ（identity）とは,「自我同一性」と訳され，自分が自分であることに納得できる心理的状態を指す。前期近代においては，望ましい価値観のモデルを設けて，それを模倣することで自らのアイデンティティの確立が可能であった。そして，いったん形成されたアイデンティティは，長期間にわたってその人間の生き方を規定し続けていた。これは静態的（static）なアイデンティティ確立のモデルである。

　しかし，後期近代においては，アイデンティティの動揺が常態化する。自分にとって望ましいモデルがすぐに古くなり，たえざる学習による刷新が必要になる。毎日が拡張的学習（expansive learning）の連続である。情報を取捨選択して，それを加工し，自分の血肉と化す。自分の個室で，おもしろくないＴＶ番組を観るよりも，好きな映画をビデオやDVDで観ることができる時代に，私たちは生きている。Ipodに好きな楽曲を入れて，Ipadに好きな画像を入れて，ノートパソコンにYou Tubeのお気に入りの動画を入れて持ち運び，いつでもどこでも楽しむことができる。そうした自分にとって良質なメディアを選択できる時代に私たちは生きている。自分で自分の情報・メディア環境を制御することが自己形成に大きな影響を与えてくる。一人ひとりに多様な情報を組織してアイデンティティを打ち立てる能力が構築されつつある。

　同時に，意味ある他者（significant others）や場（place）と出会い，それがずっと続くこともあるし，あることがきっかけになって，自分にとって意味のない他者や場になっていくこともあろう。他者との関係はより不確定性に開

かれてくる。したがって，今日私たちには「自己組織性」すなわち，自分で自分を組織する力，自分をプロデュースする力が求められている。ここにも生涯学習が関わってくる。

　「諸個人は，他者との接触を通して，他者の文化・思考様式・行動様式・生活慣習を考察し，それを自らのうちに統合することを通して，独自な自己形成をなしとげる」（斉藤日出治　1998：260）。
　「個人は，生まれながらの自己の性や，みずからの出自の民族・言語・文化への帰属や愛着までも問い直しながら，自己のアイデンティティ形成を図るのである」（斉藤日出治　1998：261）。

　もちろん，ここで自らのアイデンティティ形成がつねにうまくいくとはかぎらない。情報の局在化によるオタク化あるいは人間関係能力の低下による「ひきこもり」に陥る危険もある。また，このように自己形成してきた人間同士の接触によって緊張や葛藤も高まる。そこでは，人と人との間における紛争回避，共生の知恵が必要とされてくる。
　前期近代社会においては，人生の比較的早い時期に，強く固定した自我同一性をもつことが必要とされ，それは長期間にわたって継続されることが要請されていた。エリクソン（E. Elikson）のアイデンティティ論では，アイデンティティは青年期に確立され，その後それが永続化していくことが示唆されている。しかし，今日の後期近代社会では，こうした固定的なアイデンティティをもつことは，必ずしもよいことではなくなってきた。まさにアイデンティティの確立は，一生をかけてなされていく営みとなっている。アイデンティティはたえず再検討がなされ，修正にさらされている。ここでは永続的なアイデンティティはむしろ重荷になるのである。アイデンティティの一時的性格，ハイブリッドな性格が顕著となり，「自己の複数性」が当たり前になっていく。この点に関して，バウマンは後期近代をリキッド・モダンとと

らえアイデンティティについて次のように論じている。

　「アイデンティティの脆弱さや一時性はもはや隠しようがない」（バウマン2007：42）。
　「近代に入って，アイデンティティの構築は，個々人が自分の生涯にわたって取り組まなければならない作業となった」（バウマン　2007：85）。
　「凝集力があり，きちっと固定されていて，堅固に構築されたアイデンティティは重荷であり，強制であり，選択の自由への制約です」（バウマン2007：90）。

　それを強固にしようとすると硬直性の原因になってしまうのである。今やアイデンティティの一時的性格が常態化しつつある。

　「長期間，単一のアイデンティティにコミットすることは危険なことです」（バウマン　2007：138）。

　この関心のスパンの短期化と「生涯消費者教育」は日本社会でも常態化しつつある。テレビの通販ショッピング番組は，次から次へと新しい商品の消費を煽っている。
　ところで，アイデンティティ形成のパラドックスとして，その形成には常に他者への差別がつきまといやすいことがかねてより指摘されてきた。
　「アイデンティティ闘争は，統合するのと同じくらい分断し，あるいは統合する以上に分断することなしには，みずからの同一化の作業を行うことはできません。それらが抱いている包摂しようという意図は，隔離し，除去し，排除しようという意図と混ざり合っています」（バウマン　2007：123）。また，私たちがアイデンティティを確実なものにしようとする時，そこに国家によるナショナル・アイデンティティがつけこもうとするが，その危険を回避しつ

つ,「にもかかわらず,私たちは繰り返し『自己同一化』の作業に取り組まなければなりません」(バウマン 2007:149)とバウマンは主張する。私たちは,こうしたアイデンティティ形成にかかわる葛藤をどのように解決できるのであろうか。それは本書の最後で再び検討したい。

参考文献
上野千鶴子「脱アイデンティティの理論」上野千鶴子編『脱アイデンティティ』勁草書房,2005年。
A.ギデンズ／松尾精文・小幡正敏訳『近代とはいかなる時代か』而立書房,1993年。
A.ギデンズ／秋吉美都・安藤太郎・筒井淳也訳『モダニティと自己アイデンティティ』ハーベスト社,2005年。
A.ギデンズ／松尾精文・松川昭子訳『親密性の変容』而立書房,1995年。
A.ギデンズ／佐和隆光訳『第三の道』日本経済新聞社,1999年。
A.ギデンズ／松尾精文・藤井達也・小幡正敏訳『社会学の新しい方法基準 第2版』而立書房,2000年。
A.ギデンズ,C.ピアスン／松尾精文訳『ギデンズとの対話』而立書房,2001年。
A.ギデンズ／佐和隆光訳『暴走する世界』ダイヤモンド社,2001年。
A.ギデンズ／松尾精文・立松隆介訳『左派右派を超えて』而立書房,2002年。
A.ギデンズ／今枝法之・干川剛史訳『第三の道とその批判』晃洋書房,2003年。
斉藤日出治『国家を超える市民社会』現代企画社,1998年。
坂本佳鶴恵『アイデンティティの権力――差別を語る主体は成立するか』新曜社,2005年。
D.A.ショーン／柳沢昌一・三輪建二監訳『省察的実践とは何か』鳳書房,2007年。
末本誠「人生の出来事＜ライフ・イベント＞と学び――「自己」を機軸とした「ローカルな知」の可能性」日本社会教育学会編『＜ローカルな知＞の可能性』(日本社会教育学会年報第52集),東洋館出版社,2008年。
鈴木眞理『ボランティア活動と集団――生涯学習・社会教育論的探究』学文社,2004年。
田中雅文『ボランティア活動とおとなの学び――自己と社会の循環的発展』(日本女子大学叢書11)学文社,2011年。
中西眞知子『再帰的近代社会』ナカニシヤ出版,2007年。
日本社会教育学会編『グローバリゼーションと社会教育・生涯学習』日本の社会教

第1部　生涯学習が必要とされる社会的背景

　育第49集，東洋館出版社，2005年。
A．ネグリ・M．ハート／水嶋一憲・酒井隆史・浜邦彦・吉田俊実訳『帝国――グローバル化の世界秩序とマルチチュードの可能性』以文社，2003年。
Z．バウマン／伊藤茂訳『アイデンティティ』日本経済評論社，2007年。
Z．バウマン／森田典正訳『リキッド・モダニティ』大月書店，2001年。
Z．バウマン／長谷川啓介訳『リキッド・ライフ』大月書店，2008年。
Z．バウマン／澤井敦・菅野博史・鈴木智之訳『個人化社会』青弓社，2008年。
J．フィールド／矢野裕俊・埋橋孝文・赤尾勝己・伊藤知子訳『生涯学習と新しい教育体制』学文社，2004年。
P．ブルデュー・L．J．D．ヴァンカン／水島和則訳『リフレクシヴ・ソシオロジーへの招待』藤原書店，2007年。
U．ベック・A．ギデンズ・S．ラッシュ／松尾精文他訳『再帰的近代化』而立書房，1997年。
U．ベック／東廉・伊藤美登里訳『危険社会』法政大学出版会，1998年。
U．ベック／島村賢一訳『ナショナリズムの超克』NTT出版，2008年。
U．ベック／木前利秋・中村健吾監訳『グローバル化の社会学』国文社，2005年。
S．ホール／宇波彰訳「誰がアイデンティティを必要とするのか？」S．ホール・P．ゲイ編著／宇波彰監訳『カルチュラル・アイデンティティの諸問題――誰がアイデンティティを必要とするのか？』大村書店，2001年。
前平泰志「序　＜ローカルな知＞の可能性」日本社会教育学会編『＜ローカルな知＞の可能性』（日本社会教育学会年報第52集）東洋館出版社，2008年。
三上剛史『社会の思考――リスクと監視と個人化』学文社，2010年。
S．B．メリアム編，立田慶裕・岩崎久美子・金藤ふゆ子・荻野亮吾訳『成人学習理論の新しい動向』福村出版，2010年。
J．ヤング／青木秀男・伊藤泰郎・岸政彦・村澤真保呂訳『排除型社会――後期近代における犯罪・雇用・差異』洛北出版，2007年。
J．ヤング／木下ちがや・中村好孝・丸山真央訳『後期近代の眩暈――排除から過剰包摂へ』青土社，2008年。
U. Beck, E. Beck-Gernsheim, *Individualization*, SAGE, 2001.
F. Coffierd ed., *The Necessity of Informal Learning*, The Policy Press, 2000.
P. Jarvis, *Paradoxes of Learning: on becoming an individual in society*, Jossey-Bass, 1992.

第2章　問い直される学力
——PISA型学力から生涯学力へ

1　日本国内における学力論争の不毛

　完全学校週5日制に対応した1998年の学習指導要領の改訂への反対運動が2000年を境にして始まった。それは「総合的な学習の時間」を「遊びの時間」,「ゆとりの時間」と誤解したことから始まった。本来,総合的な学習の時間でめざされていたのは,国際理解,環境,情報,健康・福祉といった,既存の教科の枠にとどまらない教科横断的な学習であった。教師の多くは,教科の専門家であるが,こうした「現代的課題」についての知識が不足していた。そのことが教育現場での総合的な学習の時間の不活発化の原因にもなった。

　教科の授業時間数が減ることによる学力低下への懸念は,国民各層に拡大した。ただし,ここで「学力」の内容についての本格的な議論はなされなかった。授業時間数が減り,教育内容が精選されたことへの不満が高まった。完全学校週5日制への反対も強まり,もとの学校週6日制に戻して,土曜日も授業をやることを主張する人々も出てきた。

　例えば「2002年度からの新指導要領の中止を求める国民会議NAEE2002」は,次のように主張した。同会議の代表幹事には西村和雄や和田秀樹,賛同者には榊原英資,矢木秀次,渡部昇一など保守派の論客が名を連ねていた。彼らは次のように論じた。

　「2002年からの新指導要領は,土曜日を休みとする完全週休二日制,総合学習という名の下で教科書もなければ,中身の定義されない学習時間を

導入し，その代わりに教科学習の時間と内容を削減する。文部科学省が『三割削減』とよんでいるものである。…（中略）……

このような教科の学習内容の軽減に不安を覚える父兄は多い。何より問題なのは，新指導要領が週休二日制や総合学習時間の制度化を伴うために，主要教科にとっては回復不可能な時間数の削減をもたらすことである。一度，実施してしまえば元に戻せない以上，最善の方法は，これまでも実施して失敗してきた，しかも学力低下にとどめをさす更なる改革の実施を中止することであろう。…（以下略）…」（西村和雄編 2001）。

2007年1月6日付の「読売新聞」社説では学校5日制の見直しを提言している。その背景には，公立学校と私立学校の授業時数の格差があった。首都圏の私立学校では5日制を採用する学校は3割に過ぎず，7割以上は6日制のままであった。

しかし，これらの反対論は，どこか後向きで守旧的ではないだろうか。では，日本の公立学校はかつての学校週6日制に戻して，受験に役立つ知識を子どもたちに詰め込めば問題は解決するのだろうか。事態の解決はそう単純ではない。目を世界に転じてみよう。

2　PISA調査で問われた学力

2000年からOECD（経済協力開発機構）によって，PISA（Programme for International Student Assessment）が始まった。これは「国際生徒学力調査」と訳され，15歳の生徒（日本では高校1年生）を対象に，「数学的リテラシー」（mathematical literacy），「科学的リテラシー」（scientific literacy），「読解力」（reading literacy）について，これまでに2000年，2003年，2006年，2009年の4回実施されている。この調査はペーパーテスト形式で，各生徒には全体で7時間の試験問題が出題される。試験問題は多肢選択問題と生徒が自分で解答

を作る必要のある自由記述問題の組み合わせからなる。また，各生徒は20～30分程度，自分と家族についてのアンケートに答えることになっている（2009年調査ではパソコンを利用したテストも行われている）。

PISA2006年調査の序文には，その特質が述べられている。

> 「PISA 調査は，カリキュラムにおける現在の変化を反映した知識，技能を評価するため，学校を基本とするアプローチの範囲を超え，日常生活で直面する課題に対する知識の活用の仕方までを対象とする，幅広いアプローチを採用している。これらの技能は，生徒が学校で学んだことを学校外の環境において適用し，また，彼らの選択や意思決定を評価することによって，生涯を通じて学習を継続することができる能力を反映したものである」。

> 「PISA 調査は，変化している世界にうまく適応するために必要な新しい知識と技能が，生涯を通じて継続的に取得されるという生涯学習のダイナミックなモデルに基づいている」。

2009年調査の中心分野は読解力であった。試験時間は3分野で2時間で，2009年調査では，コンピュータを使用した40分間の読解力調査が加わり，日本も参加した。これに生徒に対する調査（約30分），校長に対する調査（約20分）が加わった。

PISA2009年調査における領域の定義は次の通りである。

読解力	自らの目標を達成し，自らの知識と可能性を発達させ，効果的に社会に参加するために，書かれたテキストを理解し，利用し，熟考し，これに取り組む能力。
数学的リテラシー	数学が世界で果たす役割を見つけ，理解し，現在及び将来の個人の生活，職業生活，友人や家族や親族との社会生活，建設的で関心を持った思慮深い市民としての生活において確実な数学的根拠に基づき判断を行い，数学に携わる能力。
科学的リテラシー	科学的な知識，及び，課題を明確にし，新しい知識を獲得し，科学的現

	象を解明し，科学に関する課題について証拠に基づく結論を導き出すためにその知識を活用すること，人間の知識と探求の1つの形態として科学の形態を理解すること，科学・技術が我々の物的，知的及び文化的環境をいかに形作っているかを認識すること，科学のアイデアを持った思慮深い市民として，科学に関する課題に喜んで携わる能力。

また，日本の生徒の成績の推移は次のとおりである。

日本の平均得点の順位

	2000年	2003年	2006年	2009年
読解力	8位	14位	15位	8位
数学的リテラシー	1位	6位	10位	9位
科学的リテラシー	2位	2位	6位	5位
参加国・地域数	32か国	41か国・地域	57か国・地域	65か国・地域

出所：データに基づき筆者作成。

　ここでは読解力について注目してみよう。出題された問題の特徴として，正解が一つではない，自分の意見とその理由を書かせる問題が出題されている。読解表現力について，有元秀文は「PISAの自由記述問題は，読んだことに関連した自分の意見を表現させます」「日本の読解のテストは記述問題でも，答えが一つに絞り込まれたものを求めます」。日本では「読んだことについて自分の意見を表現する学習をほとんどやっていない…」と，日本の読解力を問う試験問題と学校での授業のあり方を批判している。有元は，論理的に理由を言うことを，日本の学校の国語の授業ではやっていないので，子どもたちのPISAテストの点数が低いと指摘する（有元 2009:20-26）。

　PISAの読解力は，主にテキスト内部の情報を利用して「情報へのアクセス・取り出し」「統合・解釈」を問う問題と，主に外部の知識を活用して「熟考・評価」させる問題の3種類から構成されている。ここでその出題例を紹介してみよう。図2-1は地下鉄の路線図についての問題である。これまで，読解力といえば，私たちは国語の授業で教科書の物語文を読みながら，登場人物の心情や情景描写について考えたりする問題がよく出題されてきた経験

第2章　問い直される学力

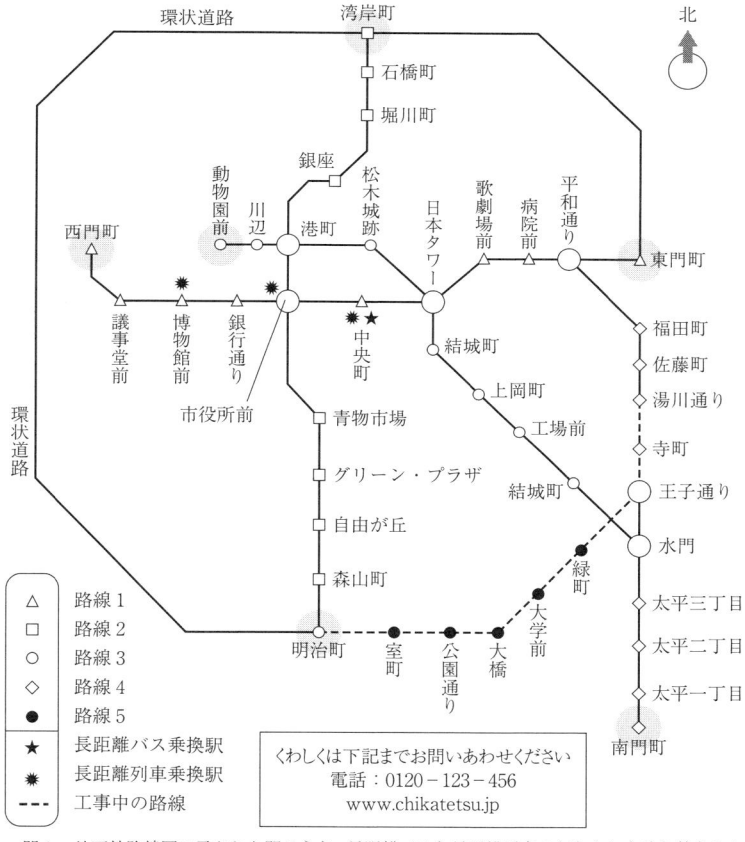

図2-1　地下鉄路線図についての問題

（路線図省略）

凡例：
- △　路線1
- □　路線2
- ○　路線3
- ◇　路線4
- ●　路線5
- ★　長距離バス乗換駅
- ✳　長距離列車乗換駅
- ---　工事中の路線

くわしくは下記までお問いあわせください
電話：0120－123－456
www.chikatetsu.jp

問1　地下鉄路線図に示された駅のうち、長距離バスと長距離列車のどちらにも乗り替えることのできる駅はどこですか。

問2　動物園前駅から石橋町駅に行くとき、どの駅で乗りかえるとよいですか。

問3　西門町駅、動物園前駅、明治町駅などのように、灰色の円で囲まれた駅があります。これらはどんな駅ですか。

問4　地下鉄を使って、佐藤町駅から森山町駅まで行く、もっとも短い行き方を考えてください。あなたが考えた行き方を、地下鉄線路図に描いてください。

出所：OECD編著（2010：5-69）。

がある。しかし，この問題は，地図の読解力を問うている。問1，2，4は，図2-2のうち，情報へのアクセス，取り出しを問うており，問3は，テキストの形式の熟考・評価を問うている（図2-2参照）。この問題に取り組むにあたり，日常生活で地下鉄を利用している子どもたちの方が正答率は高いのではないだろうか。また，農村部よりも都市部に住んでいる子どもたちに有利に働くのではないだろうか。このことは，学校内よりも学校外での子どもたちのインフォーマルな学びの重要性が増していることを意味する。同時に，それは子どもたちが住んでいる場所による学力格差を暗示している。

3　フィンランドの教育は何を重視しているか

PISA学力調査の結果，フィンランドの子どもたちは，世界最高レベルの学力を示していることがわかった。フィンランドの生徒の成績の推移は次のとおりである。

フィンランドの平均得点の順位

	2000年	2003年	2006年	2009年
数学的リテラシー	4位	2位	1位	6位
科学的リテラシー	1位	1位	2位	2位
総合読解力	3位	1位	2位	3位

注：この表で2009年調査の総合読解力1位は上海，2位は韓国であった。
出所：データに基づき筆者作成。

フィンランドの学校では作文形式の試験を行っている。文章で論理的に自分の考えを表現することに重点が置かれている。

> 「フィンランドのテストはほとんどがエッセイ（作文）である。英語，国語はもちろん，化学，生物，数学までもエッセイ，つまり，自分の考えを文章にして書かせることが，フィンランドの高校の一般的なテスト形式である（数学は計算問題の場合もある。ただし，日本と違い，高度な機能の

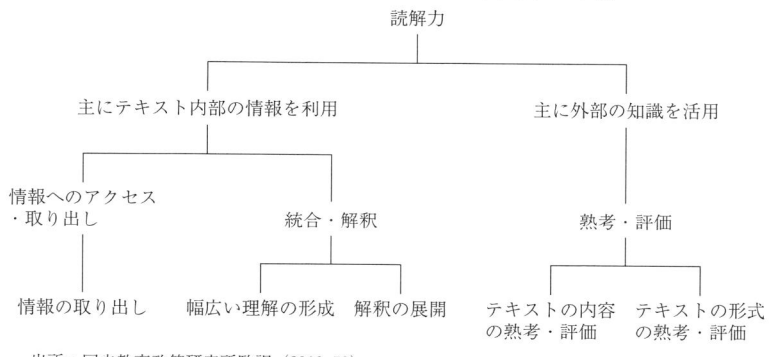

図2-2 読解力の枠組みと側面の下位尺度との関係

```
                        読解力
           ┌──────────────┴──────────────┐
    主にテキスト内部の情報を利用        主に外部の知識を活用
    ┌──────────┴──────────┐                 │
  情報へのアクセス        統合・解釈         熟考・評価
  ・取り出し                                 
      │               ┌────┴────┐      ┌────┴────┐
  情報の取り出し  幅広い理解の形成 解釈の展開  テキストの内容  テキストの形式
                                          の熟考・評価    の熟考・評価
```

出所：国立教育政策研究所監訳（2010：53）。

ついたスーパー計算機が持ち込み可である）。…（中略）…日本でよくある穴埋め問題はない。テストすべてが記述式のため，日本のような丸暗記という手段は通用しない。また，知識はあくまで前提である。フィンランドのテストが意味することは，詰め込んだ知識について，自分の意見を書くことにあるからだ」（実川・実川 2007：100）。

フィンランドの教育が成功している理由として，実川たちは次の5点を指摘している。

① フィンランドの人々は言語能力が高い。

公立図書館が充実している。フィンランドの年間貸し出し冊数は1人あたり22冊，日本は4冊である。国民の77％は毎日平均1時間以上読書をしている。人々はフィンランド語とスウェーデン語ができて，英語を学ぶ。

② 平等な教育システムをとっている。

教育の平等と質を同時に追求している。成績下位の子どもの学力を底上げすることで，全体のレベルを上げている。習熟度別学級編成を廃止している。

③ 教師の学歴レベルが高い。

1995年から，教員免許の取得には大学院修士課程修了者を基本資格として

いる。これはフィンランドだけである。教師に対する尊敬や社会的地位が高い。教育学部への入学倍率は約10倍である。学部と大学院5年間在学中の教育実習は50回を超える。

④　女子生徒の学力水準が高い。

通常どの国でも、数学と科学では男子生徒の方が学力が高いが、フィンランドでは男子と女子の学力レベルが同等である。読解力は女子の方が高い。

⑤　学校教育において生涯学習の観点をもっている。

新しい出来事に対処する能力、思わぬ問題が起きた時にそれに対処する能力を養うためにつねに子どもたちには自ら学ぶ力が必要であることを自覚させている。

4　キーコンピテンシーの提案

OECDは、1997年から「能力の定義と選択（Definition and Selection of Competency : DeSeCo）プロジェクト」を行い、2003年に「鍵となる能力」（key competency）を提案した。ここでは、次のように大きく3つの範疇（category）と9つの能力（competency）が設定されている（図2-3参照）。

（1）カテゴリー1——**相互作用的に道具を用いる**

個人は、情報テクノロジーのような物理的道具と、言語の使用のような社会・文化的な道具のような、環境と効果的に相互作用するための幅の広い道具を使うことができる必要がある。

必要な理由	・技術を最新のものにし続ける。 ・自分の目的に道具を合わせる。 ・世界と活発な対話をする。
コンピテンシーの内容	A　言語、シンボル、テキストを相互作用的に用いる能力 B　知識や情報を相互作用的に用いる能力 C　技術を相互作用的に用いる能力

第2章　問い直される学力

図2-3　キー・コンピテンシーの構造

```
        カテゴリー1
     相互作用的に道具を用いる   1-A
                             1-B
                             1-C
                省察
  2-A                              3-A
  2-B   カテゴリー2      カテゴリー3   3-B
  2-C  異質な集団で交流する  自律的に活動する  3-C
```

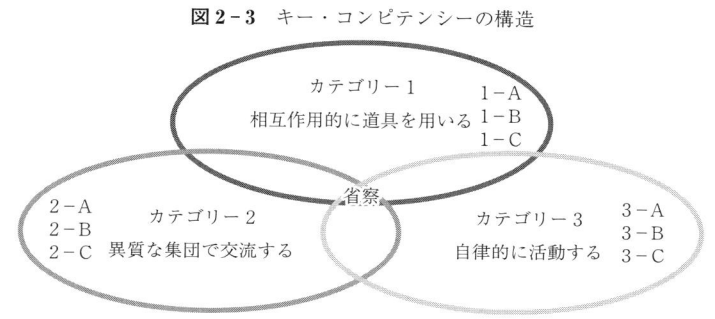

出所：ライチェン&サルガニク（2006）を基に筆者作成。

（2）カテゴリー2――**異質な集団で交流する**

　ますます相互依存する社会において，個人は他者に関わることができる必要がある。そして，個人は様々な背景をもった人々と出会うことから，異種混淆の集団と相互交渉できることが大切である。

必要な理由	・多元的社会の多様性に対応する。 ・思いやりの重要性 ・社会関係資本の重要性
コンピテンシーの内容	A　他人といい関係を作る。 B　協力する。チームで働く。 C　争いを処理し，解決する。

（3）カテゴリー3――**自律的に活動する**

　個人は，自らの生活をやっていくための責任をとることができ，自らの生活をより広い社会的文脈に置き，自律的に行為することができる必要がある。

必要な理由	・複雑な社会で自分のアイデンティティを実現し，目標を設定する。 ・権利を行使し責任を取る。 ・自分の環境を理解してその働きを知る。
コンピテンシーの内容	A　大きな展望の中で活動する。 B　人生計画や個人的プロジェクトを設計し実行する。 C　自らの権利，利害，限界やニーズを表明する。

　PISA調査で問われる学力は，上記のカテゴリー1，すなわち記号操作能

力に関わっている。PISA 学力調査で「熟考・評価」に関わる問題を解くためには，学校外での得られた知識が重要になってくる。子どもたちの学力の裾野を広げていく努力が私たちには求められている。子どもの学力の豊穣化をどう図るかが課題である。他方で，PISA による学力調査でも限界があるという意見がある。それは，人間の認知的側面について測定はできても，感性や直観力や洞察力など人間の能力全体を測定できていないという批判である。この批判は，改めて人間の総合的な能力をどうとらえるのかという問題を提起している。キーコンピテンシーの内実については，今後さらに多文化主義的観点からの検討が必要であろう。

5　PIAAC 調査に向けて

PIAAC（Programme for the International Assessment of Adult Competencies）は「国際成人力調査」と訳され，第1回調査は，2011年8月から2012年3月までに日本を含む24ヶ国が参加し実施された。調査対象は，各国16歳から65歳までの男女5,000人である。ここで，「成人力」とは，知識をどの程度持っているかではなく，課題を見つけて，考える力や，知識や情報を活用して課題を解決する力など，実社会で生きていく上での総合的な力のことである。この調査の目的は次の4点である。

①	各国の成人が「成人力」をどの程度持っているかを把握すること
②	「成人力」の程度が，例えば雇用状況や生涯学習への参加状況など，個人の生き方に対してどのような影響を与えるのか，また，国の経済成長など社会全体にどの程度影響するかを検証すること
③	現在の教育訓練の制度が，「成人力」を身につける上でどの程度の効果をあげているかを検証すること
④	学校教育，生涯学習や職業訓練などの分野でどのような政策的な工夫をすることが「成人力」の向上につながるのかを明確にすること

出所：国立教育政策研究所生涯学習政策研究部ホームページ（http://www.nier.go.jp/04_kenkyu_annai/div03-shogai-piaac-pamph.html，2011年10月1日アクセス）。

第2章　問い直される学力

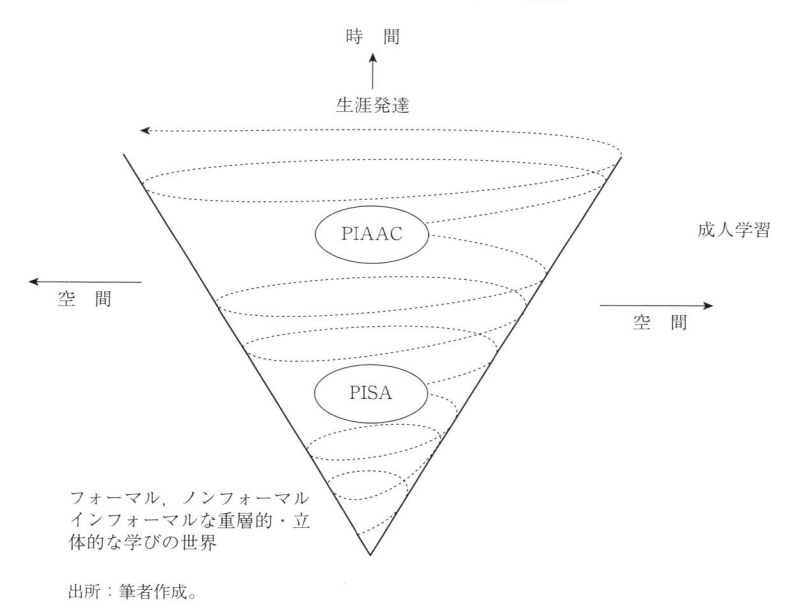

図2-4　PISAからPIAACへの道筋

時　間
↑
生涯発達

PIAAC

成人学習

← 空　間

空　間 →

PISA

フォーマル，ノンフォーマル
インフォーマルな重層的・立
体的な学びの世界

出所：筆者作成。

　この国際成人力調査では，「読解力」「数的思考力」「情報技術（IT）を活用した問題解決能力」の3分野についてテストを行い，これらに加えて「属性調査」も行う。ここでいう読解力とは，「文章や図表を理解し，評価し，活用する力」を，数的思考力とは，「数的な情報を活用し，解釈し，伝達する力」を，ITを活用した問題解決能力とは，「コンピューターやウェブ等を使用して必要な情報を収集し，評価し，他の人とコミュニケーションをし，与えられた課題を解決する力」を意味する。「属性調査」では，「成人力」に影響を及ぼす要因や，「成人力」の差が個人にどのような影響を及ぼすのかについて検証する。また，ここでは学歴，職歴，収入，学習活動への参加状況になどについて尋ねている。PISAとPIAACは連続性を有している。
　先に触れたフィンランドは完全学校週5日制であり，日本よりも授業時数

が少ない。総合的な学習の時間にあたる時数も多い。なぜ，日本よりもPISA学力調査の点数が高いのか，冷静な調査研究が必要となろう。他方で，フィンランドの子どもたちのPISA学力調査の点数は高いものの，学習意欲は高くないことが報告されている（ハッカライネン 2010）。学力と学習意欲をどう両立させるかという観点から，フィンランドの学校における授業の内容・方法の中で学ぶべき点を取り入れる必要があろう。これまで「学力」を学校の中でテストされる能力として狭く定義されてきた考え方から脱却して，生涯において通用する学力（生涯学力）として定義しなおす必要があろう。そのうえで，学校においてどのような学力を子どもたちに培っていけばよいか，その内実を再構築していく必要があろう。

　しかしこのことは，これまでの日本の学校教育で培われてきた学力が無駄であり全面的に否定されることを意味しない。一面的なフィンランド教育礼賛に陥ることなく，そのうえに新たな学力を付加して，より総合的・包括的・長期的な観点から学力の内容を再構築していくことを意味する。そこからさらに，高校入試や大学入試を改革していく必要があろう。

　私たちには，生涯学習の文脈において，「PISAからPIAACに至る国際的な学力調査——成人力調査」で，何がどのように関わっているのかを，フォーマル・ノンフォーマル・インフォーマルな学びを重層的・立体的に統合する視点から分析する研究が残されているのである（図2-4参照）。

参考文献
有元秀文『PISAに対応できる「国際的な読解力」を育てる新しい読書教育の方法』少年写真新聞社，2009年。
経済協力開発機構（OECD）編著／国立教育政策研究所監訳『PISA2009評価の枠組み』明石書店，2010年。
国立教育政策研究所監訳『PISA2006年調査　評価の枠組み——OECD生徒の学力到達度調査』ぎょうせい，2007年。
国立教育政策研究所編『生きるための知識と技能』ぎょうせい，2002年。

国立教育政策研究所編『生きるための知識と技能2』ぎょうせい，2002年。
国立教育政策研究所監訳『PISA2003年調査 評価の枠組み』ぎょうせい，2004年。
経済協力開発機構（OECD）編著／国立教育政策研究所監訳『PISA の問題できるかな？』明石書店，2010年。
志水宏吉『全国学力テスト』（岩波ブックレット No.747）岩波書店，2009年。
実川真由・実川元子『受けてみたフィンランドの教育』文藝春秋，2007年。
田中智志編『グローバルな学びへ』東信堂，2008年。
西川馨編著『学力世界一を支えるフィンランドの図書館』教育史料出版会，2008年。
西村和雄編『学力低下と新指導要領』（岩波ブックレット No.538）岩波書店，2001年。
P. ハッカライネン／松下佳代・伊藤実歩子訳「フィンランドの教育制度における教師の能力形成の挑戦」松下佳代編著『＜新しい能力＞は教育を変えるか――学力・リテラシー・コンピテンシー』ミネルヴァ書房，2010年。
平沢安政「市民性教育としての人権教育―― OECD の「キー・コンピテンシー」を手がかりに」『研究紀要』第15号，（財）世界人権問題研究センター，2010年。
福田誠治『子どもたちに「未来の学力」を――フィンランドの学力観に学べ』東海教育研究所，2008年。
福田誠治「グローバリズムと学力の国際戦略」『教育学研究』第75巻第2号，日本教育学会，2008年。
平成16年度生涯学習政策に関する調査研究報告書『成人技能に関する調査研究』国立教育政策研究所内成人技能に関する調査研究会，2005年。
O-P. ヘイノネン・佐藤学『「学力世界一」がもたらすもの』NHK 出版，2007年。
増田ユリヤ『教師立国フィンランド流教師の育て方』岩波書店，2008年。
D.S. ライチェン・R.H. サルガニク編著／立田慶裕監訳『キー・コンピテンシー』明石書店，2006年。
K. Illeris ed., *International Perspectives on Competence Development : Developping Skills and Capabilities*, Routleage, 2009.

第3章　「学習する組織」の提唱と学びの意義

1　「学習する組織」論が登場した背景

　グローバル化する経済の中で，各企業はかつてないほどの競争的環境に置かれている。同時に，各組織は上位の構成員からのトップダウンによる「上からの」経営に加えて，下位の構成員からの提案による「下からの」経営も必要とされている。組織のすべての構成員は，つねに新たな情報や知識を学び，それらを組織の刷新に役立てていくことが求められている。センゲ（P. M. Senge）はこうした事態を次のように述べている。

　　「トップの位置で『事態を読み』，他のみんながこの『大戦略家』の指示にしたがうというやり方では，もはやとうてい対処不可能なのだ。これから本当の意味で抜きんでる組織は，あらゆるレベルのスタッフの意欲と学習能力を生かすすべを見いだした組織となるであろう」（センゲ 1995：10）。

　各企業は，つねに状況を読みそれに対応して組織改革を図り，新たな仕事を開発することで自らの存在をアピールしなければならない。学習組織論は知識基盤社会の文脈から生まれた理論である。今やまさに教育学と経営学が協働する時代が到来したと言えよう（中原 2006）。これまで教育学の知見は，学校教育の中に限定されがちであった。企業内教育は経営学の領域であった。教育学には「教育的価値」による縛りがあったので，企業内教育の研究から

距離を置いてきた。しかし、生涯学習という文脈で、企業内教育のあり方を考察することは十分に可能である。ここには「学習する組織」(learning organization)が大きく関わっている。

ソニーのウォークマンやヤマハの電動自転車の開発秘話から、私たちは新しい商品開発がいかに試行錯誤を積み重ねた後で、ヒット商品が売り出されたかを知ることができる。商品開発チームもまた「学習する組織」である。ワトキンスとマーシック（K. Watkins & V. Marsick）は、学習する組織について次のように論じている。

> 「学習する組織とは、継続的に学習し、組織そのものを変革していく組織である。学習は、個人、チーム、組織、あるいは組織が相互作用するコミュニティの中で生まれる」（ワトキンス／マーシック 1995：32）。
> 「一人の人間の言ったり行動したりしたことから、連鎖反応がはじまる。他の人がそれにすぐに反応して、その後別の人がその反応に反応していく」（ワトキンス，マーシック 1995：33）。
> 「何百人もの人間が自分独自の世界観に基づいて、伝えられた価値やビジョンを理解するが、そのうちメンバーはだんだんと意味を共有し共通のビジョンを創造していく」（ワトキンス，マーシック 1995：34）。

その際にどれだけ組織の構成員に情報が共有されアイデアが交換されていくかが鍵となる。普段から風通しのよい組織づくりが必要とされよう。社会において「学習する組織」はチーム＜組織＜社会と重層的に拡大していく。「学習する組織」は、特に人命にかかわる病院組織において重要である。そこでは、医療過誤防止に向けて、医師や看護師にとどまらずすべての構成員によるたえざる「省察」(reflection)が必要とされるからである。

2　センゲの学習組織論

センゲは「学習する個人」があってこそ「学習する組織」になるとして，学習組織に関わる個人の行動原則について論じている。センゲの代表作の原題は，Peter M. Senge, The Fifth Discipline: The Art & Practice of The Learning Organization, Currency Doubleday, 1994.であり，これを直訳すれば，『第五の規律——学習組織のわざと実践』となるはずである。

彼によると，学習組織には，次の5つの規律すなわちディシプリンが必要であるとされている。同書で，第5のディシプリンというのは「システム思考」を指している。2011年刊行の新訳を参照しながらそれを見てみよう。

① システム思考

全体を考慮するものの考え方である。システムの細かい部分に目を奪われてはいけないし，「木を見て森を見ず」でもいけない。システム思考は，他の4つを統合する第5のディシプリンである。他の項目をそれぞれ前進させることによって，全体が部分の総和を超えることをたえず想起させるのである。

② 自己マスタリー

自分の人生をかけて学習に取り組む姿勢，やる気，精神的土台，個人の視野を常に明瞭にし，深めていくことを意味する。

> 「自己マスタリーというディシプリンは，継続的に私たち個人のビジョンを明確にし，それを深めることであり，エネルギーを集中させること，忍耐力を身につけること，そして，現実を客観的に見ることである。したがって，自己マスタリーは学習する組織の欠かすことのできない要——学習する組織の精神的基盤である」（センゲ　2011：40）。

③ メンタル・モデルの克服

メンタル・モデルとは，われわれの心に固定化されたイメージや概念のことである。心に固定されたイメージからの脱却の脱却が図られる。

例えば，ある問題に直面した際に，「どうせ…は…でしょう」という固定的・限定的なものの見方を捨てることである。自分に制限を設けず，自己の限界に挑戦するのである。

> 「メンタル・モデルとは，私たちがどのように世界を理解し，どのように行動するかに影響を及ぼす，深く染み込んだ前提，一般概念であり，あるいは想像やイメージでもある。私たちは自分のメンタル・モデルや，それが自分の行動に及ぼす影響に意識的に気づいていない場合が非常に多い」(センゲ 2011:41)。

④ 共有ビジョンの構築

個々人の意見を共有し，達成すべき将来のイメージを共有する。

共通ビジョンをつくるのに必要なものは，「お義理」ではなく心からの参加と献身を育む共通の「将来像」を掘り起こす技術である。

> 「共有ビジョンの実践には，追従よりも真のコミットメントと参画を育む共通の『将来像』を掘り起こすスキルも含まれる。このディシプリンを習得するとき，リーダーは，ビジョンについて指図することは，たとえそれが心からの行為であったとしても，逆効果であることを学ぶ」(センゲ 2011:43)。

⑤ チーム学習

意見交換やディスカションを行い，チームや組織のビジョンの共有化を図る。

「チームが真に学習するとき，チームとして驚くべき結果を生み出すだけでなく，個々のメンバーも，チーム学習がなかったら起こり得ないような急激な成長を見せる」（センゲ 2011：44）。

「チーム学習はきわめて重要である。なぜなら，現代の組織における学習の基本単位は個人ではなくチームであるからだ。肝心なのはここである。チームが学習できなければ，組織は学習し得ない」（センゲ 2011：45）。

ここで使われている「ディシプリン」というのは，「実践するために勉強し，習得しなければならない理論と手法の体系」（センゲ 2011:45）を意味する。それは，ちょうどピアノの演奏ができるようになるために，誰でも実践によって熟達度を高めることができることと同じである。センゲは，「ディシプリンを実践することは，一生涯学習者になることだ。…（中略）…生涯をかけてディシプリンを習得するのである」（センゲ 2011:45）と語っているが，これはたいへん興味深い。

3　知識創造経営論

知識創造経営論では，組織において新しい知識が創造されていく過程を明らかにしている。知識マネージメントという言葉があるように，ここでは企業組織において新しい商品を開発する過程を描いている野中郁次郎たちのセキ（SECI）の図式を紹介してみよう。

野中らは暗黙知（tacit knowledge）と形式知（explicit knowledge）という，ポランニー（M.Polanyi）が名づける2種類の知識を利用する。暗黙知とは，特定の状況についての個人的な知識であり，言語化したり他人に伝達することが難しい，直観や第六感に基づく知識を指す。形式知とは，形式的・論理的な言語によって伝達できる知識であり，これによって表現できる知識は，知識総体の一部にすぎない。知識創造は，暗黙知と形式知が4つの知識変換

図3-1　4つの知識変換モード

	暗黙知	暗黙知	
暗黙知	共同化 Socialization	表出化 Externalization	形式知
暗黙知	内面化 Internalization	連結化 Combination	形式知
	形式知	形式知	

出所：野中・竹内（1996:93）。

モードを通じて，たえずダイナミックに相互循環する過程である。野中らは次の4つの過程を図式化している（図3-1）。

① 共同化（socialization）──暗黙知から暗黙知へ

これは，開発チームの構成員が自らの経験を語り合うことで，感覚を共有し暗黙知を創造する相互作用の場をつくる過程である。仕事の中での訓練（OJT）で，観察，模倣，練習によって学ぶんだことや，正統的周辺参加（Legitimate Peripheral Participation:LPP）において学んだことについて語ることがその例である。

② 表出化（externalization）──暗黙知から形式知へ

これは，暗黙知を明確な概念にする過程で，対話や共同的な思考によって，暗黙知が隠喩，類推，概念，仮説，モデルなどの形をとって明示的になっていく。この過程は創造的思考の真髄でもある。書くことで暗黙知を形式知へ変換することがその例である。

③ 連結化（combination）──形式知から形式知へ

これは，異なる概念を組み合わせて知識体系を創り出す過程で，会議，ネットワーク通信などを通して，知識を交換しながら組み合わせることがその例である。

④　内面化（internalization）――形式知から暗黙知へ

　これは，言語や図式によって文書化された形式知を身体化（血肉化）させる過程である。

　こうした野中らの業績は，「組織的知識創造」のマニュアル化に貢献し，日本的経営のメリットを明らかにした。企業も「学習する組織」となることで，生産性を向上できるのである。

> 「この本の中で我々が主張しているのは，日本企業は『組織的知識創造』の技能・技術によって成功してきたのだ，ということである。組織的知識創造とは，新しい知識を創り出し，組織全体に広め，製品やサービスあるいは業務システムに具体化する組織全体の能力のことである。これが日本企業成功の根本要因なのである」（野中・竹内　1996：ⅱ）。

　ここでは，集団主義の日本企業と個人主義の欧米企業が対比され，前者の優位性が論じられていることがわかる。

4　活動理論の登場

　活動理論（activity theory）では，複数の組織が影響を与え合いながら，自らのあり方を変えていく様子が記録され分析される。また，組織内部の人間を単体として見ずに，活動システムの一員と看做している。この理論を通して，複数の組織同士の対面・交流を通して，お互いが自らの組織のあり方を問い直し改善していく過程の研究が進められている。各組織は活動システムをもち，そのシステムを存立させるために「ルール」「コミュニティ」「分業」がある（図3-2）。各組織が対面する時，各々の活動システムの「ルール」「コミュニティ」「分業」のあり方が変わっていくのである。これによって組織変革がなされるのである。エンゲストローム（Y. Engestrom）によると，あらゆる

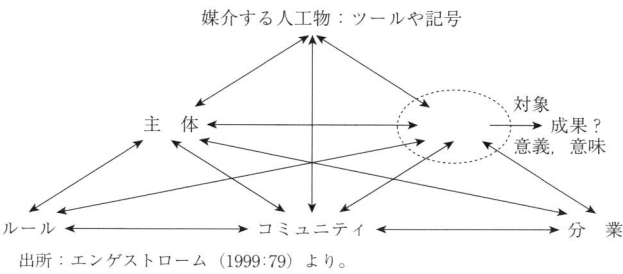

第3章 「学習する組織」の提唱と学びの意義

図3-2 集団的活動システムのモデル

媒介する人工物：ツールや記号

主　体　　　　　　　　　対象
　　　　　　　　　　　　成果？
　　　　　　　　　　　意義，意味

ルール　　　　コミュニティ　　　　分　業

出所：エンゲストローム（1999:79）より。

組織は複数の構成員が集団的な活動を行う「活動システム」と看做される。そして，活動システム間の葛藤や矛盾を，各システムを刷新していく原動力としてとらえている。活動理論の5つの原理は次のとおりである。

① 活動システムが基本：組織内の一つ一つの要素よりも組織全体を見る。
② 活動システム内部の多声性：組織はつねに内部に対立や葛藤を抱えている
③ 活動システムの歴史性：長い時間をかけて作られた組織は，すぐには変わらない。
④ 活動システム内の矛盾：それが組織を変える原動力になる。
⑤ 拡張的転換の可能性：組織は改革できる可能性に開かれている。

その事例として，第1に学校教育と社会教育が連携する「学社連携」を取り上げてみよう。筆者は，ある公民館で7名の高校生および1名の教諭と公民館長が講座を企画する高校生企画講座会議の6回にわたる観察を行い，その過程を記録・分析した。高校生たちは学校教育という活動システムのメンバーであり，公民館長は公民館という社会教育の活動システムを代表するメンバーである。公民館講座の企画過程では，2つの活動システム間の意見の

対立により企画会議は二転三転した。企画会議の最初は，近隣ターミナル駅周辺のまちづくりの講座や有名人を講師に呼んでたくさんの参加者を集めたいという意見が出された。しかし，公民館側からまちづくりは今後の市の計画であり，講座のための予算は5万円しかないことを告げられ，これらの案は却下される。最終的には両者が歩み寄って，5名の職業人を呼んでパネル・ディスカッション形式の講座「教えて先輩！聞いてみよういろんな仕事」が作られ，講座実施当日には31名の参加者を得ることができた（赤尾 2006）。

　第2の事例として小学校と中学校が連携して，子どもたちの教育にあたる小中連携を取り上げてみよう。小学校も中学校も同じ学校教育という範疇にあるが，小学校という活動システムと中学校という活動システムは，前者が学級担任制，後者が教科担任制をとるなど大きく異なる。ここでは小学校の教員が中学校で授業を行ったり，逆に中学校の教員が小学校で授業を行ったりする，小・中学校教員間の連携の必要が出てくる。また，小学校の子どもが中学校で授業を受けたり，逆に中学校の子どもが小学校で授業を受けたりする，子ども間の連携の必要も出てくる。こうした連携は傍から見るほど容易ではない。教員であれ子どもたちであれ，これまでのように各小学校と中学校でまったく別個に教育実践をしているよりも，移動に時間がとられてしまうからである。それでも，小中連携は子どもたちによい教育的な効果をもたらしているようである（保坂 2005）。

　第3の事例として，官庁職員と民間会社の官民交流を取り上げてみよう。東宝映画として2006年2月に封切された『県庁の星』は，県庁のエリート職員，野村聡＝織田裕二とスーパーマーケットのパート従業員，二宮あき＝柴咲こうの出会い，葛藤・対立を軸として物語が展開されていく。だが，この葛藤・対立は，これら2人の登場人物間のものにとどまらず，県庁・システムとスーパーマーケット・システムの間の葛藤・対立でもある。この物語では，三流スーパーの満天堂は，野村と二宮の協力によって，組織改善され甦っていく。しかし，県庁は組織改善されないままであった。野村は，福祉部

門に転勤となり，そこで地道に仕事に取り組む中で，住民の生の声を聴くことで，県庁組織のおかしさに気づいていく。そして「県庁改善案」をまとめる。だが，酒井和歌子が演じる県知事と石坂浩二が演じる県議会議長の結託によって，野村の「県庁改善案」はゴミ箱に捨てられる。

　この映画では，双方の組織が同じように改善されるとは限らないことが課題として残されている。つまり，活動理論が想定するように，対面する2つの組織が同じように組織改善されるとは限らないことがわかる。そこには組織内部の構成員間の権力関係が働き，たとえ構成員の気づきがあっても組織改善が阻まれることがあることが示唆されている。

5　実践共同体としての学習組織研究の課題

　このように，複数の人々が集まる「実践共同体」(community of practice) としての「学習する組織」へ着目することで，学習概念を，従来の暗記中心の学習から拡張させ，組織を構成する人々が学習によって自己と他者，そして自ら所属する組織について「省察」することで，認識の拡大・変容・深化をすることに研究の関心を向けたことの功績は大きい。しかしそのうえでなお，学習組織論には次のような考究すべき課題が残されている。

　第1に，「省察」の内容と方向性が十分に問われていないことである。先行研究の中には「省察」が自己目的化されているものもないわけではない。問われなければならないのは省察の内容とその方向性である。何をどう省察するのかを省察する，つまり「省察についての省察」，メタ・レベルでの省察が必要とされてくるのである。すでに省察については，「行為の中での省察」(reflection in action)，「行為についての省察」(reflection on action)，「行為のための省察」(reflection for action) といった3種類の省察が確認されている（ショーン 2007）。しかし，それらの省察がどんな認識枠組みから省察されているかを省察する必要がある。省察研究は新しい段階を迎えつつある

(Thompson & Thompson 2008)。

　第2に，成功事例が先行することによって，個人と組織の間の予定調和的関係が前提となっている研究が主流になっている観がある。個人が学習すれば，つねに組織も刷新されるわけではない。組織には個々人の学習だけでは刷新されない要因がある。あらゆる組織には，学習による刷新を阻む要因があるのではないだろうか。映画「県庁の星」で観たように，これを実践共同体内部の権力関係という視点から分析する必要があろう。

　第3に，組織改革に成功した組織の事例だけが紹介されており，失敗した組織の事例分析が進んでいないことである。改革に失敗した組織の事例からも学ぶ必要があろう。これに関連して，畑村洋太郎は「失敗情報の知識化」の必要性を次のように論じている。

　　「失敗情報の中に知識化した記述を残すことは，後にその失敗について振り返って活用しようとするとき使いやすく，ことがスムーズに運ぶというメリットがあります。失敗事例集のようなものをつくって組織で活用するにしても，あるいは，教訓や創造の種として個人がデータ化した情報を使うにしても，ほぼ同じ効果が見込めます。…（中略）…事象，経過，原因，対処，総括に知識化を加えた六項目の記述は，後に役立つ失敗情報を正しく伝える上で最も適したスタイルです」（畑村 2000：123）。

　第4に，組織が学習していくようになるためには，ワークショップ形式の会議を設定し，そこで誰かのリーダーシップが必要になってこよう。その人が全体を見渡し，ファシリテーター（促進者）の役割を担うことになる。ファシリテーターは各回の議論が積み重なっていくようにする。その際，ファシリテーターもまた権力を行使している主体であることを看過してはならない。彼（彼女）は，まったく中立の立場で議論を促進しているわけではないからである。混乱がないように，一定の結論に至るように，なんらかの利害・関心

に基づいて微妙な統制をしているのである。今後，ワークショップにおけるファシリテーターとワークショップ参加者との間のやり取りについてのケーススタディの蓄積から，組織が学習する組織になるための共通した要因を抽出する研究も期待できよう。また，人々の不信感が渦巻く組織は「学習組織」になりにくいのではないだろうか。常日頃から組織内の人間関係の円滑化が図られていなければならないのではないか。

最後に，「学習する組織」をめぐる立場性を問う必要もあろう。それはいったい誰のための学習組織なのか？　その学習組織で得をするのは誰なのか？　誰の知識が組織改革で活かされていくのか？　誰の知識が商品開発の場で活かされているのか？　学習する組織は一部の人のためにあるのか，それとも組織のすべての構成員のためにあるのか？　といったことが問われなければなるまい。これからの学習組織論においては，本章の冒頭でセンゲが言及したように，独断的なカリスマ経営者のための組織ではない，より民主的な組織づくりとの関連性を意識した研究が期待されよう（Hartley 2007）。

参考文献

赤尾勝己「公民館における高校生企画講座の形成過程とその実践——大阪府立Ｔ高校での企画会議の参与観察を通して」『教育科学セミナリー』第37号，関西大学教育学会，2006年。

E.ウェンガー・R.マグダーモット・W.M.スナイダー／野村恭彦監修，野中郁次郎解説，櫻井祐子訳『コミュニティ・オブ・プラクティス』翔泳社，2002年。

Y.エンゲストローム／山住勝広・松下佳代・百合草禎二・保坂裕子・床井良信・手取義宏，高橋登訳『拡張による学習——活動理論からのアプローチ』新曜社，1999年。

Y.エンゲストローム／松下佳代・三輪建二監訳『変革を生む研修のデザイン——仕事を教える人への活動理論』鳳書房，2010年。

D.ショーン／柳沢昌一・三輪健二訳『省察的実践とは何か』鳳書房，2007年。

P.M.センゲ／守部信之他訳『最強組織の法則——新時代のチームワークとは何か』徳間書店，1995年。

P.M.センゲ他／柴田昇治＋スコラ・コンサルタント監訳，牧野元三訳『フィールド

ブック——学習する組織「5つの能力」』日本経済新聞社,2003年。
P.M.センゲ他／柴田昇治＋スコラ・コンサルタント監訳,牧野元三訳『フィールドブック——学習する組織「10の変革課題」』日本経済新聞社,2004年。
P.M.センゲ／枝廣淳子・小田理一郎・中小路佳代子訳『学習する組織』英知出版,2011年。
立田慶裕「知識を創る学習——知識と学習のマネージメント」赤尾勝己編『生涯学習理論を学ぶ人のために』世界思想社,2004年。
中原淳・金井壽宏『リフレクティブ・マネジャー』光文社,2009年。
中原淳編著『企業内人材育成入門』ダイヤモンド社,2006年。
中村香「企業内教育から『学習する組織』へ」赤尾勝己編『現代のエスプリ 生涯学習社会の諸相』No. 466,至文堂,2006年。
中村香『学習する組織とは何か——ピーター・センゲの学習論』鳳書房,2009年。
中村香「成人の学習を組織化する省察的実践——学習する組織論に基づく一考察」『教育学研究』第78巻第2号,日本教育学会,2011年6月。
野中郁次郎,竹内弘高／梅本勝博訳『知識創造企業』東洋経済新報社,1996年。
畑村洋太郎『失敗学のすすめ』講談社,2000年。
S.バーンズ・C.バルマン編／田村由美・中田康夫・津田紀子監訳『看護における反省的実践』ゆみる出版,2005年。
保坂裕子「小中連携実践にみる発達課題と学校教育改革の取り組み——移行期における文化的発達についての活動理論的研究の展望」『教育科学セミナリー』第36号,関西大学教育学会,2005年。
山住勝広「活動理論・拡張的学習・発達的ワークリサーチ」赤尾勝己編『生涯学習理論を学ぶ人のために』世界思想社,2004年。
M.ポランニー／佐藤敬三訳『暗黙知の次元——言語から非言語へ』紀伊國屋書店,1980年。
E.ワトキンス・V.J.マーシック／神田良・岩崎尚人訳『「学習する組織」をつくる』日本能率協会マネジメントセンター,1995年。
V.J. Marsick & K.E. Watkins, *Envisioning New Organization for Learning*, In F. Reeve, M. Cartwright, R. Edward eds., *Organizing Learning*, Supporting Lifelong Learning Vol.2. Open University Press, 2002.
S. Thompson & N. Thompson, *The Critically Reflective Practitioner*, Palgrave Macmillan, 2008.
D. Hartley, *Organizational epistemology, education and social theory*, British Journal of Sociology of Education, Routledge, Vo.28, No.2, 2007.

第2部　海外の生涯学習に関する理論と動向

第4章 ユネスコにおける生涯教育から生涯学習への転換

1 ラングランによる生涯教育の提起

 「生涯教育」という言葉が初めて提唱されたのはユネスコである。1965年，ユネスコで開催された成人教育国際推進委員会（パリ）の席上で，フランス代表のラングラン（P. Lengrand）がeducation permanenteという概念を提起した。これはlifelong educationと英訳され，日本では「生涯教育」と和訳された。1970年には，ラングランが『生涯教育入門』を発表し，日本では波多野完治によって翻訳された（ラングラン 1980&1979）。

 これは端的にいえば，人間は生まれてから死ぬまでの間，教育が必要だという考え方を示している。生涯教育の考え方は，その後ユネスコ加盟国を中心に世界中に広まり，その国が置かれた政治・経済・文化的状況に応じた展開を見せている。

 ラングランは，「生涯教育」について次のような定義を行っている。

> 「生涯教育は，人格の統一的・全体的かつ継続的な発達を強調することによって，職業，人文的表現力，一般教養，その他各人がそのために，またそれによってことを成し自己を実現するようなさまざまな立場が必要とするものと，そのための教育訓練との間に，恒久的なコミュニケーションを創り出すような教育の課程や方法を思いつくようにと誘うものである」（ラングラン 1980:58）。

第4章 ユネスコにおける生涯教育から生涯学習への転換

　社会において生涯教育が必要とされる要因として，ラングランは，諸変化の加速，人口の増大，科学的知識及び技術体系の進歩，政治的挑戦，情報，余暇活動，生活モデルや諸人間関係の危機，肉体，イデオロギーの危機を挙げている。彼の生涯教育論で注目すべきことは，生涯教育を，社会の変化へ適応するために人々へ幅広い教育を提供しつつ，社会的平等のための手段として利用しようとしていることである。彼は，資本主義社会のあり方に一定の批判意識をもっていることがわかる（ラングラン 1979:92）。

　1972年には，東京で第3回国際成人教育会議が開催された。同年，フランスの元文部大臣フォール（E. Faure）を委員長とする教育開発国際委員会が『生きるための学習』（Learning to Be）を発表した（日本では『未来の学習』という書名で翻訳が刊行された）。これは別名『フォール報告書』と呼ばれ，資格や学歴や権力を持つための学習（Learning to Have）の対概念として提起された。「学習社会」は余暇社会の産物でもあり，そこにおける人々の自己実現を最高の価値とし，古代都市アテナイの市民の生き方をモデルとした。

　同報告書は，フロム（E. Fromn）の「人間の全生涯が，自己自身を生み出していく過程にほかならない。真実われわれは死ぬ時においてのみ，完全に生まれるのである」という一節を引用しながら，「実際，人間は『完全な生活を目指す』ことをやめないし，完全な人間として生まれようとしていることをやめない。このことは生涯教育にとって有利な主たる議論である」（国立教育研究所訳 1975:188）と論じている。ここで言及されている「完全な人間」（complete man）というのはフロムの言葉である。

　同報告書では，「すべての人は生涯を通じて学習を続けることが可能でなければならない。生涯教育という考え方は，学習社会の中心的思想である」（国立教育研究所訳 1975:208）という教育政策の指導原理が掲げられている。また，制度による形式主義の減少として，「教育は多様な手段によって与えられ，また獲得すべきものである。重要なことは，各人がどのような道すじをたどって教育を受けたかではなく，何を学習したか，あるいは何を獲得したかで

ある」という原理を掲げている。さらに，個人が多様な学習の内容・方法を選択できるように社会が用意することが求められている。自己学習の原理として，「新しい教育精神は，個々の人間を自分自身の教養的進歩の主人とし，創造者とする。自己学習，特に手助けを受けて行う自己学習は，いかなる教育制度においてもかけがえのない価値を有する」という考えが掲げられ，図書館や情報センターなどの多様な学習施設が用意されることが期待されている。

2　ジェルピの生涯教育論

　1972年，ユネスコの生涯教育部門の担当者がラングランからジェルピ（E. Gelpi）に交代した。ジェルピは，生涯教育が人々を生涯にわたって管理・抑圧する道具となる危険性を認めつつも，それが人々に力を与えて解放する力になりうるという2つの側面を指摘する。つまり，生涯教育を抑圧的側面と解放的側面の二側面から弁証法的にとらえているのである。そして，世界システム論――国家論――再生産論――抵抗論を基盤にして，生涯教育が社会的に抑圧された人々をエンパワー（empower）するための道具であるべきことを論じている。ここでは，「自己決定学習」「参加民主主義」「全面的発達」がキーワードとして抽出される。

　ここでジェルピの主張のいくつかを紹介してみよう。まず，生涯教育は常に政治的な力関係の中におかれていることを論じる。そして，自己志向性に基づく自己決定学習（self-directed learning）が，抑圧的な力をはねかえす契機となると論じている。

　　「生涯教育は政治的に中立ではない。このことは，生涯教育を考察していく上で，あらゆる意味での出発点である。…（中略）…諸個人や諸集団による自己決定学習は，あらゆる抑圧的な力にとって脅威となる。した

第4章　ユネスコにおける生涯教育から生涯学習への転換

がって，われわれが重視しなければならないのは，この自己―志向性なのである」（ジェルピ 1983：17）。

「生涯教育が国際協力の精神と結合している限り，そしてその普遍化によって新植民地主義のために利用されるのではないなら，有益なものとなるであろう」（ジェルピ 1983：23）。

「…教育問題はまさしく政治問題であり，教育戦略は明らかに社会的・政治的諸勢力の分析から出発しなければならない。重要なことは，生涯教育分野の研究を単に文部省や大学に委ねるのでははなく，社会運動や社会的諸機関と結合させることである」（ジェルピ 1983：50）。

「生涯教育の目的の一つは，すべての人々に人格の発達と社会での積極的な参加をうながす知識を与えることといえようが，他方，文化的・教育的促進活動の第１の目的は，各人に自己の位置の批判的な意識化をもたらすことであり，コミュニティの一員としての人格の発展のための諸手段を彼に授けることである」（ジェルピ 1983：64）。

ここでは男性中心的な記述が問題であるが，「批判的な意識化」がキーワードとなっている。これは，後に紹介する成人識字教育に尽力したフレイレ（P. Freire）が主張したこととも関わっている。

また「教育されるすべての人が，また教育者であるという事実」から，ジェルピは，教育者の専門性について次のように論じている。

「もし，すべての成人は教育者としての可能性を持っていると考えるならば，教育者の専門的役割は修正される必要があろう」（ジェルピ 1983：85）。

ジェルピは，成人教育者が固定した専門職でなければならないことにはこだわっていない。

3 「成人教育の発展に関する勧告」の意義

　1976年には，「成人教育の発展に関する勧告」（Recommendation on the development of Adult Education）が，ナイロビで開かれたユネスコ第19回総会で採択された。同勧告では，世界システム論をふまえながら発展途上国に生きている被抑圧的な立場にいる人々の生涯にわたる教育をより援助すべきことが提案されている。ここにはジェルピの思想が反映されている。

　本書の序章では，この勧告における成人教育の定義を紹介した。そこからさらに次のように成人教育について述べている。

　　「教育及び学習は，就学期間に限られるものでは全くなく，生涯にわたり，あらゆる技能及び知識を含み，あらゆる可能な手段を活用し，かつ，すべての人に対し人格の十分な発達のための機会を与えるものであるべきである」。
　　「性，人種，地理的出身，年齢，社会的地位，意見，信条又は学歴を理由に制限することなしに，すべての成人の必要及び願望に応じて機構を創設し，計画を作成し実施し，ふさわしい教育方法を提供する」。

成人教育の目的として，次の6項目を抜き出してみよう。
① 平和，国際理解及び国際協力のための事業を促進すること。
② 現代の主要問題及び社会的変化についての批判的理解並びに社会正義を実現するため社会の進歩に積極的な役割を果たす能力を発達させること。
③ 人と物理的及び文化的環境との間の関係についての認識を高め，また，環境を改善し並びに自然，共通の遺産及び公共の財産を尊重しかつ保護する意欲を助長すること。

④ 国内及び国際社会の双方において、慣習及び文化の多様性について理解し及び尊重する精神を醸成すること。
⑤ マス・コミュニケーション・メディア、特に、ラジオ、テレビ、映画及び新聞を活用するため、並びに、社会が現代の男性及び女性に向ける種々の通信を解釈するために必要な能力を発達させること。
⑥ 学習することを学ぶ能力を発達させること。

　成人教育の内容として、市民教育、政治教育、労働組合教育および協同組合教育の活動が挙げられ、各人が自主的で批判的な判断力を育成し、社会問題の処理に関わる意思決定の過程に参加することの重要性について述べている。また、社会的に不利益を被っている移民労働者、マイノリティ、失業者、障がい者、高齢者のための成人教育には、一定の配慮の下で一層の努力が傾注されるべきことが記されている。

4　学習への着目

（1）フレイレの成人識字教育

　1985年にパリで開催された第4回国際成人教育会議では「学習権」（Right to Learn）宣言が採択された。ここには、フレイレの成人識字教育の成果が反映されている。

> 「学習権とは読み書きの権利であり、深く考える権利であり、想像し創造する権利であり、自分自身の世界を読みとり、歴史をつづる権利であり、あらゆる教育の手だてを得る権利であり、個人的・集団的力量を発達させる権利である。…（中略）…それは基本的権利の一つとしてとらえられなければならない」。
>
> 「…学習権はたんなる経済発展の手段ではない。それは基本的権利の一

つとしてとらえられなければならない。学習活動はあらゆる教育活動の中心に位置づけられ，人々をなりゆきまかせの客体から，自らの歴史をつくる主体にかえていくものである」。

　ユネスコには195カ国（2022年10月現在）が加盟している。そのため，なかには文字の読み書きのできない人々，すなわち非識字者を多数抱えた国もある。表4－1は，世界の識字率を示している。これによると，アジア，アフリカ，ラテン・アメリカの国々で，識字率が低いことがわかる。しかも，女性の方が男性よりも識字率が低い。それは教育における女性差別が強いからである。そうした発展途上国では，初等教育や中等教育が十分に整備されていない。ユネスコでは，学校教育の整備とともに，成人非識字者に対する教育にも取り組んでいる。ジェルピの盟友で，ユネスコの成人識字教育運動に影響を与えたのが，フレイレである。

　フレイレは，1960年代前半から，南アメリカのブラジルやチリなどの国で，成人識字教育に取り組んだ。つまり，世界システムの周辺国の周辺部に住んでいる人々のエンパワーメントに力を尽くそうとした。従来，そこで行われている文字を獲得する教育は，非識字者が生きている生活とは関係なく，文字とその組み合わせからなる単語を機械的に反復させる方法が一般的であった。それは見方によっては，非識字者が生きている社会とは関係なく反復訓練させる味気ない方法である。フレイレが考案したのは，文字を知ると同時に自ら生きている社会の構造を認識させていくという方法であった。彼はそのための17のキーワード（＝生成語（generative word））を抽出し用意した。まず，教育者（著書では「調整者」として表現されている）は，この生成語に関連した絵やスライド画像を，文化サークルに集まった非識字者たちに見せて，「これはなんですか？」という問いを投げかける。非識字者たちは文字を理解できないが日常会話はできる。例えば，それがスラム（favela）の画像であったとしよう。「どんなイメージがありますか？」という問いに，非識字者たちは

第 4 章　ユネスコにおける生涯教育から生涯学習への転換

表 4－1　各国の識字率の比較

	識字率（注）（％）					
	成人			若者		
	男女平均	男	女	男女平均	男	女
アジア						
アゼルバイジャン	*3 99.5	*3 99.8	*3 99.2	*3 100.0	…	…
アフガニスタン	…	…	…	…	…	…
アラブ首長国連邦	90.0	89.5	*2 91.5	95.0	95.0	95.0
イエメン	62.4	79.9	44.7	84.1	…	…
イスラエル	…	…	…	…	…	…
イラク	78.1	86.3	69.9	82.7	…	…
イラン	*1 85.0	*1 89.3	*1 80.7	*1 98.7	…	…
インドネシア	*5 62.8	*5 75.2	*5 50.8	*5 98.5	…	…
カザフスタン	*1 99.7	*1 99.8	*1 99.6	*1 99.8	…	…
韓国	…	…	…	…	…	…
カンボジア	*1 77.6	*1 85.1	*1 70.9	*1 87.5	…	…
クウェート	*1 93.9	*1 95.0	*1 91.8	*1 98.6	…	…
サウジアラビア	86.1	90.0	81.1	97.6	…	…
シリア	84.2	90.4	78.0	94.4	…	…
シンガポール	94.7	97.5	92.0	99.8	…	…
スリランカ	*1 90.6	*1 92.2	*1 91.5	*1 98.1	…	…
タイ	*2 93.5	*2 95.6	*2 91.5	*2 98.1	…	…
中国	94.0	…	90.9	99.4	…	…
（香港）	…	…	…	…	…	…
日本	90.8	96.4	85.3	97.8	…	…
ネパール	59.1	72.0	46.9	82.0	…	…
バーレーン	*1 55.5	*1 68.6	*1 40.1	71.1	…	…
バングラデシュ	55.9	60.7	51.0	75.5	…	…
フィリピン	95.4	95.8	95.8	96.9	…	…
ベトナム	92.8	95.2	90.5	96.9	…	…
マレーシア	92.5	94.7	90.3	98.5	…	…
ミャンマー	92.0	97.1	89.5	95.7	…	…
モンゴル	97.5	97.0	97.9	96.0	…	…
ヨルダン	*3 92.2	*3 95.1	*3 88.9	*3 98.9	…	…
ラオス	*3 72.7	*3 82.5	*3 63.2	*3 83.9	…	…
レバノン	*3 89.6	*3 93.4	*3 86.0	*3 98.7	…	…
アフリカ						
アルジェリア	*5 72.6	*5 81.3	*5 63.9	*5 91.8	…	…
アンゴラ	70.0	82.9	57.6	73.1	…	…
ウガンダ	*5 71.4	*5 81.4	*5 62.1	*5 84.1	…	…
エジプト	*5 66.4	*5 75.0	*5 57.8	*5 84.9	…	…
エチオピア	*5 29.8	*5 41.6	*5 18.0	*5 44.6	…	…

	識字率（注）（％）					
	成人			若者		
	男女平均	男	女	男女平均	男	女
ガーナ	66.6	72.8	60.4	80.1	…	…
ガボン	87.7	91.4	84.1	97.6	…	…
カメルーン	*3 70.7	*3 78.9	*3 63.0	*3 86.1	…	…
ケニア	39.5	50.8	28.1	61.1	…	…
コンゴ共和国	87.0	90.5	83.5	92.7	…	…
コンゴ民主共和国	66.8	77.4	56.6	80.5	…	…
ザンビア	70.9	80.6	61.3	65.4	…	…
ジンバブエ	91.9	94.7	89.4	74.6	…	…
スーダン	70.2	79.6	60.8	89.2	…	…
セネガル	86.9	87.8	86.2	85.9	…	…
タンザニア	49.7	61.8	38.7	93.4	…	…
チュニジア	72.9	79.0	66.9	65.0	…	…
中央アフリカ共和国	55.2	69.1	42.1	77.4	…	…
トーゴ	*1 56.9	*1 74.0	*1 44.4	64.7	…	…
ナイジェリア	60.8	72.0	49.8	76.5	…	…
ナミビア	88.5	88.9	88.1	96.8	…	…
ニジェール	*2 28.7	*2 42.9	*2 15.1	71.8	…	…
ブルキナファソ	*3 28.7	*3 36.7	*3 21.6	93.0	…	…
ブルンジ	66.6	72.3	60.9	36.5	…	…
マダガスカル	64.5	67.4	67.5	39.3	…	…
マラウイ	73.7	80.6	67.0	76.6	…	…
マリ	*5 26.2	*5 34.9	*5 18.2	95.3	…	…
南アフリカ共和国	*5 88.7	*5 38.8	*5 38.8	*5 86.5	…	…
モーリシャス	87.9	90.7	87.0	98.6	…	…
モーリタニア	57.5	65.3	50.3	97.6	…	…
モロッコ	55.1	68.5	41.5	67.7	…	…
リビア	88.9	94.5	82.0	70.9	…	…
ルワンダ	70.7	75.0	66.8	77.2	…	…
レソト	89.7	…	95.3	92.0	…	…
ヨーロッパ						
イギリス	…	…	…	…	…	…
イタリア	98.9	99.2	98.6	99.9	…	…
ウクライナ	99.7	99.8	99.6	99.8	…	…
ギリシャ	97.2	98.3	96.1	99.3	…	…
スイス	…	…	…	…	…	…
スウェーデン	…	…	…	…	…	…
スペイン	97.7	98.5	96.9	99.6	…	…
スロバキア	…	…	…	…	…	…
スロベニア	99.7	99.7	99.7	99.8	…	…
チェコ	…	…	…	…	…	…
ドイツ	…	…	…	…	…	…
ハンガリー	99.4	99.4	99.3	99.4	…	…
フランス	…	…	…	…	…	…
ポーランド	99.5	99.7	99.4	99.8	…	…
ポルトガル	94.9	96.7	93.2	99.7	…	…
ルーマニア	97.1	98.7	95.6	98.7	…	…
ロシア	99.6	99.7	99.4	99.7	…	…
北中アメリカ						
アメリカ合衆国	…	…	…	95.0	…	…
エルサルバドル	84.1	86.8	81.8	…	…	…
カナダ	…	…	…	100.0	…	…
キューバ	99.8	99.8	99.8	86.5	…	…
グアテマラ	74.5	80.0	69.5	98.2	…	…
コスタリカ	96.1	95.9	96.3	97.4	…	…
ジャマイカ	86.4	81.2	91.1	…	…	…
ドミニカ共和国	*3 88.2	*3 88.2	*3 88.3	*3 95.8	…	…
ニカラグア	*2 78.0	*2 78.1	*2 77.9	*2 87.0	…	…
バナマ	93.6	93.7	93.0	96.4	…	…
ホンジュラス	83.6	83.7	83.5	*3 93.9	…	…
メキシコ	93.4	94.9	92.1	98.5	…	…
南アメリカ						
アルゼンチン	97.7	97.6	97.7	99.2	…	…
ウルグアイ	98.3	97.6	98.6	99.0	…	…
エクアドル	84.2	87.1	81.5	96.8	…	…
コロンビア	93.2	93.1	93.4	97.9	…	…
チリ	98.6	98.6	98.5	98.9	…	…
パラグアイ	*3 94.6	*3 95.7	*3 93.5	*3 98.8	…	…
ブラジル	*1 90.0	*1 89.8	*1 90.2	*1 97.8	…	…
ペルー	89.6	94.9	84.6	97.4	…	…
オセアニア						
オーストラリア	…	…	…	…	…	…
ニュージーランド	…	…	…	…	…	…

注：原則として日常生活の簡単な内容についての読み書きができる人口割合の推定値。成人は15歳以上。若者は15歳から24歳。
*1は2008年。*2は2005年。*3は2007年。*4は2004年。*5は2006年。*6は2002年。*7は2000年。*8は2010年。*9は2001年。*10は2003年。

出所：公益財団法人矢野恒太記念会編集・発行『世界国勢図会2011/12 年版』第22版、2011年、456-461頁より筆者作成。

「こわい」とか「汚い」といったイメージを口にするかもしれない。その時，教育者は「なぜこうしたこわくて汚い場所があるのでしょう？」と問いかける。そこから，非識字者たちは，こうした場所が社会の矛盾の中で生み出され，非識字者自身もそうした社会の矛盾の中に位置づけられていることに気づいていくのである。その矛盾の根底には，ブラジル社会に根を張っていた大土地所有制があり，それに気づいていくことが意識化（conscientization）と呼ばれる。Favela という単語が理解できたら，今度は fa, ve, la という 3 つの音節からなる文字に分解して，それらが他の文字と結びついて別の単語になるように派生させていく。こうやって成人学習者の語彙が増えていくのである（フレイレ 1979:172〜177，伊藤周による解説を参照）。

フレイレは，このような課題提起教育（problem posing education）による識字教育について，代表作『被抑圧者の教育学』（Pedagogy for the oppressed）の中で，次のように述べている。

「課題提起教育において，人間は，世界のなかに，世界とともにあり，そしてそこで自分自身を発見する方法を，批判的に知覚する能力を発展させる。かれらは世界を静止した現実としてではなく，過程にある，変化しつつある現実としてみるようになる」（フレイレ 1979:87）。

つまり，従来の識字教育が，「犬がほえる」とか「エバはぶどうをみつけた」「鳥には翼がある」といった機械的な文章を暗唱させ，文字の習得を目的とする「銀行型教育」（banking education）に偏していたのに対して，フレイレは，成人が文字を獲得することと同時に，社会のあり方を対象化できる主体へ生きなおすことのできる「課題提起教育」に基づく識字教育の方法を確立した。それによって文字を獲得して「世界とともにある存在」（being with the world）としての人間が生み出されていく。学習権宣言にもあったように，もはや「なりゆきまかせの客体」ではない人間が生み出されていくのである。こうした

実践は，1964年3～4月に，非民主的な勢力によるクーデターによって政権が転覆されたブラジルにおいて，非識字者が文字を獲得して社会のあり方を批判的にとらえることは危険とみなされ，フレイレは投獄された。しかし，のちに釈放され，1970年代からフレイレの成人識字教育の方法はユネスコにおいて評価され活用されている。20世紀を代表する教育者の一人としてフレイレの成人識字教育実践の重要性は銘記されるべきであろう。

（2）学びの4本柱

1996年には，『学習：秘められた宝』(Report to UNESCO of the International Commission on Education for the Twenty-first Century, Learning: The Treasure Within, UNESCO, 1996.) が刊行された（天城勲監訳『学習――秘められた宝』ぎょうせい，1997年）。この書籍の第1章「地域社会から国際社会へ」では，人間の活動の世界化に言及し，第2章「社会的結合から民主的参加へ」では，市民の民主的参加と公民教育と市民としての実践に言及している。第5章では「生涯学習を民主主義の至上命題として位置づけている。このように，この書籍は生涯学習と民主主義の関連性の深さを強調している。そうした中で，第4章では「学習の4本柱」として，「知ることを学ぶ」「為すことを学ぶ」「（他者と）共に生きることを学ぶ」「人間として生きることを学ぶ」を列挙している。

> 「それらはまず，理解の手段を獲得するための『知ることを学ぶ』であり，次いで自らの置かれた環境の中で創造的に行動するための『為すことを学ぶ』であり，第3の柱は社会のすべての営みに参画し協力するために『共に生きることを学ぶ』，そして最後に3つの柱から必然的に導き出される過程としての『人間として生きることを学ぶ』が挙げられる。いうまでもなく学習のためのこの4本柱は，それぞれが多くの接点をもち，また交差しており，要するに不可分の一体をなしているのである」（ユネ

スコ 1997:66)。

学習の柱	必要とされる力	課題
1. 知ることを学ぶ（Learning to know）	集中力　記憶力　思考力	知識の獲得手段を習得する。いかに学ぶかを学ぶ（learn how to learn）
2. 為すことを学ぶ（Learning to do）	直感力　判断力　組織力	知識をいかに実践と結びつけるか、学習をいかに将来の仕事と結びつけるか
3.（他者と）共に生きることを学ぶ（Learning to live together, Learning to live with others）対話，討論による他者との出会い	対話　討論による他者との出会い	他者を知ること――自己を知ること　他者との共感を発達させる　多様性の価値と相互理解と平和の精神に基づいて，他者を理解する。
4. 人間として生きることを学ぶ（Learning to be）	想像力　創造性	自己を知ることから始まり，自己と他者の関係を築く対話的過程を通じた，個人的な過程であると同時に社会における様々なつながりを築いていく過程

　これまでの学校教育では，1. が中心であって，2. 3. 4. はあまり顧みられなかったと言えよう。今後は，総合的な学習の時間を中心に，4つの柱を一体とした学習を子どもたちが行えるような教育実践を工夫することが求められよう。この『学習――秘められた宝』の内容は，先にみた1972年の『未来の学習』（Learning to Be）の精神を継承している。

　「生まれたときから生涯の終わりまで続く個の発達は，自己を知ることから始まり，自己と他者との関係を築くという対話的過程でもある。その意味で教育とは，何にもまして心の旅路であり，その里程標は絶え間ない人格形成の過程である。教育が社会人として成功するための手段だとすれば，それもまたきわめて個人的な過程であると同時に，社会における様々なつながりを築き上げてゆく過程である」（ユネスコ 1997:75）。

5　ハンブルグ宣言の概要

　1997年の第5回国際成人教育会議では「成人学習に関するハンブルグ宣言」（The Hamburg Declaration on Adult Learning）が採択された。同宣言では冒頭に「人権への全面的敬意に基づく，人間中心の開発と参加型社会だけが，持続可能で公正な発展につながる」と，人権，市民参加，持続可能な発展をキーワードとした成人学習の必要性を述べている。そして，成人学習の形態については，フォーマルな継続教育，ノンフォーマルな学習，多文化学習社会で可能なインフォーマルで偶発的な学習の3つの形態を確認している。そのうえで，次のように市民性（citizenship）の育成と結びついた成人教育が「持続可能な社会」（sustainable society）に向けた変革を促進していくことを論じている。

　　「成人教育は活発な市民性の成果であると同時に，社会への完全なる参加のための条件である。成人教育は，生態系を維持するような開発を育くむための，民主主義と公正，ジェンダーの平等，科学的・社会的・経済的な開発を促すための，また，暴力的な紛争から対話と正義に基づいた平和の文化へと転換する世界を創り出すための力強い概念である。成人学習は人々のアイデンティティを形成し，人生に意味を与えることができる。生涯にわたる学習は，年齢，ジェンダーの平等，障害，言語，文化的・経済的格差といったような諸要因を反映した学習内容を再検討することを意味している」。

　そのうえで次のような課題が列挙されている（以下に課題を抜粋して番号順に示す）。

「8. 成人学習の促進には省庁間連携が必要なこと, 9. すべての人のための基礎教育があること, 11. 成人の識字は基本的人権であり, フレイレの成人識字教育実践への敬意を払うこと, 12. 生涯を通した教育権と学習権の承認がこれまで以上に必要になっていること, 13. 女性の統合とエンパワーメント, 14. 平和文化と市民性及び民主主義のための教育が必要であること, 15. 多様性と平等, 多文化間教育 16. 健康は基本的人権であること 17. 環境持続のための教育は生涯にわたるものであること 18. 先住民の教育と文化は権利であること 19. 経済の変換に対応する教育・訓練を用意すること 20. 情報への接近が格差を生まないようにすること 21. 高齢化社会の発展の中で高齢者の学ぶ権利が重要であること 22. サラマンカ宣言に基づき, 障害をもつ人々のための統合と接近が促進されなければならないこと」(藤田秀雄・荒井容子訳『解説教育小六法2008』三省堂2008年, 1139-1141頁の訳文を参照)。

上記のように, 同宣言では「成人学習は人々のアイデンティティを形成し, 人生に意味を与えることができる」と, 「成人学習」(adult learning) の重要性に注目している。そして, 「成人学習にはフォーマルな学校教育や継続教育, ノンフォーマルな学習, 及びインフォーマルな学習や偶発的な学習が含まれる」と説明している (CONFINTEA V ADULT EDUCATION THE HAMBURG DECLARATION THE AGENDA FOR THE FUTURE Fifth International Conference on Adult Education 14-18 July 1997)。ここでは, テーマ1の11. と12. を抜き出してみよう。

「テーマ1——成人学習と民主主義：21世紀の挑戦
11. 21世紀の挑戦は, 貧困を緩和し, 民主的な過程を強化し, 人権を強化・保護し, 平和の文化を促進し, 能動的な市民性を促進し, 市民社会の役割を強化し, ジェンダーの平等と公正を保障し, 女性のエンパ

第4章　ユネスコにおける生涯教育から生涯学習への転換

ワーメントを増強し，文化的多様性（言語の使用を含み，マイノリティとその土地固有の人々のための公平と平等を促進すること）を認めること，ならびに，国家と市民社会の新しいパートナーシップにおいて，すべての年齢の市民の創造力と力量を必要としている。はっきり言えば，民主主義を強化するためには，学習環境をしっかりさせ，市民の参加を強化し，人々の生産性が高められ，公正と平和の文化が根を張ることができる文脈を創造することが不可欠である。

私たちは自ら次のことに関わる。

12．より多くのコミュニティへの参加
(a) 学習コミュニティを創造するために，能動的な市民性を促進し，参加的民主主義を改善する。
(b) 成人の間，特に女性の間でのリーダーシップの能力を促進し開発し，彼ら彼女らが，国家，市場，市民社会の諸施設に参加できるようにすることによって」(ConfinteaV 1997:11-12)。

同宣言の最終文書には次のような記述がある。

「(1) 会議のすべての参加者の総意により『人権を十分に尊重する人間性中心の参加の社会のみが，持続可能な均衡のとれた発展を導くこと』を宣言する。
(2) 『成人教育は，権利という以上に，21世紀への鍵となっている。それは能動的な市民性の帰結であるとともに社会における十分な参加の条件である』『それは生態的に持続可能な発展と民主主義・正義・ジェンダーの平等，さらには科学的・経済的発展を促進し，暴力的対立から対話と正義にもとづく平和文化へ置き換えられる世界を建設する』『生涯にわたる学習は年齢・ジェンダー・平等・障害・言語・文化・経済的不均衡などの要素をふまえた内容の再検討を包含する』

(4) 成人・継続教育は，情報公開のもとで寛容な市民性の創造と経済的・社会的発展，非識字撲滅，貧困の解消，環境保全に寄与するところ大であり，それゆえ発展させられなければならない」(佐藤 1997:69)。

このハンブルグ宣言を具体化したのが，次の1998年の「ムンバイ声明」(Mumbai Statement) である。

「成人教育は権利以上のものになる。それは21世紀の鍵である。それは能動的な市民性 (active citizenship) の帰結であり，社会における十全な参加のための条件である。それは，正義，ジェンダーの平等，科学的・社会的な発展を促進するための力強い概念である」。

これについて，ローソン (K. H. Lawson) は，「過度に楽観的すぎるように見えるし，教育的解決の有効性についてかなりユートピア的である」としながらも，「政治的に関連した諸価値は明確である」と一定評価している。彼によると，「ムンバイ声明は，生涯学習の目的を『民主的な市民性』(democratic citizenship) ととらえることを強調しているだけでなく，経済的発展の重要性，もっとも力のない人々の利害，私たちの共通の過程，若者の諸能力をケアすることへの産業過程のインパクトについても考慮している」と評価される (Lawson 2000:57)。ムンバイ声明で語られたユネスコの生涯教育の理念には2つの概念群がある。第1の概念群には，「個人性」(individuality)，「市民性」(citizenship)，「権利」(rights)，「平等」(equality)，「公平」(justice)，「コミュニティ」(community)，「民主主義」(democracy) が含まれ，これらは「民主的」(democratic)，「社会的リベラリズム」(social liberalism) といった語彙から由来している。第2の概念群は，「競争」(competition)，「労働力」(workforce)，「訓練」(training)，「専門性の普及」(professional currency)，「人的資本」(human capital) を含み，経済的語彙から由来している (Lawson 200:58)。

さらに，上記のユネスコの宣言や勧告類には，生涯教育と国家権力との関係についての考察がない点に留意しておく必要があろう。国際機関による宣言は，国レベルの政策の内容まで拘束するものではない。ユネスコに加盟している日本であっても，国内ではユネスコの生涯教育の提案について取捨選択がなされていくのである。

6　生涯学習へのシフト変換

2006年には，ユネスコ内の組織改革によってドイツのハンブルグに「ユネスコ生涯学習研究所」（UIL）が設立された。この研究所は，1952年にユネスコ教育研究所（UIE）として設立され，1972年のフォール報告書『未来の学習』発表以降，「生涯教育」に焦点を当てて研究を続けてきた。1997年の国際成人教育会議以降，同研究所は，「成人教育」から「成人学習」へパラダイム転換を行い，平和，民主主義，持続可能な発展に向けての示唆を発表してきた。ここに，ユネスコが「生涯教育」から「生涯学習」にシフトを変換させた形跡を見ることができる。

2009年，第6回国際成人教育会議（CONFINTEA Ⅵ）が，ブラジルのベレンで開催された。同会議では「行動のための枠組み」が示された。ここでは，成人の識字教育やインクルーシブ教育の重要性を示しつつ，次のように課題への対処が示されている。

> 「多くの国では，成人の識字率が依然として大きな問題である。7億7,400万人の成人（そのうち3分の2が女性）が基本的な読み書き能力を欠いているが，効果的な識字率向上と生活スキル取得のプログラムの提供は不十分である」。
> 「成人教育は，特定の能力を提供するだけでなく，自信，自尊心，アイデンティティと相互支援の確立などを高めるための重要な要因でもある」。

第2部　海外の生涯学習に関する理論と動向

　「ノンフォーマルな教育の提供は多岐にわたっており，人権，市民性，民主主義，女性の力，HIVの感染予防，健康，環境保護，持続可能な開発などのトピックをカバーしてきている。成人学習者週間や学習フェスティバルのような提唱イベント，学習都市，学習地域といった総合的な動きは，成人教育に大きく貢献している」。

　しかし，「極めて重要なのは，CONFINTEA Vをきっかけにして成人教育を再構築し，強化するという期待が実現していないことである」と，1997年のハンブルグ宣言で示された施策が進捗していないことが指摘されている。また，成人教育に関わる省庁間連携が不十分であるとの指摘もなされている。

　「成人教育の分野は依然として断片的で，提唱される努力は数多くの領域に分散されている。…（中略）…省庁間の協力が少なく，組織的構造が弱体で教育（フォーマルおよびノンフォーマルな）部門とその他の部門のつながりが弱い」。
　「学習の認識や認定に関しては，国内のメカニズムと国際的な協力はともに，フォーマルに認定されたスキルや能力を過度に重視しており，ノンフォーマルな学習，インフォーマルな学習，経験学習を含めることはほとんどない」。
　（上記の訳文はCONFINTEA Ⅵの原本を基に，文部科学省「第6回国際成人教育会議『行動のためのベレン・フレームワーク（仮訳）』（2009年12月4日）」および『CONFINTIA Ⅵ　第6回国際成人教育会議資料集』日本社会教育学会・6月集会，2010年6月を参照。）

　筆者は2011年3月に，ドイツ・ハンブルグのユネスコ生涯学習研究所のアダマ・クオン（Adama Quane）所長を訪ね，現地で第5回国際成人教育会議から第6回同会議までの間の進捗状況についてお尋ねした。クオン所長は次の

ように語った。

> 「第5回国際成人教育会議のハンブルグ宣言は，これまでにユネスコが作成した文書のなかで最もよいものです。行動的で国際的な協力を求めています。しかし，その後のフォローアップがきわめて弱く，強力に推進されていないのです。そこで第6回国際成人教育会議の後で3年ごとにモニターをして報告書を作ることになりました。もっと言えば,,ハンブルグ宣言は，外交的で非常に強いメッセージをもっています。しかし，その後何も起こっていないのです（nothing happened after that!）（笑）」。

今後のユネスコのハンブルグ宣言の実現に向けた新たな取り組みに期待したいところである。

参考文献
M.ガドッチ／里見実・野元弘幸『パウロ・フレイレを読む』亜紀書房，1993年。
国立教育研究所内フォール報告書検討委員会訳『未来の学習』第一法規，1975年。
佐藤一子「21世紀への鍵としての成人教育――第5回国際成人教育会議報告」『生涯学習・社会教育学研究』第22号，東京大学大学院教育学研究科生涯教育計画講座社会教育学研究室，1997年。
里見実『パウロ・フレイレ「被抑圧者の教育学」を読む』太郎次郎社，2010年。
E.ジェルピ／前平泰志訳『生涯教育――抑圧と解放の弁証法』東京創元社，1983年。
E.ジェルピ／海老原治善編『生涯教育のアイデンティティ』エイデル研究所，1988年。
成玖美「フレイレ教育論と生涯学習研究――教育と政治性のあいだにある争点」『人間文化研究』第14号，名古屋市立大学大学院人間文化研究科，2011年。
野元弘幸「フレイレ的教育学の視点」青木直子・尾崎明人・土岐哲編『日本語教育学を学ぶ人のために』世界思想社，2001年。
野元弘幸「『解放の教育』の国際的展開と社会教育への課題提起」日本社会教育学会編『現代的人権と社会教育の価値』（講座現代社会教育の理論Ⅱ）東洋館出版社，2004年。

第2部　海外の生涯学習に関する理論と動向

波多野完治『生涯教育論』小学館，1972年。
波多野完治『続・生涯教育論』小学館，1985年。
藤田秀雄編著『ユネスコ学習権宣言と基本的人権』教育史料出版会，2001年。
P.フレイレ／小沢有作・楠原彰・柿沼秀雄・伊藤周訳『被抑圧者の教育学』亜紀書房，1979年。
P.フレイレ／三砂ちづる訳『新訳　被抑圧者の教育学』亜紀書房，2011年。
P.フレイレ／里見実訳『希望の教育学』太郎次郎社，2001年。
H.S.ボーラ／岩橋恵子・猪飼美恵子訳者代表『国際成人教育論――ユネスコ・開発・成人の学習』東信堂，1997年。
松岡廣路『生涯学習論の探究――交流・解放・ネットワーク』学文社，2006年。
元井一郎「ユネスコにおける生涯教育と人権」上杉孝實・黒沢惟昭編著『生涯学習と人権』明石書店，1999年。
山本慶裕「ユネスコの生涯学習――ハンブルク国際成人教育会議とその発展的課題」『社会教育』第632号，全日本社会教育連合会，1999年2月。
ユネスコ「『21世紀教育国際委員会』報告書」天城勲監訳『学習――秘められた宝』ぎょうせい，1997年。
P.ラングラン／波多野完治訳『生涯教育入門　第二部』(財)全日本社会教育連合会，1979年。
P.ラングラン／波多野完治訳『生涯教育入門　改訂版』(財)全日本社会教育連合会，1980年。
ConfinteaV Fifth International Conference on Adult Education: *The Hamburg Declaration; The Agenda for the Future*, Hamburg 14-18 July 1997.
Confintea VI Sixth International Conference on Adult Education, Final Report: living and learning for a viable future: the power of adult learning, Belem do Para, Brazril 1-4 December 2009.
E.Gelpi, *Lifelong Education and International Relations*, Croom Helm, 1985.
K. H. Lawson, *Rights and obligations: Values in lifelong education as a political programme*, In John Field & Mal Leicester ed., *Lifelong Learning: Education across the Lifespan*, Routledge Falmer, 2000.

第5章　OECDにおけるリカレント教育から生涯学習への転換

1　リカレント教育の提起

　経済協力開発機構（OECD）の教育研究革新センター（Center for Educational Research and Innovation: CERI）は，1970年に『教育の機会均等』（Equal Educational Opportunity）を，翌1971年『代償教育政策』（Strategies of Compensation）を刊行した。前者は，学校教育に限定して，教育の機会均等を図るためには，イギリス，フランス，ドイツといったヨーロッパの主要国で支配的であった複線型の学校教育制度を是正すべきことを勧告している。そこでは「教育機会の平等」を主張している。後者は，複線型の学校教育制度を単線型へ是正する「教育機会の平等」だけでは不十分であるとして，すべての子どもたちが一定水準以上の学力を保障されるべきだとして「教育結果の平等」の実現がめざされなければならないと論じている。こうした教育の機会均等政策の延長線上に「リカレント教育」が提起されたのである。

（1）学習と教育のとらえ方
　1973年に『リカレント教育——生涯学習のための戦略』（Recurrent Education: A Strategy for Lifelong Learning）が発表された（OECD編，森隆夫訳『生涯教育政策』ぎょうせい，1974年）。ここでは，学習と教育が次のように定義されている。

　　「『学習』は，しかしながら，『教育』と同一ではない。学習は生物有機体の生存と進化に必要な，本質的な特徴である。人間は生活のあらゆる状

況で学習する」(OECD 編 1979:130)。

「『教育』は組織化され構造化された学習である。それは意図的に作られた場面に限定されている」(OECD 編 1979:131)。

ここでは、学習と教育が区分けされている。ただし、ここで教育を「組織化され構造化された学習」ととらえているのは論理的に誤謬であろう。学習と教育の概念については、次のようにとらえている。

「学習の過程は、特定の場面や環境に限定されてはいない。だが教育は、他の活動からの一定程度の引退と距離を必要とするが故に、永続的な過程や継続的な過程では恐らくあり得ない。したがって、『永久』教育、『継続』教育、『生涯』教育などといった概念は、それだけでは、その意味するところを明確に表現するものでない。生涯にわたっての教育機会がどのように提供され、それが生涯学習とどのような関連性を持つのか、という問題が曖昧なままに残されているからである」(OECD 編 1979:131)。

つまり、「生涯学習」はありえても、ユネスコが主張するような「生涯教育」はありえないと主張している。そして「リカレント教育」の概念が次のように提起されている。

「リカレント教育は、義務教育もしくは基礎教育以降のあらゆる教育を対象とする包括的な教育戦略である。その本質的な特徴は、個人の全生涯にわたって教育を回帰的に、つまり、教育を、仕事を主として余暇や引退などといった諸活動と交互にクロスさせながら、分散することである」(OECD 編 1979:135)。

つまり、ここで提起されている「学習」は、インフォーマルな学習や偶発

第5章　OECDにおけるリカレント教育から生涯学習への転換

的な学習を含んでおり人間の生涯全体に関わる営みとしてとらえられているが，「教育」はフォーマルな教育のみを対象としており，ノンフォーマルおよびインフォーマルな教育は除外されている。だから，ユネスコの提起する「生涯教育」はありえないと論じるのである。ここに「教育」「学習」概念をめぐるOECDとユネスコの違いが明確に出ている。

（2）有給教育休暇の制度

　ここで興味深いことは，リカレント教育が，教育の機会均等にかなった考え方として提起されていることである。そして，経済・社会・労働政策と関係づけることが強調されている。職場を離れて「誰がリカレント教育に籍を置くのか，また誰がそれを決めるのか」という問題について，「理想としては，決定は個人に任せられるべきであり，そのために積極的な労働力補塡政策が必要条件とされる」（OECD編 1974:39）としている。ここには莫大な国家予算が計上されなければならないことがうかがえる。さらに，中等教育以上の段階において「累積的に加算できる融通性のある単位という考え方」，すなわち「準独立単位」（quisi-independent units）が提案されている。これについては「単位の一つが完了するどの地点で教育から離れても，生徒は，後日再び教育を始められる証明書と，次の単位のための証明書を得られるようになっていなければならない」（OECD編 1974:36）と述べられている。

　1974年，国際労働機関（ILO）が「有給教育休暇に関する勧告」を提出した。これはリカレント教育の制度を支えるためでもある。本勧告では，有給教育休暇を「労働時間中に一定の期間，教育上の目的のために労働者に与えられる休暇であって，十分な金銭的給付を伴うもの」と定義している。その目的として(a)あらゆる段階での訓練，(b)一般教育，社会教育および市民教育，(c)労働組合教育の3点が挙げられている。有給教育休暇制度を実施するためには，莫大な財源が必要となるが，それについては(a)使用者（団体または個別の），(b)公の機関および教育・訓練を行う団体，(c)使用者団体および労働者団体，

の三者が財源の確保に寄与することが期待されると述べている。また，有給教育休暇を付与されるにあたり，労働者は，人種，皮膚の色，性，宗教，政治的意見，国民的・社会的出自を理由に差別されないこと，参加したい教育・訓練計画を自由に選ぶことができると述べられている。

　有給で教育を受ける休暇を与えられたのはヨーロッパの豊かな国の人々のみであった。日本では今日に至るまでこの勧告を批准していない。なぜなら，日本では当時「企業内教育」が全盛期であり，企業横断的に国家が労働者に教育を均等に提供するという考え方がなかったからである。1980年代になると，ヨーロッパの経済は勢いを失い，生涯にわたるフォーマルな学習を均等に保障するために，莫大な国家予算が必要とされるリカレント教育政策は撤退を余儀なくされてゆくのである。

2　リカレント教育からの離脱と生涯学習への関与

　1990年代に入ると，リカレント教育は完全に姿を消して，OECDは経済主義的観点から「生涯学習」に重点を移動させていく。

　1995年に教育研究革新センターから刊行された『学校教育を超えた学習』(Learning Beyond Schooling: New Forms of Supply and New Demands, 1995.)の「第1章　新たな学習の需要と供給の形態」では，「需要」と「供給」という概念は，教育サービスの提供について分析する際に役に立つが，学習それ自体の記述と同様に批判すべき点もある。学習は，たんなる授業への出席や供給された教材を使用することではない。学習者が前もって与えられたプログラムに従うというよりは，自らの学習経験を構成するといったいわゆる「自己決定的」「自律的」への力点が増加していると述べられている。また，同書の「結論　21世紀における学習の原則」では，次の6点が挙げられている。

　　①　21世紀の学習は，毎日の人間の活動にとって欠くことのできない一

部となる。
② 21世紀の学習へのアクセスは，可能な限り普遍に近くなることを必要とする。
③ 21世紀における学習工学は，学習者のニーズに柔軟に対応する必要がある。政府は，提供者と協働して，特に，低く提供されている集団へのアクセスを改善するための努力をする必要がある。
④ 21世紀の学習提供者は，変化する顧客の要求に応えるための様々な様式に適応し，新たな供給の技術の潜在力を最大化する必要がある。
⑤ 政府は21世紀において，学習の下部構造をサポートする際に積極的な役割を果たす必要があるが，学習事項を統制することを期待すべきではない。
⑥ 21世紀の学習は協働的な営みとなる必要がある。

1996年に刊行された『生涯学習をすべての人へ』(Lifelong Learning for All: Meeting of the Education Committee at Ministerial Level 16-17 January 1996.) は，「すべての人の生涯学習の実現について」と題するOECD加盟国の教育大臣会議の様子を報告している。この報告書で初めて本格的にOECDは生涯学習に言及している。本報告書は，第2章において「リカレント教育から生涯学習へ」(from recurrent education to lifelong learning) と題して次のように明言している。

「1970年代初頭に提唱された戦略と今日に適した戦略には重要な差異がある。その差異は，概念上よりも文脈上のものである。その差異は，教育ないし学習についての新たな理解からではなく，教育政策が形成され実行されるより広い経済的・社会的文脈における主要な変化から生じている」(OECD 1996:88)。
「リカレント教育は，フォーマルな教育と労働との間の対応を強調し，生

涯にわたる教育の過程におけるいくつかの中断の場を示唆していた。それはまた，人生初期のフォーマルな学校教育を延長することへの代替案として，教育機会は全ライフサイクルにわたって引き伸ばされるべきであると考えた。それに対して，今日の生涯学習の概念は，フォーマルな機関の役割にそれほど敬意を払わず，家庭や労働の場やコミュニティといった様々な場におけるノンフォーマルな学習やインフォーマルな学習に敬意を払うのである」（OECD 1996：88-89）。

フォーマルな教育はかつてほど問題ではなくなり，働きながら学習し，学習しながら働くOJT（on-the-job training）が注目されるようになってきた。

「リカレント教育の哲学の中心であった『社会的需要』（social demand）という概念は，より一般的に成人教育，訓練，学習の提供にとって鍵となる『個人的需要』（individual demand）に取って代わられることが明らかになった」（OECD 1996：89）。

この章の結論は，集団主義から個人主義に転換し，生涯学習のシステムは押しつけられないこと，政府の役割は，統一的で包括的なシステムを作り運営しそれにお金を出すことでなく，多様で多元的で生涯を通じて行われる生涯学習のまさにそうした性質が，マクロな経済的・構造的な政策を含みながら，多くの政策部門間の協働を要求している，と論じている。

2001年の『教育政策分析』（Education Policy Analysis）（OECD著，御園生純，稲川英嗣監訳『世界の教育改革』明石書店，2002年）では，「学習の可視化とその認定」について次のように述べている。

「学習というものは，さまざまに異なる形態をとり，異なる環境で行われる。それは学校やカレッジにおけるフォーマルなコースから，家庭内や

コミュニティ，職場における多種多様な経験までさまざまである。そのようなあらゆる種類の学習が認められ，可視化される必要がある」。

その理由として次の3点が挙げられている。

① 認定されることによって，より多くの学習が資格システムに含まれることになろうし，そのシステムは継続教育や職に対してアクセスを与えるために重要だからである。
② 教育における袋小路を作らないためには，異なる種類の教育セクター同士をつなげる経路が必要だからである。
③ 学習者には，より拡大された学習機会を最大限に利用するための情報やガイダンスを得られるような「道しるべ」が必要だからである（OECD 2002：26-27）。

本書の第2章で触れたように，2003年にはライチェンとサルガニク（D.S. Rychen & L.H. Salganik）が編集した『キーコンピテンシー』が刊行された（D. S. Rychen & L.H. Salganik ed., Key Competency for a successful life and a well-functioning society, Hogrefe & Huber Publishers. 立田慶裕監訳『キー・コンピテンシー』明石書店，2006年）。同書では，生涯において必要となってくる鍵となる能力（キーコンピテンシー）が，次の3つの範疇から構成されるとされた。「カテゴリー1　相互作用的に道具を用いる」「カテゴリー2　異質な集団で交流する」「カテゴリー3　自律的に活動する」。詳しいことは，本書の第2章を参照していただきたい。

3　ノンフォーマル・インフォーマルな学習の可視化へ

2000年代に入り，OECDは，経済主義的観点から，生涯学習の文脈におい

て人々の学びを可視化していこうという動きを見せている。特に，人々のノンフォーマルな学習とインフォーマルな学習を評価しようとしている。2008年4月に来日したOECDの教育研究革新センター所長のウェルキン（P. Werquin）氏が国立教育政策研究所で行った「成人のリテラシーと国家資格システムの領域におけるOECDの仕事」（The OECD Work in the Field of Adult Literacy（IALS, ALL, PIAAC）and of National Qualifications Systems）と題するプレゼンテーションでも，人々のノンフォーマルおよびインフォーマルな学習を可視化して評価していく方向性が示された。筆者もその会議に出席した（霞が関ナレッジスクエア 2008年4月30日）。

　ウェルキン氏は，その理由として，もはや生涯にわたる仕事はないこと，高齢化，労働力が不足していること，定年後に働く人々が増加しているといった労働人口統計上の問題，労働者も学生も移民や移動といったことが一般化している状況，低く資格づけされた人々のスキルを証明することでセカンドチャンスが与えられることを挙げていた。さらに，スキルのミスマッチのため，政府が学習の提供を組織化するために，スキルを目に見えるようにすることと，個人が労働市場においてうまくやること，さらに労働市場における女性や移民の置かれた地位，資格化されたスキルだけでなく資格化されていないスキルを目に見えるようにすることで解決される不平等の問題も挙げていた。

　　「ノンフォーマル・インフォーマルな学習の認証システムは，フォーマルな学習プログラムの一部として評価されない学習の価値を明らかにする。この認証は未だ学習に十分に関わっていない人々にとってのセーフティネットとして機能する」。
　　「相対的に低いレベルのフォーマルな業績しか持たない個人は，もしも経験を通して獲得された彼らの知識，スキル，幅広いコンピテンスが認知され，資格取得のコストが軽減されるのに使われるならば，プログラ

ムに参加し学習を続けるように動機づけられるかもしれない」。

「もしもより多くの学習が認証されるならば,雇用者はより広いスキルが供給されることを見るかもしれない。他方,このことはフォーマルな訓練プログラムへの関与を減らすことになるかもしれない」。

「提供者達は,もしも質が保障された認証システムがある位置を占めるならば,アクセスを広げるように励まされるかもしれない。ノンフォーマル・インフォーマルな学習を認定する際に含まれる直接的・間接的コストは増えるかもしれないが…」(以上の引用は,当日提供されたウェルキン氏のパワーポイント資料による)。

要するに,OECDは,これまで学校教育でのフォーマルな学習の陰に隠れて価値を置かれていなかった,人々のノンフォーマル・インフォーマルな学習にも網をかぶせて評価していこうとしているのである。上記の知見は未だ十分な検証を受けていない。こうした提案に対して,フロアの参加者の意見は必ずしも賛同的ではなかった。ある大学関係者は,旧文部省に在職していた時に,このようなノンフォーマルな学習やインフォーマルな学習の認定と単位化を検討したが,無理があり断念したと発言していた。

また,筆者は2008年6月19〜20日にロンドン市立大学で開催されたOECDの国際会議「キーコンピテンシー2008年――人生のためのスキル」(key Competency-Skills for Life) (KC 2008) に,国立教育政策研究所の立田慶裕総括研究官と出席した。同会議でも,「学習の可視化」が報告テーマの柱の一つになっていた。そして,社会的包摂の観点から刑務所の受刑者たちの「以前の学習」(prior learning) を評価していく実践が報告されていた (Cummins 2008)。

2009年には『ノンフォーマルな学習とインフォーマルな学習の認証――成果,政策,実践』(Recognising Non-formal and Informal Learning: Outcomes, Policies and Practices) (OECD編著/山形大学教育企画室監訳,松田岳士訳『学習成果の認証と評価――働くための知識・スキル・能力の可視化』明石書店,2011年)が刊

行された。同書はウェルキンによって書かれており，同書の第2章で言及されている，ノンフォーマルな学習とインフォーマルな学習の成果を認証する理由について，次のように列挙してみる。

「・個人にとっての利益

　時間とお金を節約する。学習の成果の可視化が労働市場における利益の保証を可能にする。成人の生涯学習システムへの復帰を促す。生涯学習の価値に対する気づきの拡大を助ける。伝統的なルートで大学に入れなかった人に高等教育や大学に入学する方法を提供する。ある人が知識や能力をもっていて，認証されることで，何かができるという感覚が支持されるかもしれない。自分が持っている知識・スキル・能力に気づき，自尊心と自信を得ることができる。

・雇用主と実業界にとっての利益

　フォーマルな学習のコストを削減できる。労働者が自分の能力を特定し，体系化すれば，生産性が向上する。雇用主はより簡単に，従業員を認定された資格取得のためのコースを受講させる気にさせる可能性がある。雇用主が従業員の知識・スキル・能力に応じて仕事を再編成することを可能にするであろう。

・学習もしくは認証を提供する者にとっての利益

　ノンフォーマル・インフォーマルな学習の成果認証によって教育機関は入学者数を増やすことができる。規制が許せば，ノンフォーマル・インフォーマル学習の成果を認証された人が，資格取得に要する期間の短縮を許す方法がある。

・労働組合とソーシャルパートナーにとっての利益

　ノンフォーマル・インフォーマル学習の成果認証は，賃金交渉に役立つ。

・政府にとっての利益

フォーマルな学習に関連するコストが削減できる。

　認証は資格取得の第二の機会，さらに正規の文脈における教育や訓練を経験する第二の機会を提供する。資格取得の第二の機会は，まったく資格を持っていない者，あるいは所持している資格が広く認められていない者にとっての有利な状況を表している」。

　はたして，ここに列挙されたことがどれだけ検証され広く説得力を持ちうるかは疑問であろう。今後，こうした観点についての詳細な研究が進むことが予想されるが同時に，学習の可視化が生涯学習社会においてどのような新たな問題を引き起こしていくのかについても考えていく必要があるようにみえる。

4　教育と市民的・社会的関与の関係への着目

　他方で，OECDは2005年から，教育と市民的・社会的関与の関係についての研究を始めている。まだ研究に着手して日が浅く，途中経過ではあるがここで報告しておきたい。そもそも，OECDは，経済成長と良好な雇用を可能にするために教育が重要な役割を果たしていることを，長年主張してきた。そこで，「学習の社会的成果」(Social Outcomes of Learning: SOL) という広範な領域まで研究を広げようとしている。それは，人々の「健康」と「市民的・社会的関与」(Civic and Social Engagement: CSE) に教育が与える影響を実証的に明らかにしようとしていることに表れている。ここでは「市民的・社会的関与」との関係に絞って，その研究の動向を紹介したい。

　まず2007年に，教育研究革新センター (Center for Research on Educational Testing :CRET) から『学習の社会的成果』(Understanding the Social Outcome of Learning) が刊行された。この書籍はシューラー (T. Schuller) とデジャルダン (R. Desjardins) が執筆している (OECD教育研究革新センター編著／NPO法人教

育テスト研究センター監訳『学習の社会的成果――健康,市民・社会的関与と社会関係資本』明石書店,2008年)。同書の「第2章 人的資本・社会関係資本・コンピテンシー,学習成果の相互関係」では,人的資本が「個人的,社会的および経済的な福利の創造を促進する,個々人に具現化した知識,技能,コンピテンシーおよび属性」と定義されている。また,社会関係資本は,「集団内または集団間の協力を促進する規範,価値観および理解の共有を備えたネットワーク」と定義されている(OECD 2008:59)。ここで重要なのは,双方の相互作用と潜在的な相補性であるとされる。

　市民的・社会的関与の構成要素として,政治的活動,市民(非政治的)活動,社会活動,他のタイプのCSE関連の活動,信頼,寛容(トレランス)の6点が挙げられる。政治的活動には,投票,政治的関与・行動,政治活動を指向したボランティア,政治運動への寄付が含まれる。市民(非政治的)活動には,コミュニティへの関与・活動,コミュニティを指向した集団のメンバーになること,学校と関わるチャリティ活動,保護者と地域の関与といった市民指向の連携的活動が含まれる。社会活動には,市民本位のものに限定されない他の社会活動,より広範な社会ネットワーク,他のグループ・組織・共同体のメンバーになること,家族・友人・同僚との相互交流が含まれる。他のタイプのCSEに関連する活動には,時事問題に関するメディアや他の情報を把握し,批判的に解釈すること,メディア・出版・インターネットへの貢献,CSE目的でインターネットとその他の情報通信技術(ICT)を利用することが含まれる。信頼には,一般的な信頼,対人関係の信頼(集団内の社会的関与と関連),グループ間の信頼(集団間の社会的関与と関連),制度的信頼が含まれる。寛容(トレランス)には,他の集団や慣習や行動を,好まなくても同意できなくとも受け入れること,他の価値観,態度,信念を理解し尊重することが含まれる (OECD教育研究革新センター 2008:102-103)。そして,次のような,「学習と市民的・社会的関与を結ぶ主要な構成要素」についての見取り図が提示されている(図5-1)。

第5章　OECD におけるリカレント教育から生涯学習への転換

図5-1　学習とCSEを結ぶ主要な構成要素

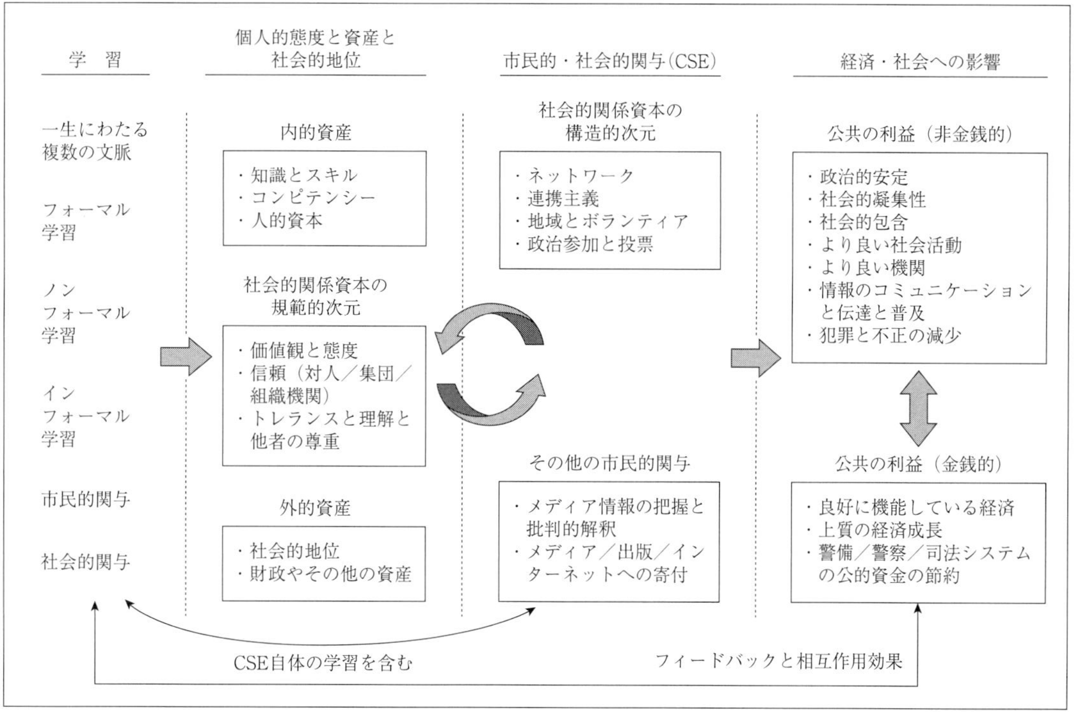

学習	個人的態度と資産と社会的地位	市民的・社会的関与（CSE）	経済・社会への影響
一生にわたる複数の文脈	**内的資産** ・知識とスキル ・コンピテンシー ・人的資本	**社会的関係資本の構造的次元** ・ネットワーク ・連携主義 ・地域とボランティア ・政治参加と投票	**公共の利益（非金銭的）** ・政治的安定 ・社会的凝集性 ・社会的包含 ・より良い社会活動 ・より良い社会機関 ・情報のコミュニケーションと伝達と普及 ・犯罪と不正の減少
フォーマル学習			
ノンフォーマル学習	**社会的関係資本の規範的次元** ・価値観と態度 ・信頼（対人／集団／組織機関） ・トレランスと理解と他者の尊重		
インフォーマル学習			**公共の利益（金銭的）** ・良好に機能している経済 ・上質の経済成長 ・警備／警察／司法システムの公的資金の節約
市民的関与	**外的資産** ・社会的地位 ・財政やその他の資産	**その他の市民的関与** ・メディア情報の把握と批判的解釈 ・メディア／出版／インターネットへの寄付	
社会的関与			

CSE自体の学習を含む

フィードバックと相互作用効果

出所：OECD 教育研究革新センター（2008：104）より作成。

ここで問題とされるのは，多くの OECD 加盟国では，教育レベルが上がっても多くの形態の市民的・社会的関与が上昇しないという「参加のパラドックス」という現象が表れていることである（OECD 2008：107）。OECD では，目下，なぜ人々の学歴が上昇するにもかかわらず市民的・社会的関与が上昇しないのか，という研究課題に取り組んでいる。

さらに2008年には，『教育と健康・社会的関与――学習の社会的成果を検証する』（Improving Health and Social Cohesion through Education，矢野裕俊監訳『教育と健康・社会的関与学習の社会的成果を検証する』明石書店，2011年）が出版された。この書籍は宮本晃司の責任の下で執筆された。同書第3章で再び「教育と市民的・社会的関与」を取り上げている。ここでは，「教育が市民的・社会的関与の向上に影響力を持つのかどうか，持つとすれば，どのような範囲で，誰にとって，そしてどのように向上させるのか」（OECD 教育研究革新センター 2011：90）という問題を設定している。そして，市民的・社会的関与と社会関係資本は密接に連携しており，相互に補強し合うものとして理解している。

学校教育の中での，市民性教育は，市民的・社会的関与の促進については限られた役割しか果たさないことを示す証拠（エビデンス）がある。そこで，カリキュラムと課外活動の双方において，子どもたちに市民参加とはどのようなものなのかという空気を感じさせるような「状況的学習」（situated learning）への注目がなされている。

> 「状況的学習は，子どもが『体験学習』に参加する機会を提供する。市民的コンピテンシー，価値そして態度を大きく向上させることができるのは，教師と学校管理者の努力が，家庭やコミュニティの環境と協調する時である」（OECD 2011：119）。

これは序章で扱った正統的周辺参加（LPP）による学習の有効性を示唆している。ボランティア活動や地域教育協議会や放課後子ども教室，スポーツ

行事などのイベントに参加することで，子どもたちの市民性が涵養され，成人になってからもそれが継続することが一定程度期待できよう。しかし，そうした市民的・社会的関与は，成長するにつれて消滅していくかもしれない。それはなぜなのか，それを防ぐためにはどうしなければならないかを考えていくことが必要になってこよう。

　今後の課題の中では，「成人がどのようにしてより良い社会的成果に結びつくようなスキル，態度および習慣を発達させるかについて知ることが必要である」「成人教育が社会的成果の増進に果たす役割についての知識はまだ限られている」(OECD 2011:258) としている。筆者のケーススタディによると，ある公民館で環境学習講座をつくる市民企画講座会議において，環境問題について有益な発言をしていた成人男性は，環境問題について取り組むようになったのは，学校での授業ではなく就職した後で，ある環境活動家の講演を聴いたことがきっかけで，環境NPOの活動に関わってからだという。最終学歴も，情報系の専門学校卒業であり，環境問題について学校教育で本格的に学んだ経験はない。市民的・社会的関与には，人々の学校卒業後の，人々とのネットワークの中でのインフォーマルもしくはノンフォーマルな学びが大きく関わっていることがわかる（赤尾 2009）。

　以上のように，OECDの生涯学習政策には，学習の可視化を進めようとする潮流と，社会関係資本と関わる生涯学習による市民的・社会的関与について研究するという二つの潮流があるように見える。今後，これら2つの潮流がどのような関係になっていくのか注目してみよう。

参考文献
　赤尾勝己『生涯学習社会の可能性——市民参加による現代的課題についての講座づくり』ミネルヴァ書房，2009年。
　太田美幸『生涯学習社会のポリティクス——スウェーデン成人教育の歴史と構造』新評論，2011年。
　B.キーリー・OECD編／立田慶裕訳『よくわかるヒューマン・キャピタル——知る

ことがいかに人生を形作るか』明石書店，2010年。
佐藤一子『イタリア学習社会の歴史像』東京大学出版会，2010年。
EU 欧州委員会文化総局 EURYDICE（ヨーロッパ教育情報ネットワーク）編『EUの普通義務教育におけるキー・コンピテンシー』国立教育政策研究所，2005年。
OECD 編，森隆夫訳『生涯教育政策——リカレント教育・代償教育政策』ぎょうせい，1974年。
OECD 編，岩木秀夫訳「リカレント教育」新井郁男編集・解説『現代のエスプリ ラーニング・ソサエティ——明日の学習をめざして』No.146，至文堂，1979年。
OECD 編著，御園生純・稲川英嗣監訳『世界の教育改革』明石書店，2002年。
OECD 編著，御園生純監訳『世界の教育改革2——OECD 教育政策分析』明石書店，2006年。
OECD 編著，稲川英嗣・御園生純監訳『世界の教育改革3——OECD 教育政策分析』明石書店，2009年。
OECD 編著，御園生純・稲川英嗣監訳『世界の教育改革4——OECD 教育政策分析』明石書店，2011年。
OECD 教育研究革新センター編著，NPO 法人教育テスト研究センター（CRET）監訳『学習の社会的成果』明石書店，2008年。
OECD 教育研究革新センター編著，立田慶裕・座波圭美訳『教育のトレンド』明石書店，2009年。
OECD 編著，立田慶裕監訳『世界の生涯学習——成人学習の促進に向けて』明石書店，2010年。
OECD 編著，山形大学教育企画室監訳，松田岳士訳『学習成果の認証と評価——働くための知識・スキル・能力の可視化』明石書店，2011年。
OECD 教育研究革新センター編著，矢野裕俊監訳『教育と健康・社会的関与・学習の社会的成果を検証する』明石書店，2011年。
P.Cummins, *Promoting Key Competencies for Social Inclusion*, Key Competencies-Skills for Life, London City University,Friday 20 June, 2008.
OECD, *Lifelong Learning for All*: Meeting of the Education Committee at Ministerial Level 16-17 January 1996.
OECD, *Education and Training Policy, Qualifications Systems: Bridges to Lifelong Learning*, 2007.

第6章　アメリカにおける学習社会論とその展開

1　学習社会の構想

　アメリカではユネスコの「生涯教育」やOECDの「リカレント教育」といった考え方を採用せずに,「学習社会」(learning society) という概念を生み出し,そうした社会において人々の生涯にわたる学習をシステム化しようとしている。学習社会には大学や短期大学,大学院などの高等教育 (higher education) が大きく関わっている。アメリカにおいて「学習社会」の理念について最初に提唱した人物は,元シカゴ大学学長のハッチンス (R. Hutchins) であった。彼は1968年にその著書『学習社会』において次のように述べている。

　　「学習社会というのは,すべての成人男女に,いつでも定時制の成人教育を提供するだけでなく,学習,達成,人間的になることを目的とし,あらゆる制度がその目的の実現を志向するように価値の転換に成功した社会であろう」。

　その前段には,ハッチンスの教育観が次のように述べられている。

　　「教育は,『人生の真の価値』つまり『人間が賢く,楽しく,健康に生きる』のを助けることに関わるものである。はっきり言えることは,人材の過剰が社会問題になっている時代においては,人材の養成をもって教育の目標とすることはありえないということである。現存の職業のため

の訓練や再訓練の機会はもちろんなくてはならない。しかし，変化が急速であることを考えると，訓練の場は企業内ということになるであろう。教育機関の固有の役割は，リベラルであること，つまり何らかの体系的な方法で頭を使いたいと思う人，あるいはそのための基礎を養いたいと思う人に常に開かれていることであろう」。

　ここでは，ハッチンスが職業教育や訓練について消極的な態度を示していることがわかる。職業のための教育ではなく，人間が人文的教養を基盤として全面的に賢くなっていくことを援助する教育に価値を置いているのである。したがって，ハッチンスの描く「学習社会」像も，非職業教育・訓練的な色彩を帯びることになる。一国の「学習社会」像を描くには一面的な性質を有していることは明白であった。
　そこで1973年，カーネギー高等教育委員会は『学習社会をめざして』(Toward a Learning Society) と題する報告書を発表した。この報告書では，ハイスクール以後のあらゆる教育を指す「中等後教育」(post-secondary education) という用語が使用され，高等教育における「非伝統型」(non-traditional) 学生の位置づけと「継続教育」(further education) の役割の増大について述べている。その要点をいくつか紹介したい。

　「われわれは，高等教育のユニバーサル・アクセス（訳注：教育機会が遍く開かれていること）には賛成するが，ユニバーサル・アテンダンス（訳注：教育機関への就学が実質的に強制化されていること）の方向に圧力が加わることには反対である」。
　「ハイスクール段階以後の何らかの形態の教育が，ほとんどすべての人々に開かれるようになるのは当然のことである。われわれは，ハイスクール修了年齢以上のすべての人々がこのような教育機会を持てるように，教育機会への道を改善しようとするあらゆる努力に賛成するものであ

第6章　アメリカにおける学習社会論とその展開

る」。

「あまりに多くの青年に対し，彼らが望むと望まざるとに関わらず，大学に行くことについて大きな圧力がかけられている」。

「ユニバーサル・アテンダンス政策はコスト高であり，資源の浪費ということにもなりかねない」。

「ユニバーサル・アテンダンスの状態に近づくにつれて，もっと多くの学生がドロップアウトすることになろう。現に，4年制の高等教育機関のドロップアウト率は40～50％にまで達している」。

「高等教育への就学が全国的規模において<社会的>に義務化される可能性が高いというわけではないとしても，このような義務化の事態が到来すれば，ほとんどすべての青年が特別の理由もなく，労働市場での自己防衛のためとか，仲間集団への同調のためとかの理由で大学に行くようになり，もはやあと戻りできないところにまで来てしまうことになろう」。

と，不本意就学者の増加による大学の活力の低下を指摘している。他方で，

「アメリカ人の95％がいずれのコミュニティ・カレッジに通学できるように，コミュニティ・カレッジを普及させること」。そうすることで，「高等教育においては，伝統型学生の数はそれほど増加せず，非伝統型学生の伸びが大きくなるであろう」と予想している。

コミュニティ・カレッジは公立短期大学である。筆者は，2000年9月にウィスコンシン州のコミュニティ・カレッジであるウィスコンシン・テクニカル・カレッジを訪問したが，調理師，自動車整備工，システム・エンジニア，インテリア・デザイナー等の養成など短期職業訓練系のコースが充実しているのを見ることができた。さらに準学士号取得コース，4年制大学編入コースもあった。日本の短期大学の多くが私立女子短大であるのに対して，アメリカのコミュニティ・カレッジが，生涯学習施設としてすべての年代の人々に開かれている点が印象的であった。

同報告書を貫いているのは、ハイスクールから直接大学に進学する若者が多くなった結果、大学を卒業してもそれに見合った仕事に就けないという「過剰教育」(over education) という事態を、「学習社会」という概念を使って回避したいという考え方である。ここには、大学進学熱の冷却装置としてのコミュニティ・カレッジの姿を看取できる。こうした報告書の提言の背景では、政治経済的観点から冷徹な計算がなされていることがわかる。

2　アメリカの成人教育の特質

アメリカの成人教育の範囲は日本の社会教育よりもはるかに広い。それは、企業内教育、病院内研修、学校内研修、健康教育、地域教育、宗教教育、農業エクステンション、軍隊での教育・訓練、刑務所での矯正教育、成人基礎教育、成人中等教育、移民への識字教育など、成人の教育 (education) と訓練 (training) に関するあらゆる領域をカバーしている。成人教育は、職場における人的資源開発 (Human Resource Development : HRD) にも深く関わり、業務に関わる人々の力量開発 (staff development) が期待されており、日本の社会教育のように教育的価値を第一義的に志向しているわけではない。

アメリカにおいて、成人教育を推進する社会的要因として次の3点が挙げられよう（メリアム & カファレラ 2005:11-20）。第1点は、成人人口が18歳以下の人口を上回り、65歳以上の高齢者が占める比率が高くなったことである。加えて、高学歴化と文化的・民族的多様性が進行し、特定の成人集団に「特別な学習」への社会的ニーズが高まっている。マイノリティの成人が、失業者、低所得階級、低学歴層に占める割合は、その人口比率に不釣合いなほど高く、彼らの組織化された成人教育への参加率は低い。そこで、そうした人々の生活水準を底上げしなければならなくなっている。

第2点は、経済のグローバル化とサービス・情報社会の到来、それにともなう就労構造の変容である。成人教育の内容の職業志向が強まっている。

90.6％の成人が教育を受ける理由として，職業や仕事を挙げている。アメリカにおいて成人教育は，明らかに就職を目的とする傾向を強めている。そこでは，成人教育者と成人学習者が生産者と消費者の関係になっている。知識は消費者にとって，運用価値に基づいて取引される。成人教育機関自体が，市場の一部と化し，「商品としての知識」を販売しているのである（Usher, Bryant, Johnston 1997:14）。

また，グローバル経済の下で生き残るために，企業では「学習する組織」（learning organization）の考え方を使っている。近年，サービス関連の職種が多くなってきており，女性，マイノリティ，高齢者が低賃金でのサービス労働において高い比率を示している。一方，仕事の半数以上がホワイトカラーとみなされる構造への転換が起こっており，女性の進出が高くなっており，彼女たちの学習も新しい需要を掘り起こしている。

第3点は，情報技術の進展である。技術革新は，学習を至上命題としているだけでなく，さらに学習を生じさせるメカニズムを産み出している。そこでは職種の消滅と誕生が同時に起こり，オートメーション，ロボットの導入により生産工程からの労働者が排除され，新しい仕事が創り出された。デジタル・デバイドにより，パソコンをもつ裕福な高学歴層と貧困な低学歴層が区分けされている。他方で，この情報技術が年齢を問わず，貧富の差なく，すべての人に学習機会を切りひらく可能性がある。

これら3つの要因のまとまりから，新たな成人学習産業の需要が創出されていくのである。成人教育が実業界の手段として，グローバリゼーションに伴う新世界秩序の形成に利用される危険性もあるし，マイノリティやエスニック・グループのエンパワーメントとは異なる方向に進む危険性も指摘されよう。

上記と関連して，バレンタイン（T. Valentine）は，アメリカの学習社会を取り巻く「個人主義」（individualism）を次のように指摘している。

「個人主義は，アメリカ人のエートスの中心的要素である。それはヨーロッパの国々と哲学的に区別される。学齢期の最初から，私たちは──明示的も暗示的にも──一人ひとりが困難な賭けに直面していることを悟り，個々人の努力を通して，社会の富と特権への権利を手を入れるように努力しなければならないと教えられてきた」(Valentine 1997:97)。

「アメリカの公的政策は一枚岩ではないが，個人の権利の尊重と個人の責任の強調は，私たちの政治的言説を支配する傾向にある。アメリカの公的政策，教育政策は，社会において，困難な個人的努力を通して，生き残り，前進する個人の闘争を支持する試みとしてみることで最も理解できる」(Valentine 1997:97)。

そして，そこでは学習が商品になっていることをホルフォートとジャーヴィス（Holfort, Jarvis）は，次のように指摘する。

「莫大な供給者──私企業，大企業，情報技術会社，教育機関──が出現している。電子コミュニケーションは，多くの学習教材を，より安くどこでも学べるように販売できる。
　この供給は多くの機会を提供する。しかし，市場は統制不能であり，モラルが不在である。
　十分な手段を持った人々だけが学習市場で買うことができる。こうした学習社会の形態は，新たな貧者を創り出している」(Holfort, Jarvis 2000: 656-657)。

「アメリカでは，学習社会は個人的な自己充足の観点から提示される傾向がある。このことは学習市場（learning market）という考え方や個人主義の文化と調和している。人々が自己実現（self-actualization）のために努力する中で，社会はさらに断片化(fragmentation)していくのであろうか？断片化の論理的展開は，社会の分裂をもたらし，さらに多くの人々が文

化・学習市場から排除されていくことになる」(Holfort, Jarvis 2000:657)。

さらに、成人教育が経済的責務を負うことで、職業訓練が真の(genuine)教育と混同されつつある。生涯学習の目的論が不在であり、新自由主義的な観点で生涯学習のシステムが運営されている。そこでは「需要・供給」モデルが支配的である。成人教育の内容は、職場との関連性が強い。職を得るための学習や職場での地位を上げるための学習が多い。「個人が人生を通して常に自らを新しい技能で再装備していくことを必要としている」のである(Barrow & Keeney 2000:199)。

これはアメリカのビジネス・スクールに典型的に見られる現象である。大学院修士課程で「経営学修士」(Master of Business Administration: MBA)を取得することが、アメリカの企業社会における管理職への登竜門になっている。大学卒業後、いったんある会社に就職して数年たった後で、自腹で授業料を支払い、MBAを取得した後で、自ら年収のアップや職階の上昇を要求できるのである。まさに実業界における成功のための学びなのである。ハーバード大学経営大学院、すなわちハーバード・ビジネススクールでは、MBA取得に向けてケーススタディ・メソッドを中心とした授業を展開している。また、医師や教師などの高度専門職業人のための再教育にも大学院が関わっている。しかも、そこで何が教えられなければならないかが全米レベルで標準化され、科目名とシラバスがインターネットで広く人々に公表されている。

つまり、アメリカの成人教育の特質として挙げられるのは、仕事の世界で生き残りをかけて学歴や職業資格の更新を求められる資格証明書主義(credentialism)、所有欲の強い個人(possessive individualism)による個人主義イデオロギー、高い威信を有する専門職になるためのプロフェッショナル・スクールの登場に象徴される専門職主義(professionalism)、そして、それらを裏づける全米レベルでのカリキュラムの標準化(standardization)である。

3　非伝統型高等教育の発達

　アメリカの高等教育では，フォーマル・ノンフォーマル・インフォーマルな学習の境界があいまいになりつつある。学生の年齢層が変化しつつあり，25歳以上の学生が全体の50％に迫っている。ハイスクールを卒業してすぐに大学に進学しない，いわゆる「非伝統型学生」（non-traditional student）が増加しており，彼らの間では「以前の学習」（prior learning）を評価してほしいという需要が高まっている。非大学後援教育（non-collegiate sponsored instruction）や経験学習（experiential learning）を評価して正規の単位を与え，それも卒業単位とする大学もある。ここに，お金を出せば単位や学位を捏造する学歴産業（diploma mill）が絡んでくるのである。

　アメリカでは非伝統型高等教育（non-traditional higher education）のシステムが導入されている。それは大学のキャンパスの外で行われた学習に対して学生本人の申請を受けて審査したうえで単位認定をする。これは元来，第2次世界大戦後，大学に復学してきた復員兵に対して行われた措置であった。単位の累積加算（credit accumulation）には，いつでもどこでも学習した成果を単位認定するシステムとして，第1に「試験による単位」（credit by examination）がある。これは，大学のキャンパスで講義を受けずに，独学でいきなり民間の試験機関が提供する試験プログラムを受けて学力を認定してもらうシステムである。その例として「大学レベル試験プログラム」（college level examination program: CLEP）がある。これは大学入学試験委員会が，年間数回実施しているもので，一般試験（英作文，人文，数学，自然科学，社会科学，歴史等）と科目試験（文学，外国語，社会科学，数学，経営学など30科目）から構成されている。第2は「非大学後援教育」である。これは企業や官庁で行われている教育活動のうちで一定水準に到達したプログラムに対して，大学がその受講経験者の申請に対して審査をしたうえで単位を認定するシステムである。第

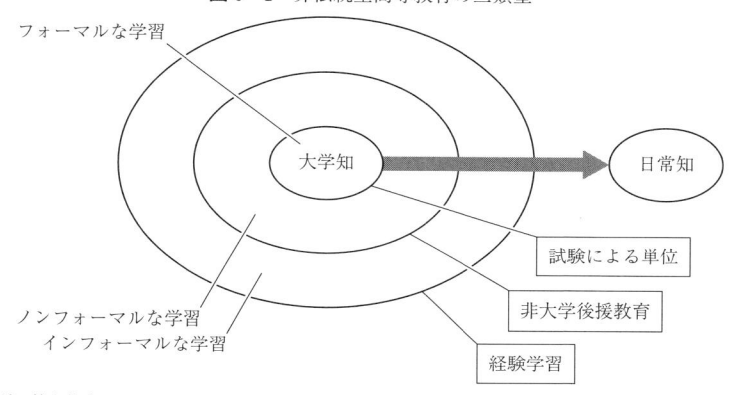

第6章　アメリカにおける学習社会論とその展開

図6-1　非伝統型高等教育の三類型

フォーマルな学習
ノンフォーマルな学習
インフォーマルな学習
大学知 → 日常知
試験による単位
非大学後援教育
経験学習

出所：筆者作成。

3は「経験学習」である。これは「成人・経験学習に関する協議会」（Council for Adult and Experiential Learning:CAEL）と提携している大学が，入学者の労働・人生経験を単位に換算して与える。成人学生が自らの労働・人生経験を文章化して証明書を作り審査を受けるポートフォリオ・アセスメントの方式がとられる。評価基準として「単位は経験に対してではなく，経験から得られた学習に対して与えられるべきである」「評価はその科目の専門家によってなされなければならない」という項目がある。しかし，はたしてこんなことをやってよいのか？　という疑問も湧いてくるであろう。その例として，主婦を20年やったから「家政学」の単位，企業で管理職を5年務めたから「経営学」の単位，老人介護ボランティアをやったから「福祉学」の単位が授与されることもある。また現在，議論の多いボランティア活動への単位授与も含まれる（図6-1参照）。

このような非伝統型高等教育が推進される背景には，18歳人口の頭打ちという状況がある。ハイスクールから直接大学に進学する18歳人口がこれ以上増えないので，ターゲットを成人にも拡げたいとする大学側の経営戦略が機能している。

ここでの問題点として，第1に「資格証明書主義」が挙げられる。それは，人々に学歴を更新するように圧力をかけている。「学歴稼ぎのための学習」が多くなり，ビジネス，技術・工学，健康科学の領域へ学習者が集中するという実学志向が見られ，それは本章の冒頭に触れたハッチンスの理念とは異なる方向である。中でも，ＭＢＡ（経営学修士）の経済的価値はアメリカの実業界においては高い。これに関連して，悪徳「学歴産業」が跋扈している。各家庭に「50＄であなたの経歴を審査して単位をさしあげます」というキャッチコピーのダイレクトメールが届くのは珍しいことではない。特に「経験学習」がそのターゲットとなっている。最終的には，それに関わった人々は，何の価値もない単位・学歴をお金で買うことになるのである。アメリカの学習社会は，学歴主義が徹底されている。人種，性別，年齢によって差別されないという黄金律がある代わりに，学歴による差別は厳然としてある。格差是正は積極的にはなされていない。だからこそ，金銭で学位や単位を売買するディプロマ・ミルという学位商法がまかり通るのである。ディプロマ・ミルが跋扈する背景には，アメリカ社会における過剰教育によって学位の価値が低下している事態がある。小島茂は実例を挙げながらディプロマ・ミルの実態を批判している。アメリカのディプロマ・ミルは日本にも進出し，すでに学位の売買が始まっているのである。私たちもそれに手を出さないように気をつけたい。

　第2は，非伝統型高等教育に対して大学間による対応の違いがあることである。非伝統型高等教育で得られた単位を認定するかしないかは各大学の判断による。あるいは「試験による単位」だけを認定し，後の2つは認定しないことや，同一科目の単位を認定する場合でもA大学では4単位，B大学では2単位というように認定される単位数が異なることがある。ここで重要なのは，「試験による単位」「非大学後援教育」「経験学習」は，威信の高い私立大学では導入されていないことである。そこでは非伝統型高等教育に対する根本的な不信感がある。筆者は2003年9月にハーバード大学のピーター・ボ

ル（Petter Boll）教授を訪問した際に，同大学における非伝統型高等教育の導入状況について尋ねてみた。そうしたシステムはハーバード大学にはなく，ボル教授は「科目を履修しない学生をもつ気はない」「私たちの学生は私たちが教育する」と答えたのであった（赤尾 2005）。ハーバード大学の教育の優秀性にかける大学人としてのプライドが垣間見えた瞬間であった。

以前の経験学習への単位付与（accrediting prior experiential learning : APEL）についてアッシャー（R.Usher）らは，「以前の経験学習への単位付与の文脈においては，個人をよりフォーマルな教育・雇用のシステムと，統制のテクノロジーに統合するための手段として，経験が脱文脈化され商品化される」（Usher, Bryant, Johnston 1997：42-43）と指摘している。つまり，「以前の学習」の評価には，一定の革新性が含まれているが，学習の文脈が消去され量的に評価されていくという問題があるのである。

4　成人識字教育の課題

アメリカ合衆国は，歴史的にたくさんの移民を受け入れてきた国である。アメリカでは，英語の読み書きに不自由している移民のための識字教育も，成人教育の一環として行われている。公立学校や図書館が夜間，成人識字教育のために使用されることも珍しいことではない。アメリカで非識字者が文字の読み書き能力を獲得する際に，もっとも多い学習形態は，実は「独学」（self study）である（ジェイコブソン・森 2011）。

すでに，「教育の優秀性に関する全米審議会」（The National Commission on Exellence in Education）が1983年に発表した『危機に立つ国家』（A Nation at Risk）で，識字教育の充実が目標の一つとして掲げられた。その後1991年に「全米識字法」（National literacy Act）が，「成人教育法」（Adult Education Act）の修正として制定された。同法の目的は「成人の識字と基礎的技能を拡大し，合衆国すべての成人が効果的に機能するのに必要な基礎的技能を獲得し，彼

らの労働や生活において最大限の機会を得ることを確実にし，成人識字プログラムを強化・調整する」ことであった。ここで識字（literacy）概念について「英語で読み，書き，話す能力と，計算し，仕事や社会で役割を果たすのに必要なあらゆるレベルの問題を解く能力，およびその人の目標を達成し知識や潜在能力を開発するための個人の能力」と定義されている。同法が制定されるにあたり実施された成人識字問題に関する調査結果では，次の10点が問題となった（Public Law 102-73 July 25, 1991：333-335）。

① 合衆国の約3000万人の成人が識字に重大な問題を抱えている。
② 識字問題は世代間にわたり，貧困と密接に関連しており，合衆国の経済的厚生に対する主たる脅威になっている。
③ 現在の公的・私的な識字プログラムは，それを必要とする人口のわずかな割合にしか届いておらず，しばしば最小限の学習の獲得しかもたらしていない。
④ 非識字を防止することは，全米の非識字率の上昇を食い止めるのに必要不可欠である。
⑤ 識字プログラムは，通常，適量な資金や他の識字プログラムとの調整を欠いており，教員養成や技能への適切な投資を欠いている。
⑥ 識字分野でのよい教育実践についての情報をもっと得やすくすることや，よりよい診断的・教育的道具を提供するための研究を行うことは，合衆国における識字と雇用の改善に必要不可欠である。
⑦ 西暦2000年までに，5000万人にのぼる労働者が，訓練・再訓練を受けるようになるだろう。
⑧ 未熟練労働への需要が減少しつつある一方で，未熟練労働者の供給が増加しつつある。
⑨ 成人教育法下でのプログラムは，合衆国において直接，識字サービスを行う最も大きなものであるが，対象となるべき成人のわずか10％にし

か届いていない。
⑩　すべての公的・私的な識字プログラムは，それを必要とする人々の約19％しか届いていない。

これに関連して，コゾル（J. kozol）は，1980年代のアメリカの非識字状況を次のように報告していた。

「2,500万人のアメリカ人成人が，殺虫剤の使用上の注意書や，子どもの担任からの手紙や，日刊新聞の第一面が読めない。それに加えて，アメリカ社会で完全に生活するために必要な識字能力に満たない水準の成人が，3500万人いる。両方合わせて6,000万人，成人人口の3分の1を超える数字だ」（コゾル　1997：23）。

「ABE（成人基礎教育）は現存の最大の識字教育プログラムである。…（中略）…ABEには創造性豊かな指導者が多くいる。そういう人たちはみんな成人基礎教育（ABE）の欠陥を意識している。もっと適切な教材を使い，それぞれの学習センターへの中央統制をなくし，もっと地域に密着して関わりを持てば，現在の驚異的なドロップアウトの数字を減じられるだろう，と考えている人も多い」（コゾル　1997：85）。

ここで，コゾルは，識字は定義が相対的で恣意的になりがちな概念であるとして，ほとんど字が読めない人を表す「非識字」（illiterate）と，字は少し読めるが社会生活に必要な水準に達しない人を表す「半識字」（semiliterate）という概念を提示している。

他方で，アメリカで推進されつつある成人識字教育は，雇用可能性（employability）に焦点化している。それは移民がアメリカ社会に適応するためのアメリカナイゼーションや機能的識字（functional literacy）が中心であり，フレイレが提唱したような批判的識字（critical literacy）の観点は薄い。既存の

社会に適応していくための識字教育になっており、それを批判的にとらえることを可能にする識字教育や、文字を知ることが同時に世界を批判的に知ることにつながるような実践は希薄である。

　アメリカではその後、1994年に、『2000年の目標──アメリカ教育法』(Goals 2000: Educate America Act) が制定された。タイトル1「国家的な教育目標」第102条には8つの目標が掲げられ、その第6番目に「成人の読み書き能力と生涯学習：すべての成人は識字能力を有し、世界経済において競争するのに必要な知識・技能をもつ…（以下略）…」と提示された。しかし、それは依然として、「共通文化としての識字」を前提としていた。

　筆者としては、機能的識字と批判的識字は二者択一的にとらえるべきではなく、双方の両立をどう図るかがアクチュアルな成人識字教育のメソッドをめぐる課題ではないかと考えている。その双方の結節点にはメディア・リテラシーの概念がある。そこで、フレイレの批判的識字の観点を情報教育に活かすことも考えられよう。情報社会の中で、本やインターネット等のメディアから情報を探す力、情報を読み取る力、情報を加工する力、新たな情報を発信する力を育成する必要がある。それは情報への接近・収集、読み取り・受信、加工、表現・発信に関わる力である。鈴木みどりは「メディア・リテラシーとは、市民がメディアを社会的文脈でクリティカルに分析し、評価し、メディアにアクセスし、多様な形態でコミュニケーションを創り出す力をさす」と論じている（鈴木 1997:8）。

　現代社会は、一定の「省察的学習」(reflective learning) を必要としている。人権や環境、平和といった地球社会の問題ときり結んだ現代的課題に関する学習が必要とされている。「地球的に考え、地域で活動する」(think globally, act locally) 市民を育成する。ここに、「持続可能な社会に向けた学習」「市民性のための教育」が関わってくるのである。

5 2005年成人教育調査の結果から

　以上のように，アメリカの成人教育は，新自由主義の文脈の中で，さまざまな施設や機関によって類似したプログラムが提供され，顧客である成人学習者による選択を待っている。

　成人教育プログラムは，学歴資格の更新や，職業能力の育成や，実用的な内容が多い。ここで，誰が成人教育に参加しているか，誰が利益を得ているかについて，階級（class）性（gender），人種／民族（race / ethnicity）の観点から統計を分析することが重要である。そこで最後に，2005年の成人教育調査結果から参加の様子を見てみよう。「教育活動のタイプと選択された成人の特性による，成人教育へ参加した成人の割合（2005年）」を見ると，次のような傾向が明らかになった（Participation in Adult Education 2005, The Condition of Education2007 :133, Table S10-2 より，小数点以下の数値を四捨五入で省略した）。

　まず，参加率を性別でみると，「あらゆるフォーマルな成人教育」は男性41％，女性47％となっている。その中で「仕事関連のコース」は男性24％，女性29％となっている。いずれも男性よりも女性の参加率が高い。次に，参加率を人種・民族別に見ると，「あらゆるフォーマルな成人教育」は白人と黒人がともに46％，ヒスパニック38％，アジア人48％，である。このうち「仕事関連コース」では，白人29％，黒人27％，ヒスパニック17％，アジア人27％と，白人の参加率がもっとも高いことがわかる。

　最終学歴別に「あらゆるフォーマルな成人教育」の参加率を見ると，ハイスクール卒業資格・同等以下22％，ハイスクール卒業資格・同等33％，カレッジ・職業学校準学士51％，学士号取得以上60％となっており，学歴の高い人ほど成人教育参加率も高い education more education の法則があてはまっている。このうち「基礎技能・ハイスクール卒業資格のクラス」の参加率がもっとも高いのはハイスクール卒業資格・同等以下の7％であり，「職業関

連プログラム」でもっとも高いのは，大学院・専門職教育資格の51％である。家族の年間収入による「あらゆるフォーマルな成人教育」の参加率を見ると，$15000以下，29％，$15001-30000，31％，$30001-50000，42％，$50001-75000，48％，$75000以上58％であり，収入が多いほど成人教育への参加率も上昇していることがわかる。ここからアメリカの学習社会においていかに格差があるかが窺えよう。そうした状態をいかにして少しでも是正できるかが問われているのである。

参考文献
赤尾勝己「資格証明書主義の展開――非伝統的高等教育の発展を媒介に」現代アメリカ教育研究会編『生涯学習をめざすアメリカの挑戦』教育開発研究所，1993年。
赤尾勝己「大学以外の機関による高等教育の発展過程と評価組織――生涯学習の観点から」現代アメリカ教育研究会編『学校と社会の連携を求めるアメリカの挑戦』教育開発研究所，1995年。
赤尾勝己「成人教育プログラム計画の理論と課題」現代アメリカ教育研究会編『カリキュラム開発をめざすアメリカの挑戦』教育開発研究所，1998年。
赤尾勝己「成人教育プログラム計画におけるニーズ評価――ニーズ充足原則の意義と課題」現代アメリカ教育研究会編『学習者のニーズに対応するアメリカの挑戦』教育開発研究所，2000年。
赤尾勝己「アメリカにおける成人関連職員の研修――大学院プログラムを中心に」大槻宏樹編著『21世紀の生涯学習関係職員の展望――養成・任採用・研修の総合的研究』多賀出版，2002年。
赤尾勝己「アメリカの研究大学における教養教育の改革――ハーバード大学への訪問調査を手がかりに」『關西大學文学論集』第54巻第4号，2005年。
赤尾勝己「アメリカの成人教育と教育改革」大桃敏行・上杉孝實・井ノ口淳三・植田健男編『教育改革の国際比較』ミネルヴァ書房，2007年。
天野郁夫『「学習社会」への挑戦』日本経済新聞社，1984年。
岩木秀夫「クレデンシャリズム」日本教育社会学会編『新教育社会学辞典』東洋館出版社，1986年。
遠藤克弥編著『最新アメリカの生涯学習――その現状と取り組み』川島書店，1999年。

金子忠史「オフ・キャンパスの高等教育の発展——経験学習と単位認定」現代アメリカ教育研究会編『生涯学習をめざすアメリカの挑戦』教育開発研究所，1993年。
カーネギー高等教育委員会／黒田則博訳「学習社会をめざして——報告と勧告」新井郁男編集・解説『現代のエスプリ　ラーニング・ソサイエティ』No.146，至文堂，1979年。
F.J.ケリー＆H.M.ケリー／近藤純生訳『ハーバードビジネススクールは何をどう教えているか』経済界，1987年。
小池源吾研究代表者『大学開放の成立と展開にかかわる社会思想史的研究』科学研究費補助金（基盤研究（C））研究成果報告書，2011年。
小島茂『学位商法——ディプロマミルによる学位汚染』九天社，2007年。
小島茂『大学偽装——米国大学を騙る学位商法』展望社，2009年。
五島敦子『アメリカの大学開放——ウィスコンシン大学拡張部の生成と展開』学術出版会，2008年。
J.コゾル／脇浜明訳『非識字社会アメリカ』明石書店，1997年。
E.ジェイコブソン・森実「アメリカのリテラシーと日本の識字をめぐる対話」（財）解放教育研究所編『解放教育』No.526，明治図書，2011年8月。
鈴木みどり『メディアリテラシーを学ぶ人のために』世界思想社，1997年。
J.E.スタッキー／菊池久一訳『読み書き能力のイデオロギーをあばく』勁草書房，1995年。
H.W.スタブルフィールド・P.キーン／小池源吾・藤村好美監訳『アメリカ成人教育史』明石書店，2007年。
D.W.スチュワート・H.A.スピル／北村和之・加澤恒雄・坂本真理子・石塚公康訳『学歴産業（ディプロマ・ミル）——学位の信用をいかに守るか』玉川大学出版部，1990年。
谷川裕稔『アメリカ——コミュニティカレッジの補習教育』大学教育出版，2001年。
M.トロウ／天野郁夫・喜多村和之訳『高学歴社会の大学』東京大学出版会，1976年。
R.ハッチンス／新井郁男訳「ラーニング・ソサエティ」新井郁男編集・解説『現代のエスプリ　ラーニング・ソサイエティ』No.146，至文堂，1979年。
樋口とみ子「リテラシー概念の展開——機能的リテラシーと批判的リテラシー」松下佳代編著『〈新しい能力〉は教育を変えるか』ミネルヴァ書房，2010年。
藤村好美「アメリカⅡ　非識字への挑戦——成人教育改革の光と影」黒沢惟昭・佐久間孝正編『世界の教育改革の思想と現状』理想社，2000年。
P.D.ブロートン／岩瀬大輔監訳・解説，吉澤康子翻訳『ハーバードビジネススクール——不幸な人間の製造工場』日経BP社，2009年。

第2部　海外の生涯学習に関する理論と動向

松浦良充「理念としての「生涯教育」「生涯学習」「学習社会」──「学習社会」概念の捉え直しを中心として」現代アメリカ教育研究会編『生涯学習をめざすアメリカの挑戦』教育開発研究所，1993年。
三浦清一郎『比較生涯教育──特性別照応分析手法による日米比較』全日本社会教育連合会，1988年。
S.B.メリアム・R.S.カファレラ／立田慶裕・三輪健二監訳『成人期の学習──理論と実践』鳳書房，2005年。
山田礼子『プロフェッショナルスクール──アメリカの専門職養成』玉川大学出版部，1998年。
R. Barrow & P. Keeney, *Lifelong Learning: A North American Perspective*, In John Field & Mal Leicester ed., *Lifelong Learning: Education Across the Lifespan*, Routledge Falmer, 2000.
J. Holfort, P. Jarvis, *The Learning Society*, Arhtur L.Wilson, Elisabeth R. Hayes ed., *Handbook of Adult and Continuing Education*, Jossey-Bass, 2000.
National Center for Educational Statistics, Institute of education Science, *The Condition of Education 2007, Indicator 10, Participation in Adult education*.
R. Usher, I. Bryant, R. Johnston ed., *Adult Education and the Postmodern Challenge: Learning beyond the Limits*, Routledge, 1997.
T. Valentine, *The United States of America: The Current Predominance of Learning for Job*, In Paul Belanger, Sofia Valdivielso, *The Emergence of Learning Societies: Who Participates in Adult Learning?* Pergamon and UNESCO Institute for Education, 1997.

第3部　日本における生涯学習政策の展開

第7章　生涯学習政策の展開

　第3部では，国内における生涯学習政策・行政の動向を扱う。第2部で見た国際的に構想されてきた3つの理論が，日本社会においてどのように受容もしくは排除されてきたかを概観してみよう。それは換言すれば，国家権力によってそれらの理論がどのように採用/排除され，歪められ，あるいは換骨脱胎されてきたかを見ることにもなろう。

1　生涯教育政策のはじまり

　日本社会にもっとも大きな影響を与えたのはユネスコの生涯教育論であった。1971年4月の社会教育審議会答申「急激な社会構造の変化に対処する社会教育のあり方について」では次のように生涯教育に言及している。

> 「今後，生涯教育の観点に立って，学校教育を含めた教育の全体計画を立案することが必要となってくるが，その中において社会教育を正しく位置づけるとともに，生涯教育において社会教育が今後果たすべき役割の重要性にかんがみ，社会教育行政の施策の充実展開を図るべきこと」。

　そして，人口構造の変化，家庭生活の変化，都市化，高学歴化，工業化・情報化，国際化という教育的課題を指摘している。そのうえで，「生涯教育と社会教育」について次のように述べている。

> 「(1) 社会の変動と生涯教育

今日の激しい変化に対処するためにも，また，各人の個性や能力を最大限に啓発するためにも，ひとびとはあらゆる機会を利用してたえず学習する必要がある。とくに社会構造の変化の一面としての寿命の延長，余暇の増加などの条件を考えるなら，生涯にわたる学習の機会をできるだけ多く提供することが必要となっている。また変動する社会ではそれに適応できない人も多くなり，変動に伴って各種の緊張や問題が生じてきており，これらに伴い，ひとびとの教育的要求は多様化するとともに高度化しつつある。こうした状況に対処するため，生涯教育という観点に立って，教育全体の立場から配慮していく必要がある。

(2) 生涯教育と社会教育

生涯教育では，生涯にわたる多様な教育的課題に対処する必要があるので，一定期間に限定された学校教育ではふじゅうぶん（ママ）となり，変化する要求や個人や地域の多様な要求に応ずることができる柔軟性に富んだ教育が重要となる。したがって，生涯教育においてとくに社会教育が果たすべき役割は極めて大きいといわなければならない。なお，社会教育は，単に変化に順応するだけでなく，さらに人間性を積極的に育て，社会における先導的役割を果たすべきである。

(3) 社会教育の意義

社会教育というとき，往々にして青年団・婦人会などの団体や，公民館・図書館などの施設や学級・講座などの活動だけが思い浮かべられることが多い。また，教育という言葉のもつ語感から，なんとなく，講義などの受け身の形態や堅い内容だけが連想されることもないとはいえない。

このような従来からの諸活動が社会教育として今後も重要な役割を持つことは変わりないが，このような狭い範囲だけに社会教育を限定する考え方では，これからの変化の激しい社会における社会教育への期待にこたえることはできない。今後の社会教育は，国民のあらゆる機会と場

所において行なわれる各種の学習を教育的に高める活動を総称するものとして，広くとらえるべきである」。

　ここで文部省の答申で初めて「生涯教育」という言葉が使用されたのである。当時の社会教育関係者が「生涯教育」という言葉に大きな期待をかけていることが窺えよう。
　同年6月には，中央教育審議会答申「今後における学校教育の総合的な拡充整備のための基本施策について」が出され，生涯教育の観点から学校教育のあり方をとらえなおす必要性に言及している。

　「近年，いわゆる生涯教育の立場から，教育体系を総合的に再検討する動きがあるのは，今日および今後の社会において人間が直面する人間形成上の重要な問題に対応して，いつ，どこに，どんな教育の機会を用意すべきかを考えようとするものである。
　　これまで教育は，家庭教育・学校教育・社会教育に区分されてきたが，ともすればそれが年齢層による教育対象の区分であると誤解され，人間形成に対して相互補完的な役割をもつことが明らかにされているとはいえない」。

　そこで教育体系の総合的な再編成を進めるために，次の2点について考える必要性を喚起している。
　①　学校教育の役割と他の教育活動との相互関係
　　これまで学校教育に過大な期待が寄せられ，かえって教育全体の効果が減殺される傾向があったので，家庭教育と社会教育の役割に期待する。
　②　学校教育自体の改善の方向
　　多面的な人間形成の基礎を培うため，特定の能力の伸長だけで評価することなく，社会性の発達のための集団活動，個人のためのカウンセリ

ングを充実させる。義務教育以降の学校教育を国民一般が適時必要に応じて学習できるように開放する。

　これらの答申が出されたのは、高度経済成長の末期にあたり、これから日本において生涯教育を盛んにしていこうとする機運が高まった時代である。しかし、1973年の第1次石油ショックは、多くの公費支出が予想される生涯教育政策の進展に対して逆風となり、10年間、「生涯教育」という言葉は封印されたのである。そして、日本経済の景気が再び上向きになってきた1981年に、中央教育審議会答申「生涯教育について」が出された。本答申の第1章では、次のように生涯教育の意義が述べられている。

　「今日、変化の激しい時代にあって、人々は、自己の充実・啓発や生活の向上のため、適切かつ豊かな学習の機会を求めている。これらの学習は、各人が自発的意思に基づいておこなうことを基本とするものであり、必要に応じ、自己に適した手段・方法は、これを自ら選んで、生涯を通じて行うものである。この意味では、これを生涯学習と呼ぶのがふさわしい。
　この生涯学習のために、自ら学習する意欲と能力を養い、社会の様々な教育機能を相互の関連性を考慮しつつ総合的に整備・充実しようとするのが生涯教育の考え方である。言い換えれば、生涯教育とは、国民の一人一人が充実した人生を送ることを目指して生涯にわたって行う学習を助けるために、教育制度全体がその上に打ち立てられるべき基本的な理念である」。

　ここでユネスコの生涯教育論とOECDのリカレント教育が言及されている。この後では、「第3章 成人するまでの教育」、「第4章 成人期の教育」、「第5章 高齢期の教育」にわけて、そのあり方が述べられている。この時代

は，生涯教育という理念の下で，教育を人々の生活の隅々まで行き渡らせることでよりよい社会が到来することが期待されてきた。しかしながら，アメリカやイギリスと同様に，日本でも公費削減政策が中曽根首相によって断行されることになり，生涯教育の理念は臨時教育審議会での論議において変質を迫られていった。

2 臨時教育審議会における「生涯学習体系」のとらえ方

1984～1987年には，首相直属の臨時教育審議会（略称：臨教審）が開かれた。臨教審は4次にわたる教育改革に関する答申を出している。そこでは「生涯学習体系」への移行について述べられている。

1985年6月の第1次答申では，「個性重視の原則」を教育改革の主要な原則と位置づけ，人生80年型の社会に移行する必要性と，国民の生活水準の上昇，高学歴化，自由時間の増大などを背景として，国民の価値観が高度化，多様化している状況にかんがみ，情報化や国際化の進展に対応して，生涯を通ずる学習の機会が用意されている「生涯学習社会」，個性的で多様な生き方が尊重される「働きつつ学ぶ社会」の建設が提案されている。本答申の第2部では，以下のように「生涯学習の組織化・体系化と学歴社会の弊害の是正」が提案されている。

> 「人生の各段階における学習への需要を踏まえた多様な質の高い学習の機会の整備が必要であるが，それとともに社会に出た後も自らの能力，適性や意欲に応じて学習できる途を広く確保しておくことが重要である」。

「本来多面的であるべき人間の評価が人生の初期に獲得した形式的な学歴に偏って行われている風潮がある。このことが国民の間で学歴獲得競争を生み，学業についていけない者や，非行などの教育荒廃を引き起こ

す原因の一つとなっている」。
「人間の評価が多面的に行われるよう評価の在り方について検討する」。

ここで、「学歴社会の弊害の是正」という観点が打ち出されていることに注目したい。

第3次答申には「評価の多元化」「生涯学習を進めるまちづくり」という言葉が出てくる。前者については次のように述べられている。

> 「人々の創造性、個性が生かせる生涯学習体系を構築するため、これまでの学校における偏差値偏重、社会における学歴偏重の評価の在り方を根本的に改め、評価の多元化を図る必要がある」。

後者については次のように述べられている。

> 「生涯学習社会にふさわしい、本格的な学習基盤を形成し、地域特性を生かした魅力ある、活力ある地域づくりを進める必要がある。このため、各人の自発的な意思により、自己に適した手段・方法を自らの責任で選択するという生涯学習の基本を踏まえつつ、地方が主体性を発揮しながら、まち全体で生涯学習に取り組む体制を全国に整備する」。
>
> 「生涯学習に取り組む市区町村の中から、特色あるものをモデル地域に指定する」。

3　生涯学習政策の本格化

臨時教育審議会が解散した翌1988年、文部省は機構改革を行い、生涯学習局を筆頭局に位置づけ、社会教育局を廃止した。通産省には、民間のカルチャーセンターを統括するための生涯学習振興室を置いた。1990年には、生涯

第3部　日本における生涯学習政策の展開

学習の振興のための施策の推進体制等の整備に関する法律（生涯学習振興整備法〔略称〕）が制定された。国に生涯学習審議会を置く，都道府県に生涯学習審議会を置くことができるとされ，第5条では文部省と通産省で地域生涯学習振興基本構想を策定できることになった。同年には，中央教育審議会答申「生涯学習の基盤整備について」が出された。同答申では，生涯学習を推進するにあたり次の3点に留意する必要があるとしている。

① 生涯学習は，生活の向上，職業上の能力の向上や，自己の充実を目指し，各人が自発的意思に基づいて行うことを基本とするものであること。
② 生涯学習は，必要に応じ，可能なかぎり自己に適した手段及び方法を自ら選びながら賞以外を通じて行うものであること。
③ 生涯学習は，学校や社会の中で意図的，組織的な学習活動として行われるだけでなく，人々のスポーツ活動，文化活動，趣味，レクリエーション活動，ボランティア活動などの中でも行われるものであること。

そして，都道府県が「生涯学習推進センター」を設置し，次に掲げる6項目の事業を集中して行うことが適当であるとしている。

i 生涯学習情報の提供及び学習相談体制の整備充実に関すること
ii 学習需要の把握及び学習プログラムの研究・企画に関すること
iii 関係機関との連携・協力及び事業の委託に関すること
iv 生涯学習のための指導者・助言者の養成・研修に関すること
V 生涯学習の成果に対する評価に関すること
vi 地域の実情に応じて，必要な講座を主催すること
　なお，放送大学との連携・協力を行うこと

1991年，文部省では地域リカレント教育推進事業が開始された。

1992年には，生涯学習審議会答申「今後の社会の動向に対応した生涯学習の振興方策について」が出された。同答申は，①社会人を対象としたリカレント教育の推進について，②ボランティア活動の支援・推進について，③青少年の学校外活動の充実について，④現代的課題に関する学習機会の充実について，の4点から構成されていた。④では，人々が学習すべき項目が次のように例示された。

「生命，健康，人権，豊かな人間性，家庭・家族，消費者問題，地域の連帯，まちづくり，交通問題，高齢社会，男女共同参画型社会，科学技術，情報活用，知的所有権，国際理解，国際貢献，開発援助，人口，食料，環境，資源，エネルギー」。

本答申は今日の生涯学習政策の根幹に関わる重要な内容を持っている。
①のリカレント教育の推進であるが，OECDのリカレント教育とは異なる内容で考えられている。それは，OECDが推進したすべての人々の権利としてのリカレント教育ではなく，バブル経済の破綻によって企業社会において終身雇用が維持できなくなり，企業内教育が企業にとって負担になったために，社員の教育を外部化する必要から生まれたものである。いくつかの地域では，「リカレント教育推進協議会」が立ち上がり，産業界・高等教育機関・都道府県の三者による連携事業が提供された。
②のボランティア活動の支援・推進は，不況の中での公費削減政策に見合った政策である。ここでは，ボランティア活動それ自体が生涯学習として，ボランティア活動が学びの実践として，ボランティア活動が人々の学びを支援するものとして各々とらえられている。
③は子どもたちの生活経験がやせ細っていく中で，学校外活動の充実化を図り，子どもたちにとって魅力のある活動の内容・方法，多様な活動の場や機会の提供に努め，主体的な活動経験の積み重ねを支援していくことが必要

だとされている。

④の「現代的課題」は，21世紀の日本社会に生きる私たちが学ぶ必要のある課題である。換言すれば，再帰的近代化社会に生きる私たちにとって欠くことのできないライフ・ポリティクス（life politics）に関する学習課題である。ライフ・ポリティクスとは，ギデンズによると，社会を変革していく人々の「ライフスタイルの政治」であり，日常生活の中で，環境問題や健康問題など人間が「いかに生きるべきか」という道徳的・実存的な問題に関わっている（ギデンズ 2005：254）。

4　現代的課題の学習と NPO 法の関連性

現代的課題の例示には，人権や消費者問題，男女共同参画型社会，国際貢献，環境，資源・エネルギーなど議論の多い問題が含まれている。消費者問題であれば，製造物責任法（PL 法）を通して，私たちがいかにかしこい消費者になりうるか。高齢化社会であれば，介護保険の運用はどうなるのか。情報の活用であれば，氾濫する情報に惑わされない情報を見極める力（メディアリテラシー）をどう身に付けるか。国際貢献であれば，政府開発援助（ODA）がどのように運用されているのか，日本は他国の軍事支援にどれくらい関われるのか。環境であれば，新聞報道にあるように，ごみ焼却場から排出されるダイオキシンの有害性，環境ホルモンの脅威がどれだけ私たちに害を与えるのか。資源・エネルギーであれば，原子力発電の安全性，核廃棄物の処理は大丈夫なのか，などの問題が私たちに突きつけられている。もしもこれらの問題について人々が真剣に学び，日本社会の現状に問題点を「意識化」したならば，それは社会を変える大きな力になりうると思われる。

現代的課題についての学習は，私たちの市民性を培う機会を与えるが，他方で，市民性教育は国家による包摂を伴いやすい。一例として，男女共同参画社会についての学びは，2000年をはさんだ時期に，ジェンダーという語の

使用についてのバッシングがあったにせよ，国家によって一定程度体制内化されつつある。たえず，国家はそうした社会運動の一部を自らの中に入れようとする。国家権力による社会運動の加工，希釈，変質，換骨脱胎がなされるのである。下からの運動が，体制内化されて，権力として上から降ろされてくる。問題は，国家と社会運動の男女共同参画の内実の違い，双方の距離であり，双方を分かつ境界（border）である（木村 2000）。

1998年3月には特定非営利活動促進法（NPO法）が制定された。この第1～2条には次のような規定がなされている。

第1条　この法律は特定非営利活動を行う団体に法人格を付与すること並びに運営組織及び事業活動が適正であって公益の増進に資する特定非営利活動法人の認定に係る制度を設けること等により，ボランティア活動をはじめとする市民が行う自由な社会貢献活動としての特定非営利活動の健全な発展を促進し，もって公益の増進に寄与することを目的とする。
第2条　この法律において「特定非営利活動」とは，別表に掲げる活動に該当する活動であって，不特定かつ多数のものの利益の増進に寄与することを目的とするものをいう。〔後略〕

また，同法の別表には例示された活動が挙がっている。内閣府「平成21年度市民活動団体等基本調査報告書」（2010年1月調査）によると17の該当分野全てにあたる割合は次のとおりである。

1	保健，医療・福祉増進	53.3%
2	社会教育推進	34.1%
3	まちづくりの推進	38.3%
4	学術・文化・芸術・スポーツ振興	9.2%
5	環境保全	27.2%
6	災害救援	5.3%
7	地域安全	10.7%
8	人権擁護・平和推進	13.6%
9	国際協力	12.9%
10	男女共同参画社会形成	7.6%
11	子どもの健全育成	35.0%
12	情報化社会発展	7.6%
13	科学技術振興	5.5%

14	経済活動活性化	12.4%
15	職業能力開発・雇用機会拡充	16.6%
16	消費者保護	5.4%
17	前掲活動を行う団体の運営活動支援	22.1%

　これらの活動は，1992年生涯学習審議会答申において提示された「現代的課題」の学習とも関連がある。また，NPOの活動は，1996年の中央教育審議会第1次答申にあるように，従来の地縁・血縁を中心とした地域社会ではなく，同じ問題意識をもった人々によるグループ，サークル活動を基にした「第4の領域」との関連性を有する。

　この特定非営利活動促進法（NPO法）は，特定非営利活動を行う団体に法人格を付与することを目的とし，「ボランティア活動をはじめとする市民が行う自由な社会貢献活動としての特定非営利活動の健全な発展を促進し，もって公益の増進に寄与する」ことが謳われている。同法第2条では，不特定かつ多数の利益の増進に寄与することを目的とし，その内容として保健，医療，福祉，社会教育，まちづくり，文化，芸術，スポーツ，環境保全，災害救援活動，人権擁護，平和推進，国際協力，男女共同参画社会の形成，子どもの健全育成の領域が挙げられている。これらに関わる団体は営利を目的とせず，宗教上，政治上の活動について主たる目的としないことが規定されている。　ただし，私たちは無前提にNPOに楽観的な期待をするわけにはいかない。NPOの活動もまた社会の政治的諸勢力が自らの理念を実現させようとする草刈り場なのである。それは社会的不平等を是正する方向に働くNPOもあれば，逆にそうした問題を放置したり，不平等を推し進めるようなNPOも出てくることを意味する。ここでは，すべてのNPOが社会変革に寄与するわけでない。NPO一般を論じるのではなく，各NPOの活動の内実——とりわけ各ＮＰＯの有する政治的志向性——に踏み込んだ検討が必要とされるゆえんである。

5　生涯学習パスポートの提案

　1999年6月には生涯学習審議会答申として「生活体験・自然体験が日本の子どもの心をはぐくむ」と「学習の成果を幅広く生かす――生涯学習の成果を生かすための方策について」が出された。当時，前者にはマスコミの光が当てられたが，後者にはほとんど光が当てられなかった。後者は，次のように生涯学習パスポートと学習成果の認証システムを提案した。

> 「我が国においても，自らのキャリアを開発し，学習成果を社会的活動，進学，就職，転職，再就職等に広く活用していくために，自らの学習成果を積極的にアピールし，社会的評価を求めることができるようにする必要が生じている。社会や企業の側にしても，その人の学習成果を確認する資料があれば，採用や登用の際にそれを活用することができる。そのようなことを考えると，これからは，個々人がそれぞれの学習成果の記録として，例えば外国のポートフォリオのような『生涯学習パスポート』（生涯学習記録票）を作り，活用できるようにすべきであろう」。

　そして，ここには「学校歴，学校外の学習活動歴，資格リスト，技能リスト，職的，ボランティア歴，自分の進歩についての自己評価，今後の抱負等」を記載するための標準的な様式を作り，各方面で利用することが書かれている。ここに記載されることが本当のことかを確認するために，「第三者機関が事実確認をし，それを証明すれば，一層評価がしやすくなる」として，国，都道府県，市町村に，学習成果の認証システムを構築することが提案されている。ここでいう「認証」とは「学習活動の事実確認とその証明，公示の機能」を指している。

　そして，「認証を行うための仕組み」として，「学習成果の認証互換ネット

ワークとその拠点」として,「例えば,都道府県,市町村等が参加する学習成果の認証ネットワークを作り,その拠点として,次のようなナショナル・センター的機能を整備することが考えられる」としている。

・生涯学習成果の認証のための評価の互換・転換,累積加算の仕組みや基準の作成
・生涯学習成果の認証に関する情報の収集・提供
・生涯学習成果の認証に関する相談
・生涯学習成果の認証に関する調査研究

続いて,「学習成果の認証互換のための換算基準」について,次のように述べている。

「生涯学習成果の評価の中には,学習時間数だけによるものや技能審査・技能検定のように試験だけによるもの,学校の単位のように学習時間と知識や技術等の習得の確認を合わせて行うものなど,様々なものがある。…(中略)…それを互換できるようにするためには,換算基準(例えば生涯学習単位)を作り,ナショナル・センターやネットワークの連絡会議等で換算基準や互換についての調整を行っていくことが必要である」。
そして,学習成果の認証は,「ナショナル・センターの作成した換算基準を使って,都道府県の生涯学習推進センター,市町村教育委員会等で行う」。

生涯学習パスポートに記載されたことの認証すなわち事実確認はたいへんな手間のかかることであり,そのために費やされる公の予算も莫大なものになることが予測される(図7-1参照)。だがはたして,それだけの予算を使ってでも,これは構築する価値のあるシステムなのであろうか,きわめて疑問

第7章 生涯学習政策の展開

図7-1 生涯学習パスポートの一部

◆**学習歴**◆　（趣味，お稽古ごと，サークル活動等を含む）

日 付	講 座 名	時 間	講師・助言者	受講料	会 場	メ　モ
		： 〜 ：		円		
		： 〜 ：				
		： 〜 ：				
		： 〜 ：				
		： 〜 ：				
		： 〜 ：				
		： 〜 ：				
		： 〜 ：				
		： 〜 ：				
		： 〜 ：				
		： 〜 ：				
		： 〜 ：				
		： 〜 ：				

出所：京都府資料。

である。この生涯学習パスポートの問題点は，学習活動で得られた「学力」の質が問えない点である。学習経験だけを認証しても，そこで得られた学力が客観的に評価されないという欠陥を有している。もともとポートフォリオとは，学校教育でのフォーマルな教育を基盤として，そこに付随した子どもたちのインフォーマルあるいはノンフォーマルな学習活動を評価対象としているのであり，ポートフォリオ自体の記述が評価対象のメインとなっているわけではない。そこにこの構想の根本的な問題があると思われる。

　2001年1月には，省庁改編で文部省と科学技術庁が統合され文部科学省になり，生涯学習審議会は廃止され，中央教育審議会に生涯学習分科会が設けられた。生涯学習局は生涯学習政策局へと名称変更した。同局内に男女共同参画学習課が置かれた。生涯学習の総合政策化も促進されていった（表7-1参照）。
　2003年には，地方自治法が改正されて，公の施設の管理運営を民間事業者やNPO法人（特定非営利活動法人）などが代行できるようになった。民間団体のノウハウを取り入れることで，多様化する市民のニーズにより効果的・効率的に対応できるようになった。規制緩和策の一環である。

地方自治法第244条の2（抄）

> 3　普通地方公共団体は，公の施設の設置の目的を効果的に達成するため必要があると認めるときは，条例の定めるところにより，法人その他の団体であって当該普通地方公共団体が指定するものに，当該公の施設の管理を行わせることができる。
> 4　前項の条例には，指定管理者の指定の手続き，指定管理者が行う管理の基準及び業務の範囲その他必要な事項を定めるものとする。
> 5　指定管理者の指定は，期間を定めて行うものとする。

そして，ここでは利用料金制が導入され，市民が払う利用料金のすべてが指定管理者の収入になることになった。市民の利用が増えれば，指定管理者の収入が増える。逆に，市民の利用が減ると，指定管理者の利益が減るので，自らのサービスを見直す契機となる。
　2006年12月には教育基本法が59年ぶりに改正され，「第3条　生涯学習の

表7-1 生涯学習の総合政策化を示す事例(2009年現在)

文部科学省	放課後子どもプラン(厚労省と連携)　地域子ども教室推進事業 地域ボランティア活動促進事業【地域教育力再生プラン】 社会教育活性化21世紀プラン　高齢者の社会参加促進に関する特別調査研究 大学への社会人受入の推進　　大学等の開放・公開講座等の事業の促進 放送大学の充実・整備　　スポーツ活動の推進
厚生労働省	子育て支援　　労働者のキャリア形成支援　教育訓練給付制度 キャリア形成促進助成金　「私のしごと館」は2010年3月に廃止
経済産業省	若者自立・挑戦プラン(文科省,厚労省,内閣府と連携)
国土交通省	地域における防災に係る教育・啓発活動の推進
農林水産省	学校外を中心とした農林水産業体験学習等(文科省と連携)
環境省	環境教育・環境学習施策(文科省と連携)
総務省	環境省や警察庁等との連携により「全国生涯学習フェスティバル」を毎年開催

注:生涯学習関連事業に国の主要7省が関わっている。
出所:筆者作成。

理念」「第12条　社会教育」「第13条　学校,家庭及び地域住民等の相互の連携協力」が規定された。2008年には中央教育審議会答申「新しい時代を切り拓く生涯学習の振興方策について――知の循環型社会の構築を目指して」が出され,これが後の社会教育法,図書館法,博物館法の改正につながった。

6　生涯学習に関する世論調査の結果から

　内閣府では,不定期に生涯学習に関する世論調査を行っている。2008年5月～6月に実施され3,000人中1,837人が回答した「生涯学習に関する世論調査」によると,「生涯学習」という言葉の周知度についてみると,「生涯学習」という言葉を聞いたことがあるかどうかについては「(聞いたことが)ある」と答えた人が80.5%にのぼった。「生涯学習」という言葉は,国民の間にほぼ定着したと見てよいであろう。
　この1年くらいの間に,どのような「生涯学習」をしたことがあるのか尋ねたところ「健康・スポーツ(健康法,医学,栄養,ジョギング,水泳など)」を

挙げた人が22.5％,「趣味的なもの（音楽，美術，華道，舞踊，書道など）」を挙げた者が19.8％と高く，次いで「パソコン，インターネットに関すること」が14.0％であった。逆に少ないのは，「自然体験や生活体験などの体験活動」が4.0％,「育児・教育（幼児教育，教育問題など）」が4.7％,「ボランティア活動やそのために必要な知識・技能」が6.9％であった（以下，複数回答）。

生涯学習の形式について，先の学習経験のある人について尋ねると,「公民館などにおける都道府県や市町村などの自治体の講座や教室」を挙げた人が33.1％,「カルチャーセンターやスポーツクラブなどの民間の講座や教室，通信教育」を挙げた人が29.3％,「自宅での学習活動（書籍など）」が29.3％,「同好者が自主的に行っている集まり，サークル活動」が26.8％,「職場の教育，研修」が22.6％,「パソコンやインターネットなど（情報端末，ゲーム機器などの活用を含む）」が21.3％であった。

生涯学習の情報源について，学習経験のある人について尋ねると,「家族や友人，知人からの口伝え」を挙げた人の割合が39.7％,「新聞・雑誌」を挙げた人の割合が36.3％と高く，以下「インターネット（情報端末など）」（28.4％),「ラジオやテレビ」（25.7％),「自治会，町内会の回覧や地域住民の連絡」（23.6％),「学校や職場からの推薦（機関紙，掲示板，パンフレットなどを含む）」（23.2％）の順であった。

生涯学習の成果の活用について学習経験のある人に,「生涯学習」を通じて身につけた知識・技能や経験をどのように活かしているか尋ねたところ「自分の人生がより豊かになっている」を挙げた人の割合が43.8％，以下「自分の健康の維持・増進に役立っている」（41.6％),「家庭・日常の生活に生かしている」（37.5％),「仕事や就職の上で生かしている」（33.6％）の順であった。

一方，今後の「生涯学習」に対する意向を尋ねてみたところ「（生涯学習を）してみたいと思う」とする人の割合は70.5％（「してみたいと思う」47.7％＋「どちらかといえば，してみたいと思う」22.8％）であるのに対して,「（生涯学習を）してみたいと思わない」とする人の割合は27.3％（「どちらかといえば，してみた

いと思わない」9.6％＋「してみたいと思わない」17.6％）であった。前者の「してみたいと思う」人の割合は大都市で高くなっている。この層に生涯学習をしてみたい理由を尋ねてみたところ，「興味があり，趣味を広げ豊かにするため」が59.1％と最も高く，以下「健康・体力づくりのため」（40.5％），「他の人との親睦を深めたり，友人を得るため」（38.1％），「教養を高めるため」（34.9％），「家庭・日常生活を充実させるため」（33.6％），「老後の人生を豊かにするため」（33.4％），「自由時間を有効に活用するため」（31.0％）となっている。

 そして，「してみたいと思う」層に，してみたい生涯学習の内容について尋ねてみると，「健康・スポーツ」を挙げた人の割合が55.1％，「趣味的なもの」が53.2％と高く，以下「教養的なもの」（29.2％），「パソコン・インターネットに関すること」（25.8％），「家庭生活に役立つ技能」（23.6％）の順であった。逆に少ないのは，「育児・教育（幼児教育，教育問題など）」（8.3％），「自然体験や生活体験などの体験活動」（15.3％），「ボランティア活動やそのために必要な知識・技能」（17.6％）であった。

 今後，こうした調査をさらに発展させて，人々の生涯学習をめぐる居住地別（都市部か農村部か），年収別，学歴別，職業別にどのような差異が見られるのかを分析し，格差是正の観点から生涯学習政策・行政が何をなしうるかを考えていく必要があろう。

参考文献
赤尾勝己『生涯学習の社会学』玉川大学出版部，1998年。
植村邦彦『市民社会とは何か』平凡社，2010年。
岡村達雄編『現代の教育理論』社会評論社，1988年。
岡本薫『行政関係者のための新訂入門・生涯学習政策』(財)全日本社会教育連合会　2004年。
鎌倉孝夫『「教育改革」を撃つ』（教育と国家Ⅰ）緑風出版，1987年。
鎌倉孝夫『自由と統制』（教育と国家Ⅱ）緑風出版，1988年。
A.ギデンズ／秋吉美都・安藤太郎・筒井淳也訳『モダニティと自己アイデンティティ——後期近代における自己と社会』ハーベスト社，2005年。

木村涼子「フェミニズムと教育における公と私」『教育学研究』第67巻第3号，日本教育学会，2000年。
黒沢惟昭『市民社会と生涯学習——自分史のなかに「教育」を読む』増補版，明石書店，2002年。
黒沢惟昭『生涯学習の磁場——現代市民社会と教育学の構想』社会評論社，2011年。
斉藤日出治『国家を超える市民社会』現代企画室，1998年。
斉藤日出治『空間批判と対抗社会』現代企画社，2003年。
生涯学習・社会教育行政研究会編集『平成22年度版 生涯学習・社会教育行政必携』第一法規，2009年。
高橋満『NPOの公共性と生涯学習のガバナンス』東信堂，2009年。
G.デランティ／佐藤康行訳『グローバル時代のシティズンシップ』日本経済評論社，2004年。
日本社会教育学会編『教育法体系の改編と社会教育・生涯学習』（日本の社会教育第54集）東洋館出版社，2010年。
日本生涯教育学会編「法改正をめぐる生涯学習の新たな基盤整備」『日本生涯教育学会年報』第29号，2008年。
干川剛史『公共圏の社会学』法律文化社，2001年。
益川浩一『生涯学習・社会教育の理念と施策』大学教育出版，2005年。
R. Edwards, N. Miller, N. Small, A.Tait eds., *Making Policy Work* ,Supporting Lifelong Learning Vol.3.,Open University, Routledge Falmer, 2002.
P. A. Gouthro, *Active and Inclusive citizenship for women: democratic considerations for fostering lifelong education*, International Journal of Lifelong Education Vol.26, No.2, 2007.
Th.Jansen, N.Chioncel and H. Dekkers, *Social cohesion and integration: learning active citizenship*, British Journal of Sociology of Education Vol.27, No.2, 2006.
J. Mccormack, *Critical pedagogy, experiential learning and active citizenship: a Freirean perspective on tenant involvement in housing stock transfers*, International Journal of Lifelong Education Vol.27, No.1, 2008.
世論調査報告書平成20年5月調査『生涯学習に関する世論調査』内閣府大臣官房政府広報室，2008年。(http://www8.cao.go.jp/survey/h20/h20-gakushu/index.html, 2009/4/29)

第8章　地方自治体における生涯学習行政の展開

1　生涯学習によるまちづくり

　序章で触れたように，生涯学習は人間が生まれてから死ぬまでの学習の総体に関わっており，学校教育における学習も含まれている。しかし，地方自治体における生涯学習行政の多くはそうではなく，教育委員会の社会教育行政と密接な関連がある。社会教育行政は，同じ教育委員会にありながら学校教育行政と十分に連携できていない状況にある。近年，そうした行政のあり方に対して，生涯学習・社会教育行政を首長部局に移管させる動きも出てきた。

　地方自治体の生涯学習行政および生涯学習推進体制は，国家レベルの生涯学習政策の下位にありながら，独自の展開を見せている。それを象徴しているのは，臨時教育審議会第3次答申で掲げられた「生涯学習のまちづくり」である。同答申では次のように述べられている。

> 「生涯学習社会にふさわしい，本格的な学習基盤を形成し，地域特性を生かした魅力ある，活力のある地域づくりを進める必要がある。このため，各人の自発的な意思により，自己に適した手段・方法を自らの責任で選択するという生涯学習の基本を踏まえつつ，地方が主体性を発揮しながら，まち全体で生涯学習に取り組む体制を全国整備していく」。

　これを基に，1988年から1999年まで，生涯学習に取り組む市町村の特色あ

る事業について，国の補助金を交付する「生涯学習モデル市町村事業」が実施された。

　もう1つは，各市町村において「生涯学習のまち」のような名称を使っている「生涯学習都市宣言」である。これは当該自治体が生涯学習の振興に力を入れていることを内外に宣言することで，生涯学習関連施策のための予算を取り，自らの自治体の文化的・経済的価値を上げ，その存在をアピールしようとするものである。日本の生涯学習都市宣言が狙っているのは，教育行政だけにとどまらず文化行政や商工行政を巻き込んだ地域経済振興策である。「生涯学習都市宣言」をしている自治体に地方の農村が多いのは，第1次産業が衰退した後の地域経済をどのようにして立て直すのかという課題に答えるためでもあった。それがどれだけの解決策になりえてきたかについての検証も必要になってこよう。生涯学習都市宣言をしている自治体は，2003～2004年の172市町村をピークに減少傾向にあり，2008年は87市町村であった。それは一方で「平成の大合併」で市町村の数が減ったこともあるが，他方で「宣言」をしてみても，それに見合った経済効果がなかったことによる。生涯学習による地域経済振興の成功事例と失敗事例を比較検討することも生涯学習行政をめぐる研究課題の一つとなろう。

　生涯学習都市宣言で成功したと言われる象徴的な事例の一つが静岡県掛川市である。1977年から7期28年にわたって同市長を務めた榛村純一は，次のように「生涯学習によるまちづくり」によって村・都市の格を上げると言っている。

　　「今こそ人間の人格にあたる村の特性・誇りを表す『村格』，都市の特性・誇りを表す『都市格』を磨く方向に乗り出さなければならない。それが生涯学習まちづくりの目標であり，都市にはその求道的性格が必要である」（榛村 2009：はじめに）。

一方，大阪府で唯一「生涯学習都市宣言」をしている茨木市には，次のよう宣言文がある。

> わたくしたちは　生きています　みどりと歴史に恵まれた茨木の地に
> 生きているかぎり　わたくしたちは　学びつづけます
> 自分自身の可能性と　善さを　見い出すために
> 宇宙の星ほし　世界の友達と　手をとりあって
> 愛と　叡知と　真実にあふれ　文化のかおり高いこのまちで
> 茨木市民の願いを活かし　人間としての尊厳を思い
> 生涯学習の場と機会をささえるために
> 茨木市は　市制施行50周年にあたり　生涯学習都市とすることを宣言します
>
> 　　　　　　　　　　　　　　　　　　平成10年（1998年）11月3日茨木市

茨木市には，全国に誇ることのできる図書館と生涯学習センター（きらめき）がある。しかし，この宣言の言わんとしていることは市民の「生涯学習の場と機会をささえる」ことであり，きわめて抽象的な内容である。他の自治体の宣言文と比較してみるのもよいであろう。

2　生涯学習推進計画の策定

第7章で見た「生涯学習振興整備法」（略称）では，「生涯学習」についての定義はなされていない。しかし，多くの都道府県や市町村では，「生涯学習推進計画」が策定されている。そこに，各地方自治体が「生涯学習」をどのように定義されているかを見ることができる。読者の皆様には，現在住んでいる市や町の生涯学習推進計画に目を通してみることをお勧めしたい。それによって，その地方自治体が生涯学習をどのようにとらえているかがわかる。

例えば，1992年に出された大阪市の生涯学習推進計画では，「生涯学習」が次のように定義されている。

「生涯学習とは，基本的人権，自由，民主主義，ノーマライゼーション等

の人間尊重の考え方を基礎として，一人ひとりが人生のあらゆる段階や場面において，できるだけの自己実現をめざし，自分に適した手段・方法を選んで，自ら進んで行う自己教育活動であるとともに，学習者がその成果を社会に広げ，よりよい社会への変革を担っていくことができるための学習のことである」（大阪市 1992:3）。

　この定義には，人々が生涯学習によって自己実現をめざしつつ，学んだ成果を社会に還元して変革していくという2つの方向性が示されている。この定義を考案したのは，大阪市社会教育主事会のメンバーであるが，本書の第4章で見た，ジェルピが1987年6月に大阪市を訪れて講演した成果が反映されているのである。

　2006年に公表された第2次生涯学習推進計画では，「生涯学習」を次のようにとらえている。

「本計画においては，『まなび』と『行動』が循環し，学習とさまざまなまちづくりの取り組みとが密接に結びつき広がりつつある状況をふまえて，これまでの考え方に加え，『市民一人ひとりが，身近な問題について主体的に考え，ともに解決に当たるという，自律し連帯する能力である『市民力』を獲得するための学習』とします」（大阪市 2006:3）。

では市民力とは何か，同計画では次のように述べられている。

「(3)『市民力』の向上と生涯学習
・地域社会においてこれまでは，ともすれば行政課題として取り組まれることが多かった高齢者福祉，子育て，防犯，環境，まちづくりなどについて，市民が主体となり課題の解決に当たろうとする動きが，近年，各地で起こりつつあります。

・これは，地域社会でできること，また地域社会が担うことが何よりも課題解決に対して有効であるということから，市民が主体的に参画するしくみをつくり，いきいきと暮らしやすい地域社会，『持続可能なまちづくり』を進めることをめざした動きといえます。

・近年，施設や道路などの有形の社会資本ではなく，人々の間の『信頼』『つきあい』『社会参加』などの社会的ネットワークと相互支援・協力など，無形の社会的資産・社会関係資本（「ソーシャル・キャピタル」）が豊かになると，地域社会におけるボランティア活動やまちづくりへの参加率が高まり，反対に犯罪の発生率が低下するなどの変化をもたらすことが，内閣府の調査でも明らかになっています。（内閣府国民生活局編『ソーシャル・キャピタル』2003年）。そして，人々が生涯学習を通して，出会い協力し『教育コミュニティ』づくりを推進することは，この『ソーシャル・キャピタル』を高めるために大きな役割を果たしています」（大阪市 2006: 9）（図8-1，次頁）。

ここでソーシャル・キャピタル，すなわち社会関係資本と生涯学習の関係について言及されていることは興味深い。前計画（1992年）も格調高い内容であったが，今次計画もよく学習して作られた形跡が窺える。同計画では大阪市の小学校区での「教育コミュニティ」にも言及しており，現在「はぐくみネット」が稼働している（図8-2，137頁）。

3　首長部局施策との関連性

一般に生涯学習行政は，都道府県レベルや市町村レベルでも教育委員会によって担われている。国レベルで文部科学省が生涯学習政策局をもち，そこで生涯学習政策の多くを打ち出しているのだから，その方がタテの行政系統からしてもわかりやすい。しかし，自治体によっては，生涯学習行政を首長部局で担っているところもある。

第3部　日本における生涯学習政策の展開

図8-1　ソーシャル・キャピタルと社会的成果の関係（概念図）

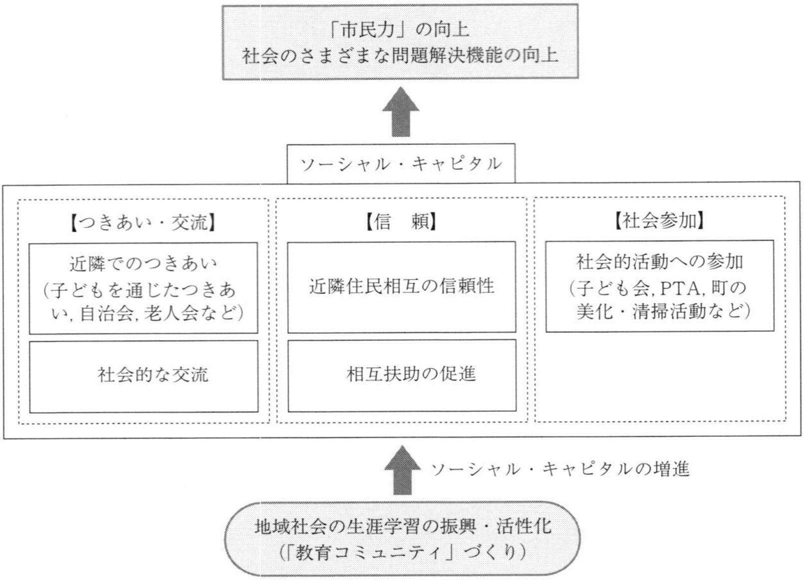

```
           ┌─────────────────────────┐
           │    「市民力」の向上      │
           │ 社会のさまざまな問題解決機能の向上 │
           └─────────────────────────┘
                      ↑
              ソーシャル・キャピタル
  ┌─────────────┬─────────────┬─────────────┐
  │【つきあい・交流】│  【信　頼】  │ 【社会参加】 │
  │ 近隣でのつきあい │近隣住民相互の│社会的活動への参加│
  │(子どもを通じたつきあ│ 信頼性      │(子ども会, PTA, 町の│
  │い,自治会,老人会など)│             │ 美化・清掃活動など)│
  │                 │              │              │
  │  社会的な交流    │ 相互扶助の促進│              │
  └─────────────┴─────────────┴─────────────┘
                      ↑  ソーシャル・キャピタルの増進
           ┌─────────────────────────┐
           │ 地域社会の生涯学習の振興・活性化 │
           │ （「教育コミュニティ」づくり）   │
           └─────────────────────────┘
```

出所：大阪市『生涯学習大阪計画』2006-2015, 9頁。

　例えば，大阪府では知事部局の府民文化部都市魅力創造局文化課が「文化・生涯学習」を担い，教育委員会市町村教育室地域教育振興課がその補完業務を行っている。

　生涯学習行政を教育委員会から首長部局に移動させた例として，島根県出雲市が挙げられる。出雲市では，2001年に，教育委員会の事務のうち，芸術文化（文化財を含む），スポーツ，生涯学習の一部を，地方自治法第180条の7の補助執行規定によって市長部局に移管した。また，2005年に出雲市生涯学習委員条例」を制定し，「すべての市民が，あらゆる機会とあらゆる場所を利用して自ら実際生活に即する文化的教養を高め得るような環境の醸成に努力するとともに，生涯学習の振興に資することを目的と」して，2006年4月から15名以内の生涯学習委員を置いている。現在，同市の生涯学習事業は，出雲

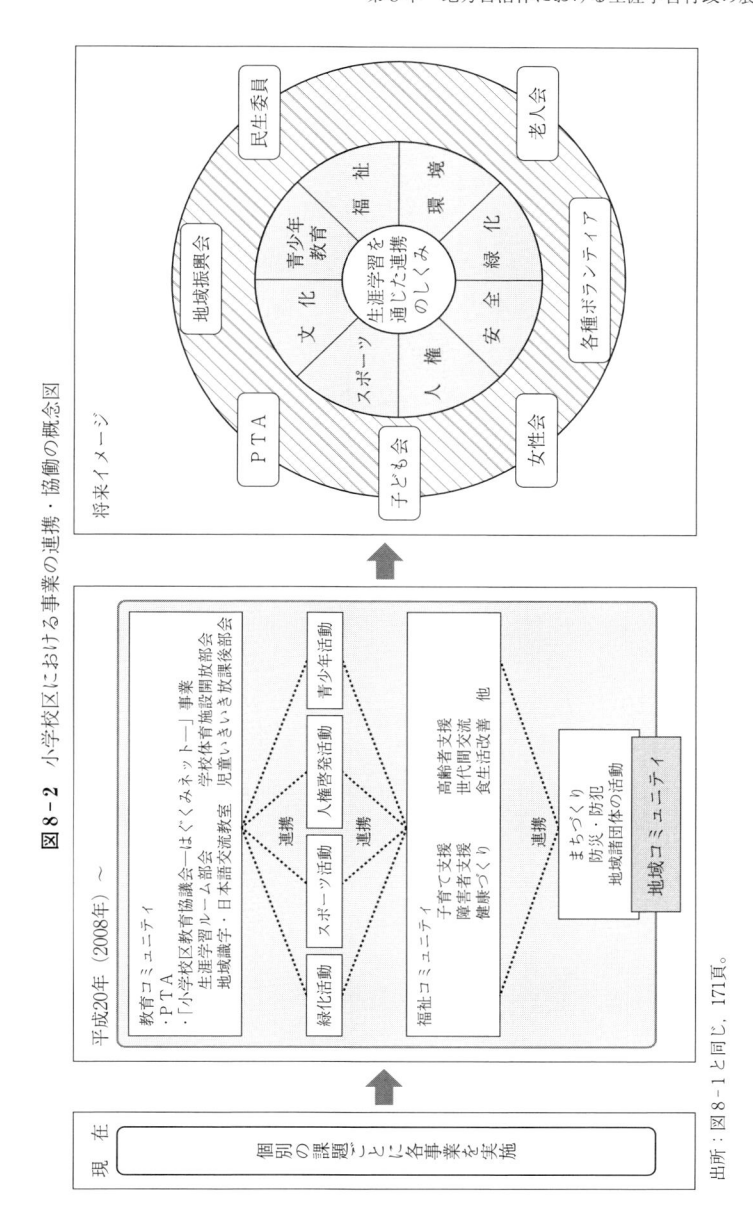

第 8 章　地方自治体における生涯学習行政の展開

図 8-2　小学校区における事業の連携・協働の概念図

出所：図 8-1 と同じ、171 頁。

市文化環境部市民活動支援課生涯学習係が担当している。

　生涯学習・社会教育行政を教育委員会から首長部局に移管させる法的裏づけとして，上記の地方自治法第180条7による「事務の委任・補助執行等」は，次のように規定されている。(条文を読みやすくするため一部を省略・改変して引用している)。

　　「地方公共団体の委員会又は委員は，その権限に属する事務の一部を地方公共団体の長と協議して，地方公共団体の補助機関である職員もしくは地方事務所，保健所その他の行政機関の長に委任し，もしくは地方公共団体の長の補助機関である職員もしくは行政機関に属する職員をして補助執行させ，または専門委員に委託して必要な事項を調査させることができる」。

　兵庫県西宮市では，生涯学習に関わる部署が市長部局と教育委員会の双方に置かれている。前者は，総合企画局の文化まちづくり部に「大学・生涯学習推進グループ」があり，後者は，社会教育部の中に，「社会教育グループ」「人権教育推進グループ」「中央公民館」「中央図書館」「北口図書館」が置かれている。生涯学習に関わる部署が分岐状態になっている。

　2007年には「地方教育行政の組織及び運営に関する法律」第24条2（職務権限の特例）が次のように改正された。

　　「地方公共団体は，条例の定めるところにより，当該地方公共団体の長が，次の事項に掲げる教育に関する事項のいずれか又はすべてを管理し，及び執行することができる。
　　第1号　スポーツに関すること（学校における体育に関することを除く。）
　　第2号　文化に関すること（文化財の保護に関することを除く。）」。

一方，2009年には構造改革特別区域法が改正され，社会教育施設の管理・整備に関する権限を首長に移譲する特区が創設されることになった。これによって，スポーツや文化については自治体ごとの条例によって，全部もしくは一部を市長部局が執行できることになった。今後，教育委員会の社会教育行政が関わっていた文化やスポーツが市長部局に移管されることは大いにありうるであろう。その例として，大阪府吹田市では，2011年10月に教育委員会地域教育部の管轄にあった文化会館と文化振興係が市長部局の市民文化部へ，青少年室が市長部局の児童部に移管されることが決定された。

ところが，こうした生涯学習行政の市長部局への移管がつねにうまくいくとは限らない事例も見受けられる。愛知県豊田市では，生涯学習行政が教育委員会と市長部局の間を右往左往している。1980年に市長部局として社会部が新設された頃から文化振興課とスポーツ課は社会部に置かれていた。そして，2000年度以前の豊田市では，「生涯学習に係る企画，計画及び施策の総合調整」に関する分掌事務が，社会部の自治振興課によって補助執行されていた。他方で，教育委員会に社会教育課が置かれ，「生涯学習」と「社会教育」が別々の部局によって所掌されていた（佐藤 2009）。2001年度から，生涯学習課を教育委員会に移管したが，市町村合併を経て，2005年度から生涯学習課そのものが社会部へ移管され，公民館は交流館として，コミュニティ政策を担う拠点施設として位置づけ直されることになった（李 2006）。一方，岡山市では2010年に，公民館を教育委員会から市長部局である安心・安全ネットワークに移管したいという意向が出されたが，職員と住民運動の協働によって押し返され，移管は阻止されている。

生涯学習・社会教育行政を首長部局に移管することの利点は，首長の権限が直接及ぶことによって，教育委員会にある以上に，広範な事業に予算をつけることができること，行政の縦割りを打破することへの期待が高まることである。逆に，生涯学習・社会教育行政を首長部局に移管することの弱点は，従来以上に，学校教育行政との連携がやりにくくなる。さらに，首長が独断

的なリーダーシップを発揮する場合，一般行政から自立している教育行政の政治的中立性が侵害される危険性があることである。このような双方の利点と欠点をどう考量していくかが，地方自治体の生涯学習行政には問われているのである。

4 生涯学習行政のパラドックス

地方自治体の行政が人々の生涯学習を振興するというのは，どういう意味を持つのか。それは，行政が用意した生涯学習の機会を利用して学んだ市民がおとなしく行政の意向に沿うことを意味しない。そうした生涯学習の機会を利用して学んだ市民が知恵をつけて，自ら住んでいる市の行政に対して疑問を持ち，批判の主体として行政に対峙するという可能性を有するからである。つまり，行政の想定する「おとなしい」学習者ばかりではなく，行政が設定した枠を食い破る認識をもつ学習者も出てくるのである。そうしてみると，生涯学習行政と市民の関係は予定調和的ではない。「地球的に考え，地域で活動する」(think globally, act locally) 市民は，行政にとって手ごわい批判者・挑戦者になっていくであろう。市民の生涯学習を推進する行政職員にはそれだけの覚悟と度量の大きさがなければならないのである。そうした度量の大きさと覚悟が民主的な社会の構築にとって必要であるからである。

つまり，行政は一方で，市民に生涯学習の機会を提供しながら，他方で，そうした学習をした市民から自らの自治体の行政についての検証と批判を受けることを覚悟しなければならない。現代的課題に関する学習によって知恵を付けた市民が，再帰的（reflexive）にその市の行政のあり方について批判的に対峙していく可能性もあるからである。例えば，公民館等が開催する環境問題の講座を受けて，受講者が自分の住んでいる地域のゴミ処理施設は大丈夫か，ダイオキシンに汚染されていないか，と考えはじめたとしてもなんら不思議でない。行政が生涯学習を振興した結果，住民が賢くなり，行政の不

備を批判する意識を身につけたとしても不思議ではない。住民たちが環境問題，人権問題等の現代的課題に即して自分の生活している地域社会を点検し始めたとき，生涯学習行政は一つの正念場を迎えるのである。こうした学習を通じて覚醒した住民たちは行政にとっては手強い存在になろう。しかし，同時にそうした住民から行政に批判的な声を聴くことで，行政のあり方を考え直すフィードバックの機会にもなりうる。行政が公費を使って現代的課題に関する学習機会を提供することは，そうした「逆説」(paradox)を行政自身が引き受けることを意味する。それが今ある社会をより民主的な社会に向けて動かしていく力となるのである。

つまり，地方自治体において行政が生涯学習を振興するということには，行政にとっても住民にとってもしんどい真剣勝負の側面があるということである。そこでは，こうした現代的課題をめぐるスリリングな政治的な闘争が惹起されることさえあるかもしれないのである。

5　コミュニティ教育施策との関連性

(1)「第4の領域」の提案

日本においても1990年代後半に新しいコミュニティ像の提案がなされた。それは，従来の地縁・血縁中心の地域からの離脱化を意味する。後期近代におけるアソシエーションとしてのコミュニティ像の提案，すなわちアメリカ型コミュニティの提案である。1996年の中央教育審議会第1次答申では，次のように，家庭——学校——地域に付加される「第4の領域」が育成される必要性が以下のように提案された（図8-3参照，次頁）。

　　「これからの地域社会における教育は，同じ目的や興味・関心に応じて，大人たちを結びつけ，そうした活動の中で，子供たちを育てていくという，従来の学校，家庭，地縁的な地域社会とは違う『第4の領域』とも

第3部　日本における生涯学習政策の展開

図8-3　第4の領域の提案

```
　　家　庭 ───────────── 学　校
　　　　　＼　　　　　／
　　　　　　＼　　　／
　　　　　　　＼　／
　　　　　　　／＼
　　　　　　／　　＼
　　　　　／　　　　＼
　　地　域 ───────────── 第4の領域
伝統的な地縁・血縁的　　　同じ目的・興味・関心を
コミュニティ　　　　　　　もった人々のコミュニティ
```

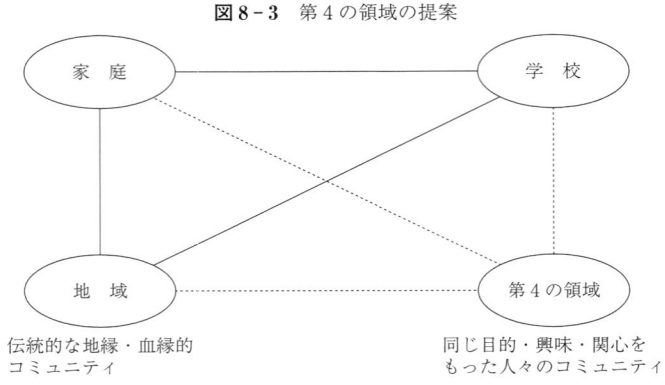

出所：筆者作成。

　言うべきものを育成していくことを提唱したい。…（中略）…行政としては目的指向的な様々な団体・サークルの育成や，日常生活圏を離れた広域的な活動の場や機会の充実，効果的な情報提供活動，民間教育事業者との連携を通じて，『第4の領域』の育成に積極的に取り組んでいってほしい」。

　これまでややもすると同質的な人間関係を強いる傾向のあった伝統的な地縁・血縁的な地域社会に代えて，同じ目的や興味・関心をもった人同士の集まりとして地域社会をとらえている。それは，自分の価値観に合った他者と意識的につながっていくアメリカ型の地域社会を想起させる。アメリカには日本のように隣組も回覧板もない。必ずしも「地域の人はみんな仲良し」ではない「異文化としての他者」から構成される，アメリカ型の地域社会像が提案されている。地縁的な結びつきによるものだけでなく，同じ目的や興味・関心に応じて結びつき，子どもたちを育てる教育の場を積極的に育成しようとしている。

　ここには，ある特定の時間や場所への主観的な思い入れを，より広い文脈に照らして相対化していく心的機制が働いている。それは，インターネット

上を含む複数のコミュニケーション・コミュニティに所属していく人々による多面的・重層的なアイデンティティ形成と同時並行的に進行していく。

(2) 新たなコミュニティの形成に向けて

　ここではデランティによる「コミュニタリアン批判」が想起される。それは特定の空間と結びついた伝統的コミュニティ概念からの離脱を意味する。共同体主義＝コミュニタリアニズムは，とかくコミュニティ内部の同質性を前提としがちであるし，コミュニティ内部の構成員間の対立・葛藤という視点も希薄である。そこでデランティは，新たなコミュニティ像を提案する。

> 「コミュニティは静的な概念ではなく，それを達成する中で定義されるものである」（デランティ　2006：171）。
> 「抗争を通してコミュニティを形成していくということもあり得る」（デランティ　2006：179）。

　さらに，デランティは，多文化主義批判を通した批判的多文化主義の提案も行っている。これまでの多文化主義では，エスニック集団内の同質性が前提となっていたからである。

> 「批判的多文化主義モデルは，集団のための集合的権利と個人的権利の抗争，すなわち，個人がエスニック集団に異議申し立てを行う権利を強調している」（デランティ　2006：145）。

　ここでは多文化主義に後期近代の特質である「個人化」が導入されていることがわかる。彼は，コスモポリタン・コミュニティという発想に基づく構築主義的なコミュニティの解釈を行う。そして，ネット上のヴァーチャル・コミュニティも含む「コミュニケーション・コミュニティ」をも提案する。
　このように，デランティは，後期近代社会におけるコミュニティ概念を精

緻化しようとしている。しかしここで，共同体主義者（コミュニタリアン）が依拠する地縁・血縁的な地域を全面的に否定してしまってよいものであろうか。1995年の阪神・淡路大震災の時でも，2011年の東日本大震災の時でも，震災後の復興に地縁・血縁的な地域が力を発揮したことは銘記されるべきであろう。問題は，地縁・血縁的な地域v.s.第4の領域という二者択一ではない。双方をどのような形で組み合わせていくかが，私たちが住んでいる空間，地域を考察する研究課題であろう。後期近代社会では，アソシエーションとしての地域，すなわち第4の領域が拡がっていくが，そこで期待されているように，自ら同じ興味・関心に基づいて積極的に人間関係を築いていけない人々も存在している。そうした人々にとって，local communityとしての地縁社会は，「無縁社会」による孤独死を防止しうるセーフティネットとして機能しうる可能性を有しているのではないだろうか。

（3）社会教育関連会議の再検討の必要性

ところで，各地方自治体には社会教育委員会議がある。これは，図書館協議会や博物館協議会や公民館運営審議会の上位に位置づく。しかし，実態として，ほとんどの自治体では，これら3つの会議と社会教育委員会議の間の連携はなされていない。ここで合計4つの会議の間で議論されている情報を交換するような措置を講じる必要があろう。また，そうした会議で何が議論されているか，ほんとうに意味のある会議になっているかどうか確認するために市民は傍聴する必要もあろう。毎回の会議で，決まった委員しか発言していないのではないか，場合によっては各委員の討議能力されもが問われてくるかもしれない。実質的な議論ができていないのであれば，税金の無駄遣いであるという市民オンブズ・パーソンからの批判を被ることになるかもしれない。自治体によっては，図書館協議会，博物館協議会，公民館運営審議会のない自治体もある。それらの会議で意味のある議論をやれていないことで，緊縮財政のあおりを受けて廃止されたケースもある。したがって，こう

した会議の委員の力量を培う研修が用意される必要があろう。筆者が社会教育委員として関わっている兵庫県の自治体には，そうした研修が複数の市町による地区——県と計画的に用意されており，委員はそうした研修の場において自治体の社会教育の委員としての力量を培うことができる。そうした機会がなく委員をただ任命したあとで放任しているのであれば，これからの時代，地方自治体における上記の社会教育関連の会議の存続も予断を許さない状況になるのではないだろうか。

6　ヨーロッパにおける学習都市のイメージ

　最後に，日本の地方自治体における生涯学習推進体制と比較するためにヨーロッパにおける学習都市（Learning Cities），学習地域（Learning Regions），学習コミュニティ（Learning Communities）の構想について触れておきたい。それが日本の自治体における生涯学習振興の方策とどう異なるかを考える素材を提供してみよう。

　まず，これら3つの概念が，「学習社会」の諸形態として，第2章で見た「学習する組織」（learning organization）概念と分かちがたく結びついているのが興味深い。それは，次のように，都市全体や地域全体を「学習する組織」とみなしているのである。

>　「学習都市は，生涯学習への参加を拡大し，地域の再生を促進するために存在する。学習都市は，学習する組織よりも幅広い。それは実業界や産業，地方の教育，非政府組織（NGO），教会，地方の政治，健康，社会福祉その他を組み込んでいく。しかし，それは調整と地方のサポートを必要としている」（Editorial 2003：443）。
>
>　「学習都市，学習地域という概念は，政治的・経済的・社会的・財政的・環境的・文化的・教育的・技術的なものの特異な混合体であり，これら

のどれかを省くことは、その結果をより貧しくする。そのダイナミズムは、主導権を結び合わせた多様性から由来する。それはすなわち、生産上の新たなパートナーシップ、リーダーシップの開発、適切な情報とコミュニケーションの方法、祝祭、焦点化された調査研究、しっかりした教育的支援、すべての人のための継続的な改善戦略、学習の動機と所有といったものである。…（中略）…教育・訓練から生涯学習社会への変容は、複雑な要因からなる豊かな混淆を含んでいる。…（中略）…学習地域は、終わることなく発展する統一体であり、終わることのない進歩の中で、自らを常にモデルチェンジし鼓舞していく。学習が止まる時、発展も止まる」（Longworth 2006:20-21）。

「それは、地方や地域の行政当局が、学習する組織の原理を利用する人や実行する人だけでなく、学習都市自身が、その行政、施設、組織、市民——その社会関係資本と人的資本——を、個人や組織の自由に敬意を払う集団的な学習する組織へと巻き込んで、都市や地域が学習統一体（learning entity）として成長することに寄与するのに関わる巨大な学習する組織になることを示唆している」（Longworth 2006:43-44）。

ロングワース（N. Longworth）は、こうした学習都市についてのイメージを図式化して表している（図8-4）。

このような学習都市の構想に対する批判として次の4点がある。

・それは、個人を、教育サービスの消費者であることを含みつつ、労働者、生産者、消費者の役割に減じて、教育を公共財から私的商品にしてしまう。
・それは、責任を個人になすりつけることによって、学習が社会的に構成されていることを無視する。
・それは、学習の道具的・職業的目的を強調し、それ以外のものを排除

第 8 章　地方自治体における生涯学習行政の展開

図 8-4　学習都市のイメージ

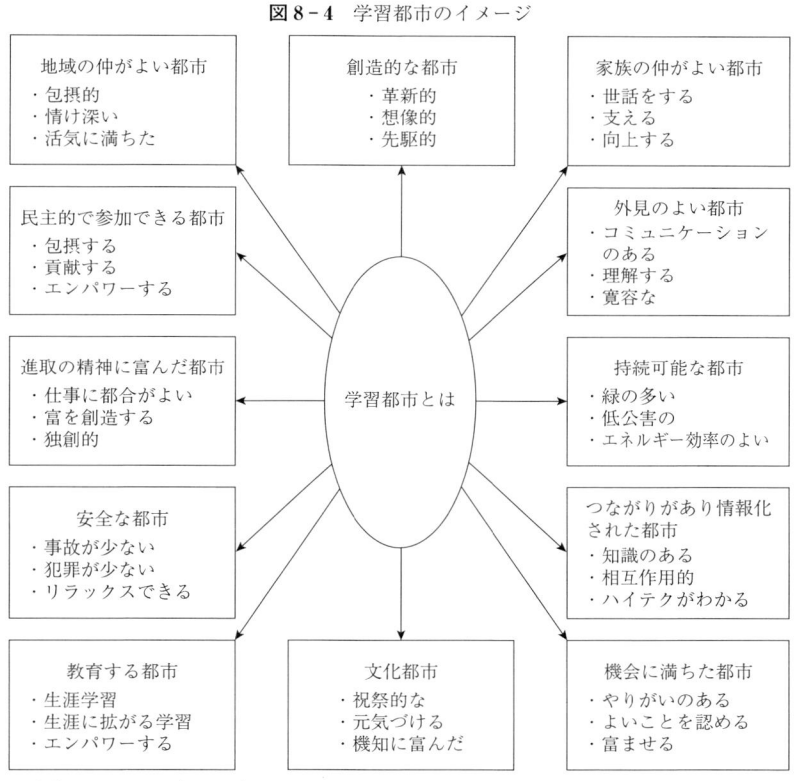

```
地域の仲がよい都市            創造的な都市            家族の仲がよい都市
・包摂的                     ・革新的                ・世話をする
・情け深い                   ・想像的                ・支える
・活気に満ちた               ・先駆的                ・向上する

民主的で参加できる都市                               外見のよい都市
・包摂する                                          ・コミュニケーション
・貢献する                                            のある
・エンパワーする                                    ・理解する
                                                   ・寛容な

進取の精神に富んだ都市                               持続可能な都市
・仕事に都合がよい          学習都市とは             ・緑の多い
・富を創造する                                      ・低公害の
・独創的                                            ・エネルギー効率のよい

安全な都市                                          つながりがあり情報化
・事故が少ない                                      された都市
・犯罪が少ない                                      ・知識のある
・リラックスできる                                  ・相互作用的
                                                   ・ハイテクがわかる

教育する都市                文化都市                機会に満ちた都市
・生涯学習                  ・祝祭的な              ・やりがいのある
・生涯に拡がる学習          ・元気づける            ・よいことを認める
・エンパワーする            ・機知に富んだ          ・富ませる
```

出所：Longworth (2006:43)。

する。
・それは，まず目に見える早い見返りを示すことのできる学習活動に報酬を与える。

これらの批判のいくつかは，社会関係資本と人的資本を搾取的に解釈することへの反対である。それは，人々やコミュニティを，企業や政府によって操作される商品として描いている (Longworth 2006:25-26)。

このように，日本の地方自治体において，生涯学習行政は教育委員会の社会教育行政を中心として推進されているのに対して，ヨーロッパの生涯学習都市では，生涯学習関連事業が総合行政的に取り組まれていることが窺える。今後，日本においても，教育委員会より広い総合行政の観点から，地方自治体における人々の生涯学習の振興が取り組まれてもよいのではないだろうか。しかし同時に，そこでは総合行政の社会統制機能が行き過ぎる危険性についても留意すべきであろう。日本でも地方自治体の総合行政の中で，生涯学習がどのように推進されつつあるか，社会教育行政のそれとの比較の中で，今後ともフィールドワークに基づく実態調査と検討がなされる必要があろう。

参考文献
相庭和彦『生涯学習から地域教育改革へ』明石書店，1999年。
石井山竜平「地方分権下における社会教育施設・職員制度」日本社会教育学会編『現代教育改革と社会教育』（日本の社会教育第48集），東洋館出版社，2004年。
大阪市生涯学習推進会議編集・発行『生涯学習大阪計画　人間尊重の生涯学習都市――大阪をめざして』1992年。
大阪市生涯学習推進会議編集・発行『生涯学習大阪計画　人間尊重の生涯学習都市――自律と協働の生涯学習社会をめざして　2006-2015』2006年。
大桃敏行・背戸博史編著『生涯学習　多様化する自治体施策』東洋館出版社，2010年。
岡東壽隆『地域における生涯学習の支援システム――地域教育経営の理論と実践』東洋館出版社，1997年。
国生寿『地域社会教育と生涯学習』渓水社，1999年。
佐藤智子「中核市における教育行政組織機構の再編と公民館の位置づけ――愛知県豊田市を事例として」『東京大学大学院教育学研究科紀要』第49巻，2009年。
榛村純一『生涯学習まちづくりは村格・都市格へ』清文社，2009年。
末本誠・松田武雄編著『生涯学習と地域社会教育』新版，春風社，2010年。
すぎなみ大人塾だがしや楽校編集委員会編『「縁育て」の楽校――みんなが輝く生涯学習実践記』日本地域社会研究所，2010年。
瀬沼克彰『人気を呼ぶ協創，協働の生涯学習――住民と行政を連携する共生プロジェクト』日本地域社会研究所，2008年。

高岡信也『資料で読む転換期の生涯学習──「分権」時代を担う研究者教育長のまちづくり戦略』北大路書房，2002年．

G. デランティ／山之内靖・伊藤茂訳『コミュニティ──グローバル化と社会理論の変容』NTT 出版，2006年．

日本社会教育学会編『自治体改革と社会教育ガバナンス』（日本の社会教育第53集），東洋館出版社，2009年．

野村佐和子『市町村における生涯学習援助システムの研究──構造と行動の関係解明』風間書房，1996年．

真壁静生『韮崎の生涯学習　心の３・３方式──情操豊かな人づくり15年の知恵』第一法規，1995年．

益川浩一「日本における生涯学習推進施策の展開と地方の教育改革にみる社会教育・生涯学習行政の再編──社会教育・生涯学習の首長部局移管問題を中心に」『日本学習社会学会年報』第２号，2006年．

益川浩一「地方自治体における地方自治法『委任』規定による社会教育・生涯学習行政の首長部局移管に関する一考察」『学習社会研究』第１号，日本学習社会学会，学事出版，2010年．

松井一麿編著『地方教育行政の研究』多賀出版，1997年．

松田武雄「社会教育施設の一般行政への移行と行政組織の再編成に関する考察─北九州市における市民福祉センター設置と公民館二枚看板化の事例を通して─」日本社会教育学会編『社会教育関連法制の現代的検討』日本の社会教育第47集，東洋館出版社，2003年．

R.M. マッキーヴァー／中久郎・松本通晴監訳『コミュニティ』［復刻版］ミネルヴァ書房，2009年．

李正連「日本の生涯学習政策の現状と課題」名古屋大学大学院教育発達科学研究科附属生涯学習・キャリア教育センター『生涯学習・キャリア教育研究』第２号，2006年．

A. リトル／福士正博訳『コミュニティの政治学』日本経済評論社，2010年．

Editorial: *glocalization and the learning city*, International Journal of Lifelong Education vol.22, No.5, 2003.

N. Longworth, Learning Cities, *Learning Regions, Learning Communities: lifelong learning and local government*, Routlegde, 2006.

N. Longworth, Michael Osborne eds., *Perspectives on Learning Cities and Regions: Policy, Practice and Participation*, National Institute of Adult Continuing Education, 2010.

第9章　学校教育改革の動向

1　生涯学力の提案

　学校教育は私たちの生涯学習の根幹に位置づく。私たちが各自の生涯学習を進めていくうえで，基礎・基本の知識と学び方を学ぶ重要な時空間，それが学校教育である。2006年12月の教育基本法改正に伴い，2007年には学校教育法の改正が行われた。同法第30条2項には次のような記述がある。

> 「前項の場合において，生涯にわたり学習する基盤が培われるよう，基礎的な知識及び技能を習得させるとともに，これらを活用して課題を解決するために必要な思考力，判断力，表現力その他の能力をはぐくみ，主体的に学習に取り組む態度を養うことに，特に意を用いなければならない」。

　ここで注目すべきことは，法律で生涯にわたり学習する基盤が培われるように，学校で基礎的な知識及び技能，思考力，判断力，表現力などの能力，主体的に学習に取り組む態度を養うことが規定されたことである。
　すでに私たちは，本書の第2章において，PISA学力調査の実施によって，国際的な学力観が提示されていることを見たが，日本の学校教育においても学力観が変容しつつあることは重要である。前田耕司は，これからの時代において，学力は学校の中だけで通用するのではなく，生涯にわたって通用する「生涯学力」でなければならないという観点から，これを次のように定義

している。

　「狭義の学校学力と異なり（その一部は含まれるが），生涯にわたって自己
　　もしくは地域の学習課題に取り組んでいく意欲および自己学習に向かう
　　力」（前田耕司 2011：1）。

　子どもたちが生涯にわたって学んでいけるように，基礎・基本と自ら学ぶ
力の育成を中軸として，子どもたちの学力の裾野を広げていくことが必要で
あるように思われる。今や学校は「生涯学習者」を育成していかなければな
らないのである。
　こうした動向に関連する文部科学省の動きとして，2003年10月7日付の中
央教育審議会答申『初等中等教育における当面の教育課程及び指導の充実・
改善方策について』において，「確かな学力」という概念が打ち出されている。
これは1996年の中央教育審議会第1次答申で打ち出された「生きる力」の考
え方を踏襲しつつ，その知的側面である「確かな学力」を次のように論じて
いる。

　「子どもたちに求められる学力としての［確かな学力］とは，知識や技能
　　はもちろんのこと，これに加えて，学ぶ意欲や，自分で課題を見付け，
　　自ら学び，主体的に判断し，行動し，よりよく問題を解決する資質や能
　　力等まで含めたものであり，これを個性を生かす教育の中ではぐくむこ
　　とが肝要である」。

同答申では，これまでの学力論議に対する批判を次のように行っている。

　「昨今の学力低下に関する論議は，学力を単に知識の量としてとらえる
　　立場，あるいは思考力，判断力，表現力や学ぶ意欲などまでも含めて総

第3部　日本における生涯学習政策の展開

図9-1　文部科学省全国学力・学習状況調査（全国学力テスト、2009年4月21日実施分）①

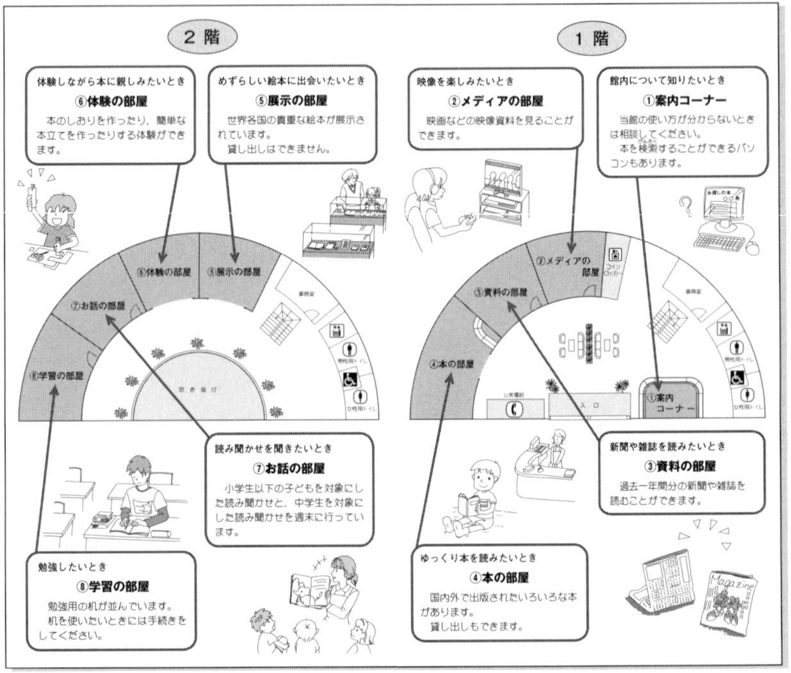

出所：国立教育政策研究所『平成21年度全国学力・学習状況調査【中学校】報告書』（http://www.nier.go.jp/09chousakekkahoukoku/、2011年9月30日アクセス）。

第9章　学校教育改革の動向

図9-2　文部科学省全国学力・学習状況調査（全国学力テスト、2009年4月21日実施分）②

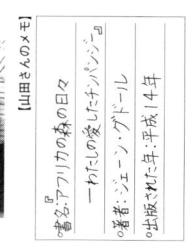

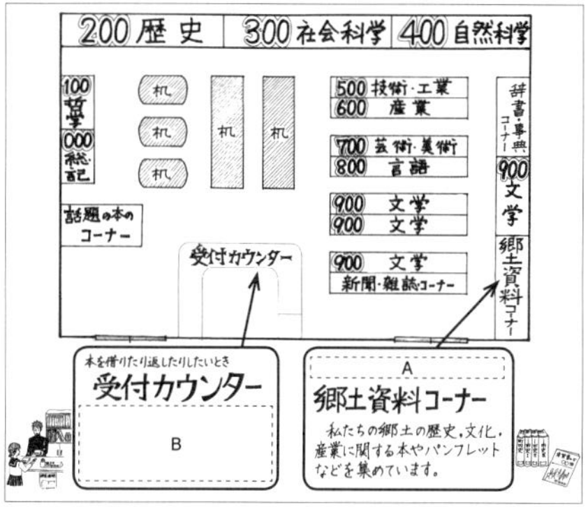

出所：図9-1と同じ。

合的にとらえる立場など，学力をどのようにとらえるかの立場の違いにより議論がかみあっていないと思われる場合もある」。

そこで「確かな学力」の総合的な状況の把握の必要性があるとして，全国規模の調査を行い，ペーパーテストだけにとどまらない多様な調査方法を考えようとしている。

「『確かな学力』の総合的な状況を把握するために，単に知識や技能についてその量などを問うのみではなく，ペーパーテストでは従来，評価しにくいとされている思考力，判断力，表現力や学ぶ意欲などの状況の把握，評価や，教員の指導内容・指導法等に関する調査等に一層積極的に取り組むことが必要である」。

これを受けて，学力の国際化に対応するために，2007年度から小学校6年生と中学校3年生対象に国語と算数・数学について全国一斉学力テストが実施されることになった。このテストは，A問題とB問題から構成されており，前者は知識力を問う問題，後者は知識活用力を問う問題である。PISA型学力はB問題に近い。ここで，2009年の中学校国語Bの問題をご覧いただきたい（図9-1～2）。この問題は，子どもたちの学校外における図書館利用についての出題である。これも普段から図書館を利用している子どもの方が有利であろう。このように，学校でのフォーマルな学習によって得られた知識よりも，学校外でのインフォーマルな学びを通して得られた知識の活用が重要になっていることがわかる。

2 総合的な学習の時間の活用

21世紀の日本社会において，改めて学力をこれまでよりも幅広い文脈で考

えていく必要があろう。子どもたちにとって必要な学力とは何かを問うことは，1980年代に，業者テストが行うテストの偏差値だけで，子どもたちの高校の進学先が決まっていくあり方を問題にしたことから「新しい学力」が提起されたという原点を忘れてはならない。

　日本では「各教科」と同時に「総合的な学習の時間」を充実していく必要があろう。新しい学習指導要領では，この時間で扱う内容として，国際理解，情報，環境，福祉・健康の4領域が例示されている。これは，これまでのテストで試されてきた「学力」にとどまらない深さと広さを有する。これを教師がどのようにプロデュースしていくか，その企画・運営・教育力が問われている。

　第2章でふれたように，学力問題のグローバル化，すなわちOECDが実施するPISA学力調査の影響力が大きくなってきた。学力はもはや日本国内だけのドメスティックな問題にとどまらなくなってきた。こうした国際化していく学力への対応について一つの手がかりとしてメディア・リテラシーの育成が挙げられよう。これについて筆者は次のように論じたことがある。

　　「メディア・リテラシー教育の時間においても，教師は一定の暫定的な『結論』を持つべきである。それがないと，教室の授業はたんなる価値相対主義的な討論の時間に終始してしまうだろう。…（中略）…教室で，子どもたちとともにメディアを読み解く際に，教師は『政治的公正さ』の視点を堅持すべきものであると思われる。」（赤尾 2008:91-92）

　現代社会は，一定の「省察的学習者」（reflective learner）を必要としている。地球社会の問題ときり結んだ現代的課題に関する学習が必要とされている。「地球的に考え，地域で活動する」市民を育成するために，子どもたちの「総合的な学習の時間」から，本書の第7章で見た成人の「現代的課題」の学習への接続を図る。ここに，「生涯学力」「持続可能な社会に向けた学習」「市民

性教育」の三者が関わってくるのである。

　これらの現代的課題は成人学習の文脈で提起されているが，実はこれは2002年（高校では2003年）から実施されている小・中・高校での「総合的な学習の時間」にも密接に関わっている。その意味で，成人の現代的課題の学習は，子どもたちの「総合的な学習の時間」での学習の発展の上にある。

　総合的な学習の時間について，1998年12月に告示された『中学校学習指導要領』には次のような解説がある。

> 「総合的な学習の時間においては，次のようなねらいをもって指導を行うものとする。
> (1)　自ら課題を見付け，自ら学び，自ら考え，主体的に判断し，よりよく問題を解決する資質や能力を育てること。
> (2)　学び方やものの考え方を身に付け，問題の解決や探究活動に主体的，創造的に取り組む態度を育て，自己の生き方を考えることができるようにすること」。

　そして，2008年に改訂された『中学校学習指導要領』では，総合的な学習の時間の目標を次のように掲げている。

> 「横断的・総合的な学習や探究的な学習を通して，自ら課題を見付け，自ら学び，自ら考え，主体的に判断し，よりよく問題を解決する資質や能力を育成するとともに，学び方やものの考え方を身に付け，問題の解決や探究活動に主体的・創造的，協同的に取り組む態度を育て，自己の生き方を考えることができるようにする」。

　さらに，次のように，学校だけでなく学校外の社会教育施設などを利用して学ぶことが提案されている。

「学校図書館の活用, 他の学校との連携, 公民館, 図書館, 博物館等の社会教育施設や社会教育関係団体等の各種団体との連携, 地域の教材や学習環境の積極的な活用などの工夫を行うこと」。

　これらは子どもたちが生涯学習の基盤を養い, 学びのすそ野を広げるのにきわめて有効な提案ではないだろうか。この時間には教科書はないので, 担当する教員のオリジナリティが問われる。取り扱う領域の例示として, 国際理解, 情報, 環境, 福祉・健康の4領域が挙がっているが, なにもこれらにとどまる必要はない。教員の工夫次第によっては, 先に見た現代的課題を総合的な学習の時間の内容にも適用できるはずである。その意味で, 総合的な学習の時間を企画・運営していく教師には「学びのプロデューサー」「学びのデザイナー」としての資質が求められる。常日頃こうした問題群について日本社会の情勢を把握するトレンドウォッチャー的, ジャーナリスティックなセンスが求められよう。総合的な学習の時間については, 特に中学校において, 学力低下批判を受けて, その時間を学校行事や修学旅行の時間にしたり, 受験対策の時間に転用したりと, 空洞化した現状が指摘された。これはまた, 教師が「市民」として生きていないことの表れでもあった。「教科の専門家としての教師」であると同時に「市民としての教師」が求められよう。さらに地方自治体の教育委員会においては, 総合的な学習の時間についての教師対象の研修をより充実化していく必要があろう。

　筆者としては, ユネスコで試みられている「持続可能な発展のための教育」(Education for Sustainable Development：ESD) の考え方が, 総合的な学習時間に応用可能であると考える。図9－3（次頁）のように, ESDのエッセンスは, ジェンダー教育, 平和教育, 人権教育, 環境教育, 福祉教育, 多文化共生教育, 開発教育というような多くの領域とクロスしている（永田 2010：108）。自らの学校において, これらの領域で何か教育可能であるかを教師同士で考え, 企画・実践していくことが期待されよう。

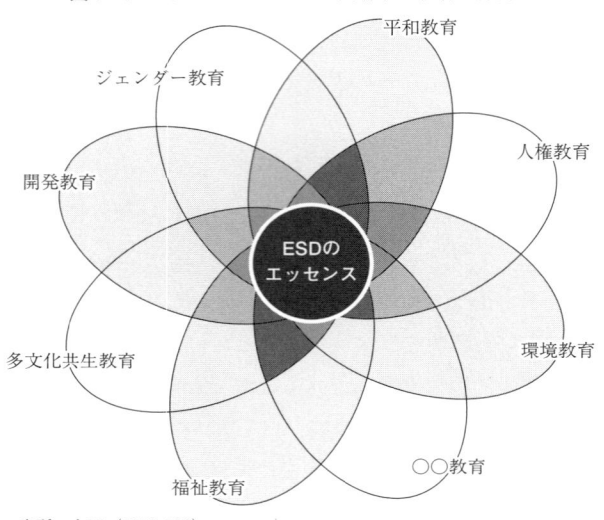

図 9-3 ESD のエッセンスを共有する教育の諸課題

平和教育
ジェンダー教育
人権教育
開発教育
ESDのエッセンス
環境教育
多文化共生教育
○○教育
福祉教育

出所：永田（2010:108）。

3　社会構成主義的学習理論の援用

　20世紀後半から認知心理学の領域において学習理論の革新がなされている。それは，大まかに言えば，行動主義（behaviorism），認知主義（cognitivism）を経て，構成主義（constructivism），さらに社会構成主義（social constructivism）に至る学習理論の進化である。行動主義に基づく学習とは，算数の計算ドリルや英単語や漢字の反復書き取り練習のように，学ぶ対象の意味を問わないもので，集中力や忍耐力のような形式陶冶に関わる学習である。ここでは，学習の過程でなぜそのようになるのかについての理由を問わずに，また学習による学習者の認知構造の変化を問うことなく，外発的動機づけあるいは内発的動機づけによってある特定の反応（答え）が反復練習によって強化されていく。スキナーは，内発的動機づけ（operant conditioning）理論によってプ

ログラム学習やコンピューターに支援された教育（CAI）の初歩を築いた。

　認知主義は，学習によって人間の認知構造にどのような変化が生じるかを明らかにしようとする。ここでは一人の人間が対象から学ぶことによって，認識の地図（coginitive map）がどのように変容したかを明らかにしようとする。ここでは，学ぶ人間は個体であり，学ぶ対象は教科書であれ人間であれ社会であれ固定化され客体化されている。人間の学びを情報処理になぞらえたのも認知主義に基づく学習理論であった。ここでは人工知能研究と関連して，学習過程における論理的推論が重視され，人間の学びが動物の学びとどう異なるかを明らかにしたのである。

　これらの2つの学習理論に対して，構成主義は，学習者が環境に主体的に働きかけ，問題を解決していくことによって知識を構成する過程を学習ととらえている。これは，学習者のいる状況や文脈に依存する学びであり，知識の正しさや客観性は相対的なものであるとされる。ただし，ここでは学習者の個人主義が前提とされていた。これをさらに発展させたのが社会構成主義である。これは，学習は一人の人間の内面に閉じられた行為ではなく，他者が必要であり，人間の学習は，学習が行われる社会的環境（共同体）との相互作用の中で構築されると考えられる。学ぶ主体である人間が一方的に客体から学ぶのではなく，逆に学ぶ対象からも影響を受けていると考えられる。コミュニケーションにおいて，学びの主体と客体は互いに影響を与え合い，双方の動きの相互的交渉の中から学習が生成されてくるという考え方である。そして，学びの主体と客体の間に働く再帰性の過程において，学習者の認識はより広くより深く変容していくのである。

　こうした社会構成主義的な学習理論に基づく教育実践が，今や子どもたちの学びのすそ野を広げることに貢献しつつある。例えば，最近話題に上っているように，アメリカでのサービス・ラーニングや日本でのボランティア活動や社会貢献活動に参加するような学びのスタイルは，これまでの教室の中での教育実践では得られない経験を子どもたちに与えている。これまでの学

習はともすれば学校内での教室での一斉授業による教科学習を中心に行われてきたが，総合的な学習の時間は，社会との具体的なつながりの中で学校での学びをより豊かにしていく可能性を有しているのである。

今日の学校教育改革で重要なことは，子どものたちの学びのすそ野を広げより豊かにしていくことである。学校でのフォーマルな学習を中心としながら，さらにその外側にノンフォーマル・インフォーマルな学びの場を，私たち大人がどれだけ用意してやれるかが問われている。PISA型学力が問うているのは，教室で先生から教科を通して教えられるフォーマルな学習によって培われる学力にとどまらず，直接的な社会体験，自然体験のようなインフォーマルな学びを通して得られる学力だからである。筆者としては，次のような学校における3種の学習から構成される「学びのすそ野モデル」を提案したい（図9-4）。

ただし，筆者はここで子どもたちのすべての学習が社会構成主義によって実践されるべきだとは考えていない。総合的な学習の時間のような新しい学びのスタイルをデザインする過程で，社会構成主義に基づく学習理論が，これまでの暗記中心の学校型学習の枠を大きく質的に転換させる可能性があると主張しているのである。したがって，筆者は「百ます計算」の実践を否定しない。漢字の書き取りや英単語の暗記，計算の仕方などについては，学校において一つ一つ意味を問う時間が十分あるわけではない。その意味では，ドリルや反復練習といった，行動主義的あるいは認知主義的な学習理論に親和的な実践をしなければならないことも，今の学校の現状を考えればやむをえないと考えられるのである。

兵庫県では，1998年度からすべての中学校2年生が，1週間，地域の職場に通って学ぶ「トライやる・ウィーク」という実践が始まっている。これは，ふだん，家庭と学校と塾の3点しか移動していない生徒たちに，学校以外の職場に自らを置くことで，様々な体験をしてもらい，そのインフォーマルな学びの中で自らを振り返る1週間である。その体験を作文にして教室で読み

図9-4 学びのすそ野モデル

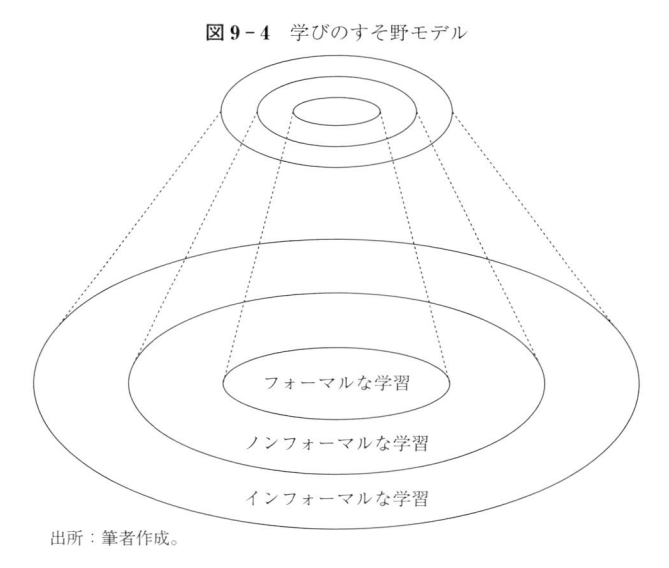

（図：同心円状に「フォーマルな学習」「ノンフォーマルな学習」「インフォーマルな学習」が描かれ、すそ野状に広がるモデル）

出所：筆者作成。

上げ，クラスメイトから意見をもらうことで，再帰的に新たな自分の発見につながるかもしれない。これには自分の適性を知ること以外に，地域の生身の成人がどのようにして働いているかを知ることができる。そこで，中学生たちが改めて自ら「学校で学ぶ意味」を問いかえしていくことにつながることが期待されるのである。

4　社会教育から学校教育へのアプローチ

　2006年12月の教育基本法改正と2008年6月の社会教育法改正を受けて，社会教育行政は，従来の成人を対象とした学級・講座事業に加えて，子どもの育ちを支援することに関わりだした。教育基本法第13条では，「学校，家庭及び地域住民等の相互協力」が規程され，社会教育法第3条では，「社会教育が学校教育及び家庭教育との密接な関連性を有することにかんがみ，学校教育との連携の確保に努め，及び家庭教育の向上に資することになるよう必要な

配慮をする」ことが，同法第5条13では「主として学齢児童及び学齢生徒に対し，学校の授業の終了後又は休業日において学校，社会教育施設その他適切な施設を利用して行う学習その他の活動の機会を提供する事業の実施並びにその奨励に関すること」が「市町村教育委員会の事務」として規程されている。

　2008年度には文部科学省生涯学習政策局社会教育課地域・学校支援推進室の施策として，50億4,000万円の予算を計上して，地域の教育力の低下や教員一人一人の勤務負担の増加に対応するため，「学校支援地域本部事業」が始まった。これは，「地域全体で学校教育を支援する体制づくりを推進」することと，「学校の運営を地域補完し，学校を活性化」することを目的としている。前者は，個人主義の浸透による地域の教育力の低下に対処しようとしており，後者は，学校長や教職員，PTAなどの関係者を中心とする「学校支援地域本部」を全国に設置して，その下で地域住民が学校支援ボランティアとして学習支援活動や部活動の指導など，地域の実情に応じて学校教育活動の支援を行おうとしている。2008年度から3年間で全国1,800か所の全市町村が対象となった。

　原則として，学校支援地域本部は中学校区を基本的な単位として設置され，本部内に実施主体となる「地域教育協議会」が設置される。さらに，「地域コーディネーター」が配置され，住民のボランティア活動の調整を行う。同本部が提供するサービスは，学校の授業補助，学校図書館での書籍貸出し，校庭の芝生や花壇の整備など多岐に渡る。

　これは，成人を対象とした現代的課題を学ぶための学級・講座事業が十分に整備できなくなり，それまで手薄であった青少年のための事業に社会教育がウィングを伸ばしていくことを意味する。そこには，かつての子どもたちのように自然や異年齢集団の中で遊ぶことをしなくなり，家の中で一人でゲームやアニメに親しむ遊びに変質したことから，このままでは子どもたちの社会性が危うくなるという危機感が存在しているのである。そこで，「放

課後子ども教室事業」に社会教育行政が乗り出したのである。放課後や休日の学校や社会教育施設において、社会教育職員や地域の人々が子どもたちのための「居場所づくり」に関わり、そこでのさまざまな学びやイベントのプログラムをつくることが要請されているのである。これもまた、学校外における子どもたちのノンフォーマル・インフォーマルな学びのすそ野を広げる一助となるであろう。

　むろん、大人が用意した「居場所」に子どもたちがすんなりと適応するわけでもないだろう。行政側からの予定調和的な居場所論がリアリティをもちえなくなっていることも踏まえておく必要があろう。大人がおぜん立てをして、そうした居場所に子どもを集めるという発想以外に、子どもたちが自らの関心に基づいて学校外の公民館や集会所などでイベントや講座を企画する「子ども企画イベント・講座」があってもよいと思われる。これは、大人たちが子どもたちの意見を聴いたり、子どもたち自身が居場所を意味ある時空間として構築することを意味する。ここには、居場所をめぐる「権利主体としての子ども」「市民としての子ども」という視点が導入される。その根拠となるのは、国連の「子どもの権利条約」（1989年発効、日本では1994年批准）の次の3つの条文である。

第12条　意見表明権
1.締結国は、自己の見解をまとめる力のある子どもに対して、その子どもに影響を与えるすべての事柄について自由に自己の見解を表明する権利を保障する。その際、子どもの見解が、その年齢および成熟に従い、正当に重視される。（以下略）
第13条
　　子どもは表現の自由への権利を有する。（以下略）
第15条
　　締結国は、子どもの結社の自由および平和的な集会の自由への権利を認める。

5　生涯学習施設としての大学・大学院

　本書の序章で触れたように、日本では今や2人に1人が大学・短大に進学

する時代になった。そうした高学歴化社会の視点から見ると，これからの時代，大学や大学院が生涯学習施設として活用されることが期待されよう。これまで，地方自治体には公民館などの生涯学習関連施設も整備されてきた。しかし，こうした施設がどれだけ高学歴化社会における生涯学習に対応できるか，現状では疑問がある。むしろ，日本ではアメリカ型の大学・大学院といった高等教育機関を中心とした生涯学習社会を構想することの方に現実味があるのではないだろうか。

　大学教育の魅力は，そこに在籍する学生に対して学習から研究への橋渡しができることにある。大学によっては，社会連事業の一環として1年次から企業インターンシップや学校インターンシップ，あるいはボランティア研修に学生が参加することもある。また，小・中学校の教員免許状取得希望者は，5日間の社会福祉施設2日間の特別支援学校での介護等体験に行かなければならない。ここで，学生たちは，各フィールドにおいて，インフォーマルな学びやノンフォーマルな学習を経験することになる。高校までとは大きく異なった学習の形態の中で，確実に何かをつかんでくるのである。多くの大学では，3年次になると学生はゼミナール（研究会）に所属することになる。ゼミにおいて，学生たちは指導教員の研究テーマに関連して，チームをつくり，毎時間，文献あるいはフィールドで調査したことをまとめて発表することになる。こうした時間は，きわめて貴重である。ゼミは「学びの共同体」であると同時に，「研究共同体」でもあるからだ。ここでは，もはや学生たちの活動は学習にとどまらない。学習したことを研究につなげていくチャンスがある。4年次生は，「卒業演習」において1年間かけて自ら設定したテーマで卒業論文を作成していく。その進捗状況を一人でゼミ員の前で報告することになる。これもまた生涯においてたいへん貴重な時間である。こうした経験は，卒業後の進路のいかんに関わらず，必ずや職場での会議やプレゼンテーションの場面において役立つであろう。大学院は専門領域の研究施設である。だが，研究をするためには，国内外の研究業績をフォローし，たえず学んでい

かなければならない。研究者は優れた生涯学習者でなければならないのである。

ところで，2002年11月に，国立教育政策研究所が調査研究報告書「児童・生徒の職業観・勤労観を育む教育の推進について」で，職業的（進路）発達にかかわる諸能力として4領域・8能力を提言していた。それは①人間関係形成能力（自他の理解能力，コミュニケーション能力），②情報活用能力（情報収集・探索能力，職業理解能力），③将来設計能力（役割把握・認識能力，計画実行能力），④意思決定能力（選択能力，課題解決能力）から構成されていた。続いて2006年1月には，経済産業省の研究会から「社会人基礎力」の育成が提案された。

そして，2008年12月には中央教育審議会答申「学士課程教育の構築に向けて」が出され，「学士力」が提案された。これは「各専攻分野を通じて培う，学士課程共通の学習成果」として提案されたのである。それは次のような能力から構成されている。

1. 知識・理解	(1) 他文化・異文化に関する知識の理解 (2) 人類の文化，社会と自然に関する知識の理解
2. 汎用的技能 （知的活動でも職業生活や社会生活でも必要な技能）	(1) コミュニケーション・スキル　(2) 数量的スキル (3) 情報リテラシー　(4) 論理的思考力　(5) 問題解決力
3. 態度・志向性・自己管理力	(1) チームワーク，リーダーシップ　(2) 倫理観 (3) 市民としての社会的責任　(4) 生涯学習力
4. 総合的な学習経験と創造的思考力	

ここで「生涯学習力」が挙げられていることは注目に値しよう。さらに，2011年1月には中央教育審議会から「基礎的・汎用的能力」が提案されている。こうした一連の「〜力」と称する能力の育成が，今や日本の学校教育全般に求められているのである。これらとキーコンピテンシーとの関連性，さらに同質性，異質性を追究することが研究課題となっている。ここで興味深い表が提案されている（表9-1，166-167頁）。いずれにせよこれらの能力のカタロ

第3部　日本における生涯学習政策の展開

表9-1　基礎的・汎用的

	職業的（進路）発達にかかわる諸能力（4領域・8能力）	学士力
趣旨	「職業観・勤労観を育む学習プログラムの枠組み例」として，国立教育政策研究所が提言。[平成14年11月調査研究報告書「児童生徒の職業観・勤労観を育む教育の推進について」]	「各専攻分野を通じて培う，学士課程共通の学習成果」として，中央教育審議会が提言。[平成20年12月答申「学士課程教育の構築に向けて」]
内容	○人間関係形成能力 ・自他の理解能力 （自己理解を深め，他者の多様な個性を理解し，互いに認め合うことを大切にして行動していく能力） ・コミュニケーション能力 （多様な集団・組織の中で，コミュニケーションや豊かな人間関係を築きながら，自己の成長を果たしていく能力） ○情報活用能力 ・情報収集・探索能力 （進路や職業等に関する様々な情報を収集・探索するとともに，必要な情報を選択・活用し，自己の進路や生き方を考えていく能力） ・職業理解能力 （様々な体験等を通して，学校で学ぶことと社会・職業生活との関連や，今しなければならないことなどを理解していく能力） ○将来設計能力 ・役割把握・認識能力 （生活・仕事上の多様な役割や意義及びその関連等を理解し，自己の果たすべき役割等についての認識を深めていく能力） ・計画実行能力 （目標とすべき将来の生き方や進路を考え，それを実現するための進路計画を立て，実際の選択行動等で実行していく能力） ○意思決定能力 ・選択能力 （様々な選択肢について比較検討したり，葛藤を克服したりして，主体的に判断し，自らにふさわしい選択・決定を行っていく能力） ・課題解決能力 （意思決定に伴う責任を受け入れ，選択結果に適応するとともに，希望する進路の実現に向け，自ら課題を設定してその解決に取り組む能力）	○知識・理解 （専攻する特定の学問分野における基本的な知識を体系的に理解するとともに，その知識体系の意味と自己の存在を歴史・社会・自然と関連付けて理解する） ・他文化・異文化に関する知識の理解 ・人類の文化，社会と自然に関する知識の理解 ○汎用的技能 ・コミュニケーションスキル （日本語と特定の外国語を用いて，読み，書き，聞き，話すことができる） ・数量的スキル （自然や社会的事象について，シンボルを活用して分析し，理解し，表現することができる） ・情報リテラシー （情報通信技術（ICT）を用いて，多様な情報を収集・分析して適正に判断し，モラルに則って効果的に活用することができる） ・論理的思考力 （情報や知識を複眼・論理的に分析し表現できる） ・問題解決力 （問題を発見し，解決に必要な情報を収集・分析・整理し，その問題を確実に解決できる） ○態度・志向性・自己管理力 （自らを律して行動できる） ・チームワーク，リーダーシップ （他者と協調・協働して行動できる。また，他者に方向性を示し，目標の実現のために動員できる） ・倫理観 （自己の良心と社会の規範やルールに従って行動できる） ・市民としての社会的責任 （社会の一員としての意識を持ち，義務と権利を適正に行使しつつ，社会の発展のために積極的に関与できる） ・生涯学習力 （卒業後も自律・自立して学習できる） ○総合的な学習経験と創造的思考力 （これまでに獲得した知識・技能・態度等を総合的に活用し，自らが立てた新たな課題にそれらを適用し，その課題を解決する能力）

出所：「文部科学省中央教育審議会キャリア教育・職業教育特別部会第7回配布資料7．基礎的・汎用的
　　　（http://www.mext.go.jp/b_menu/shingi/chukyo10/shiryo/attach/1278415.htm，2011年9月

第9章　学校教育改革の動向

能力についての提言の例

社会人基礎力	就職基礎能力
「職場や地域社会の中で多様な人々とともに仕事を行っていく上で必要な基礎的な能力」として，経済産業省の研究会が提言。〔平成18年1月「社会人基礎力に関する研究会-中間取りまとめ-」〕	「企業が採用に当たって重視し，基礎的なものとして比較的短期間の訓練により向上可能な能力」として，厚生労働省が提言。〔平成16年1月「若年者の就職能力に関する実態調査」〕
○**前に踏み出す力（アクション）** ・**主体性** （物事に進んで取り組む力） ・**働きかけ力** （他人に働きかけ巻き込む力） ・**実行力** （目的を設定し確実に行動する力） ○**考え抜く力（シンキング）** ・**課題発見力** （現状を分析し目的や課題を明らかにする力） ・**計画力** （課題の解決に向けたプロセスを明らかにし準備する力） ・**創造力** （新しい価値を生み出す力） ○**チームで働く力（チームワーク）** ・**発信力** （自分の意見をわかりやすく伝える力） ・**傾聴力** （相手の意見を丁寧に聴く力） ・**柔軟性** （意見の違いや立場の違いを理解する力） ・**状況把握力** （自分と周囲の人々や物事との関係性を理解する力） ・**規律性** （社会のルールや人との約束を守る力） ・**ストレスコントロール力** （ストレスの発生源に対応する力）	○**コミュニケーション能力** ・**意思疎通** （自己主張と傾聴のバランスを取りながら効果的に意思疎通ができる） ・**協調性** （双方の主張の調整を図り調和を図ることができる） ・**自己表現力** （状況にあった訴求力のあるプレゼンができる） ○**職業人意識** ・**責任感** （社会の一員として役割の自覚を持っている） ・**向上心・探求心** （働くことへの関心や意欲を持ち進んで課題を見つけ，レベルアップを目指すことができる） ・**職業意識・勤労観** （職業や勤労に対する広範な見方・考え方を持ち，意欲や態度等で示すことができる） ○**基礎学力** ・**読み書き** （職務遂行に必要な文書知識を持っている） ・**計算・計数・数学的思考力** （職務遂行に必要な数学的な思考方法や知識を持っている） ・**社会人常識** （社会人として必要な常識を持っている） ○**ビジネスマナー** ・**基本的なマナー** （集団社会に必要な気持ちの良い受け答えやマナーの良い対応ができる） ○**資格取得** ・**情報技術関係** （社会人として必要なコンピュータの基本機能の操作や情報処理・活用ができる） ・**経理・財務関係** （社会人として必要な経理・会計，財務に関する知識を持ち活用ができる） ・**語学力関係** （社会人として必要な英語に関する知識を持ち活用ができる）

能力の明確化と，その育成について　別紙1」
30日アクセス）を一部修正。

グは，これからの大学を含む学校教育がどんな能力を児童・生徒・学生たちに育んでいくのか，また職業人，市民として身に付けるべき能力のあり方を提案していると言えよう。

　今後，定年を迎えた人々が，自らの生涯を振り返る場として大学や大学院で学ぶことは大いにありうる。筆者が勤務している関西大学でも，社会人学生や院生が増えている。ある女性は長らく中学校の社会科教諭として歴史を教えてきた。定年後，ずっと心に温めていた考古学の研究論文をまとめたいと思い，大学院文学研究科歴史学専修に在籍している。ある男性は長らく大阪市社会教育主事として生涯学習関連施設に勤務してきた。定年を迎えて，「青少年の居場所づくり」についての研究をまとめたいと思い，大学院文学研究科教育学専修に在籍している。そうすることで，自らの人生になんらかの証をつくり意味を与えたいと考えているのである。今日のように2人に1人が大学に進学する，日本の高学歴社会において，これからは大学院が重要な学習と研究の場になろう。もちろん，こうした社会人院生の存在は，時間的にも金銭的にも余裕のある人々にのみ開かれているという制約がある。しかも，日本の大学に学ぶ社会人の割合は，先進国中最下位に近い。しかしながら，今後は，日本の大学や大学院が生涯学習・研究施設として，学習（learning）から研究（study）への橋渡しをしていく役割を担っていくことが期待されるのである。

参考文献
赤尾勝己「公民館における子ども参画による講座形成の試み──三館での聞き取り調査を手がかりに」日本社会教育学会編『子ども・若者と社会教育』日本の社会教育第46集，東洋館出版社，2002年。
赤尾勝己「書評　D.バッキンガム／鈴木みどり監訳『メディア・リテラシー教育──学びと現代文化』」（世界思想社，2006年）『部落解放研究』第180号，解放出版社，2008年2月。

今井むつみ・野島久雄『人が学ぶということ——認知学習論からの視点』北樹出版，2003年。
O.オスラー・H.スターキー/清田夏代・関芽訳『シティズンシップと教育——変容する世界と市民性』勁草書房，2009年。
門脇厚司『社会力を育てる——新しい「学び」の構想』岩波書店，2010年。
K.J.ガーゲン/永田素彦・深尾誠訳『社会構成主義の理論と実践——関係性が現実をつくる』ナカニシヤ出版，2004年。
菊池栄治編『進化する高校 深化する学び——総合的な知をはぐくむ松高の実践』学事出版，2000年。
楠見孝・子安増生・道田泰司編『批判的思考力を育む——学士力と社会人基礎力の基盤形成』有斐閣，2011年。
経済産業省『今日から始める社会人基礎力の育成と評価——将来のニッポンを支える若者があふれ出す！』角川学芸出版，2008年。
経済産業省編，製作・調査河合塾『社会人基礎力育成の手引き——日本の将来を託す若者を育てるために』朝日新聞出版，2010年。
S.コナリー・M.M.ワッツ/山田一隆・井上泰夫訳『関係性の学び方——「学び」のコミュニティとサービスラーニング』晃洋書房，2010年。
佐藤学「学習指導要領における学力政策のディレンマ」日本教育政策学会編『新学力テスト体制と教育政策』（日本教育政策学会年報第15号）八月書館，2008年。
佐藤学「現代学習論批判——構成主義以降」堀尾輝久・須藤敏昭他編『学校の学び・人間の学び』（講座学校5）柏書房，1996年。
佐貫浩「「学力」と「人間像」——新しい学力管理システムとどうたたかうか—」佐貫浩，世取山洋介編『新自由主義教育改革——その理論・実態と対抗軸』大月書店，2008年。
白石克己・佐藤晴雄・田中雅文編『学校と地域を創る学びの未来』ぎょうせい，2001年。
Y.シャラン・S.シャラン/石田裕久・杉江修治・伊藤篤・伊藤康児訳『「協同」による総合学習の設計——グループ・プロジェクト入門』北大路書房，2001年。
田中治彦編著『子ども・若者の居場所の構想——「教育」から「関わりの場」へ』学陽書房，2001年。
永田佳之「持続可能な未来への学び—— ESDとは何か」五島敦子・関口知子編著『未来をつくる教育 ESD ——持続可能な多文化社会をめざして』明石書店，2010年。
日本教育経営学会編『生涯学習社会における教育経営』（シリーズ教育の経営第4巻），玉川大学出版部，2000年。

第3部　日本における生涯学習政策の展開

平沢安政「市民性教育としての人権教育について――OECDの「キー・コンピテンシー」を手がかりに」『世界人権問題研究センター研究紀要』第15号，2010年。
藤原和博『公教育の未来』ベネッセコーポレーション，2005年。
前田耕司「学校学力から生涯学力へ――生涯学習社会における学力の再構築」前田耕司・佐藤千津編著『学校学力から生涯学力へ――変化の時代を生きる』学文社，2011年。
牧野篤『シニア世代の学びと社会――大学がしかける知の循環』勁草書房，2009年。
松尾知明『新時代の学力形成と目標準拠の評価――新学習指導要領の授業デザインを考える』明治図書，2008年。
松下佳代「<新しい能力>概念と教育――その背景と系譜」松下佳代編著『<新しい能力>は教育を変えるか――学力・リテラシー・コンピテンシー』ミネルヴァ書房，2010年。
山田明『サービス・ラーニング研究――高校生の自己形成に資する教育プログラムの導入と基盤整備』学術出版会，2008年。
山本恒夫・浅井経子・坂井知志編『「総合的な学習の時間」のための学社連携・融合ハンドブック』文憲堂，2001年。
ユネスコ／阿部治・野田研一・鳥飼玖美子監訳『持続可能な未来のための学習』立教大学出版会，有斐閣，2005年。
若槻健「対話的学習論構築への理論的考察」『大阪大学大学院人間科学研究科紀要』第31巻，2005年3月。
A. Prichard & J. Woollard, *Psychology for the Classroom: Constructivism and Social Learning*, Routledge, 2010.

第 4 部　社会教育・生涯学習関連施設における学び

第10章　図　書　館

　図書館は生涯学習社会において人々の学習の場所として重要な位置を占めている。2021年4月現在，全国の公共図書館は3,400館ある。この10年間で図書館数は毎年増加している一方で，図書館に働く専任職員数は年々減少している。図書館は，かねてより司書の半数以上が女性によって担われてきたジェンダー化された職場である。2005年には非専任職員が専任職員を上回り，司書・司書補の3分の2が非専任職員になっている。今や公共図書館は，非専任職員によって支えられているといってもよい。なぜこのような現象が起こっているのであろうか（『日本の図書館2010』日本図書館協会の統計による。ここで言う「公共図書館」とは，公立図書館と私立図書館を合わせた概念である）。

1　図書館の自由を求めて

　1946年に出された第1次アメリカ教育使節団報告書の「5．成人教育」では，公立図書館について紙幅を割いている。これによると，「公立図書館は階級，財産，信条の障壁を認めない。利用したい者はだれでも利用できる。さらに，その書架および閲覧室には，論争的問題についてのあらゆる角度からの議論が並べられている」姿が期待されている。戦前の日本では，図書館は「公立であっても無料ではなかった」「入館料を取り，図書の貸し出しにも料金を取るのが普通だったのである」。このように同報告書では，思想の自由に開かれた図書館と，図書館無料の原則が勧告されている。

　1949年制定の社会教育法を受けて，1950年に制定された図書館法では，第

3条に「図書館奉仕」の姿が表されている。ここには，アメリカの公共図書館のあり方が反映されている。戦前の図書館は国家による統制を受け，人々の思想を統制する教化機関であった。当時は一部の図書館を除き，蔵書の内容について思想の自由はなかった。まさに「国家のイデオロギー装置」として機能させられたのである。

戦後の日本では，図書館は，教育基本法および社会教育法において社会教育施設・機関として規定されている。そこで，図書館を教育施設・機関とみなしてよいのかという根本的な問題意識が生成してこよう。諸外国の図書館が行政上どのような位置づけにあるか，日本の図書館と比較検討してみるとよいであろう。

1954年には「図書館の自由に関する宣言」が出された。これは，当時の日本社会が，再び戦前に保守回帰しようとした情勢の中で，初めて図書館に勤務する司書を中心とした職員すなわち「図書館人」が，日本図書館協会総会において決議した画期的な宣言であった。そこでは，図書館は，国民の基本的人権として知る自由をもつ民衆に，資料と施設を提供することが，図書館の最も重要な任務であるとして，①資料収集の自由，②資料提供の自由，③不当な検閲への反対の3点が掲げられた。

1979年5月には，同宣言の改訂が行われ，改めて確認された原則は次の4点である。

第1　図書館は資料収集の自由を有する。
第2　図書館は資料提供の自由を有する。
第3　図書館は利用者の秘密を守る。
第4　図書館はすべての検閲に反対する。

図書館の自由が侵されるとき，われわれは団結して，あくまで自由を守る。

翌1980年には，日本図書館協会総会決議として，「図書館の自由に関する宣

言」と表裏一体の関係にある「図書館員の倫理綱領」が採択され，そこでも図書館の自由を守ることが確認された。これは図書館員の基本的態度，利用者に対する責任，資料に関する責任，研修につとめる責任，組織体の一員として，図書館間の協力，文化の創造への寄与，にわたる12項目が規定されている。この中で，利用者に対する責任に関わる，「第2　図書館員は利用者を差別しない」「第3　図書館員は利用者の秘密を漏らさない」資料に関する責任として「第4　図書館員は図書館の自由を守り，資料の収集，保存および提供につとめる」，は特に重要である。

　ここで世界の図書館のあり方を見る上で，1994年11月に採択された「ユネスコ公共図書館宣言」(UNESCO Public Library Manifesto 1994)に言及しておきたい。まず，この宣言の冒頭では，図書館が人間の基本的人権や民主主義を発展させることに大きく関わっていることを次のように述べている。

　　「社会と個人の自由，繁栄及び発達は人間にとっての基本的価値である。このことは，十分に情報を得ている市民が，その民主的権利を行使し，社会において積極的な役割を果たす能力によって，はじめて達成される。建設的に参加して民主主義を発展させることは，十分な教育が受けられ，知識，思想，文化および情報に自由かつ無制限に接し得ることにかかっている。
　　　地域において知識を得る窓口である公共図書館は，個人および社会集団の生涯学習，独自の意思決定および文化的発展のための基本的条件を提供する」。
続いて，「公共図書館をすべての人が平等に利用できること，蔵書やサービスは，いかなる種類の思想的，政治的あるいは宗教的な検閲にも，また商業的な圧力に屈してはならない」と述べられている（長倉美恵子・日本図書館協会国際交流委員会訳）。

このように図書館の自由が，基本的人権や民主主義と大きな関連性を有し，図書館の自由がいかに大切であるかを，これらの宣言は示しているのである。そこに至るまでの道筋には険しいものがあったことを，国内外の図書館の歴史は示しているのである。

2　司書の専門性をめぐって

これまで司書の専門性は，本と人をつなぐことにあった。しかし，これからの時代，これまでのレファレンス業務を主とした仕事では専門性を十分にアピールできる時代ではない。情報化，高学歴化が進行し，人々の自己決定学習の能力が上昇していく中で，司書のレファレンス業務に頼らなくても，インターネットの蔵書検索によって希望する書籍等の資料を見つけ出すことができる人々が増えている。情報化，高学歴化の進展は，日本社会において相対的に司書の専門性を徐々に低下させている。かつてのように，司書の専門性を，レファレンス中心に考えるノスタルジックな観念だけでは今や持ちこたえられない状況になってきたのである。

来館者からは司書の専門性が見えない。司書はただ本を整理して並べているだけではないのか，誰だってできる仕事ではないのか，という感覚が市民の間にある。司書は，学習内容についての専門家（contents expertise）ではない。博物館の学芸員のような特定の研究領域についての詳しい知識を有する専門家であるというより，自らの専門性を人々にアピールできにくい状況にある。さらに2人に1人が大学に進学する高学歴社会において，ますます自己決定学習の力を身につけた人々が育成されていく中で，司書の専門性が相対的に低下することは目に見えている。2010年度に，新たに「認定司書」制度ができて，第1回認定審査で37名が認定されたが，それがどれだけ一般市民にアピールできるかは疑問である。より根本的な問題は，「図書館学」という学問の性格に由来する。図書館学はマニュアル化された「分類の学」であ

り，固有の内容を有する学問ではないことによるのではないだろうか。

　蔵書検索の機械化も司書の専門性に大きな影響を与えつつある。タッチパネル検索でレファレンス・サービスが省力化されつつある。図書館での司書を通した資料の取り寄せには時間がかかる，目的とする図書資料を所蔵している図書館に直接行った方がはるかに早い，という図書館利用者の声もある。

　ここで，マルチ・メディア化している情報社会における本というメディアとインターネットというメディアの違いについて考えておくことが必要であろう。それは後期近代社会における読書の時空間の変容を意味している。電子図書館が現実化していくなかで，24時間，ネット上で資料が検索・閲覧できる。まさに読書という行為が，特定の時空間に制約されない状況が出てきている。2009年8月25日付の「朝日新聞」夕刊では，国立国会図書館でデジタル化された蔵書を，ネットで24時間有料配信していく構想が浮上している。これはしかし，図書館資料利用無料の原則（図書館法第17条）に抵触してしまう。この問題が今後どのように解決されるか見守る必要があろう。

　つまり，日本社会の高学歴化，情報化，個人化傾向において，貸出業務中心の司書の専門性は持ち堪えられない。「図書館人」の論理が図書館業界でしか通用しないものに陥ってはならないであろう（佐野 2001）。市民社会において情報化・高学歴化が進行する中で，司書の専門性は，つねに挑戦を受けているとみるべきであろう。

　ところで，本とネット上の情報の違いについて，脇明子は『読書は生きる力』の中で，本は全体性がつかめるが，ネット上の情報は断片的だと述べている。マルチ・メディア化した社会において，同一の情報を本で読むのと，ネット上で読むのとでは微妙に認識が異なってくる。同じ文章を，本で読むのとネット上で読むのとでは，微妙にニュアンスが異なってくる。このことは人間の認知過程と関わっている。

　一方，秋田喜代美は，読書コミュニティの大切さを強調している。私たちはただ一人で本を読むだけでなく，同じ本を読み合い感想を言い合うことで，

なぜこの人はこの部分についてこのような感想をもったのかについて考えるようになり，自分の認識が，今まで以上に広がっていくのである。読書は個人だけの行為ではなく，他者を媒介させることで，読書の世界が広がっていくことにも留意しておきたいものである。それは図書館の一室を借りた読書会という形にとどまらず，ネット上での1冊の本についての複数の読者による感想の交換会であってもよいのである。

3 図書館の管理運営をめぐる新たな動向

　今日，図書館の管理を外部の業者にアウトソーシング（外注）する動きが強まっている。2011年1月，片山善博総務大臣は，「公共図書館，まして学校図書館には指定管理者制度はなじまない」旨の発言をしたが，アウトソーシングの動きはとどまる気配がない。今日，日本の図書館の管理運営を民間委託（民間会社に管理運営を委託する方式）したり，NPO委託（特定非営利組織に管理運営を委託する方式）する動きが出ている。

　指定管理者制度の導入について，2010年5月現在，同制度を導入もしくは導入予定の図書館は183自治体で計275館あり，全体の約1割を占めている。ここで，図書館の管理運営に，はたして指定管理者制度がなじむかどうかについて疑問がある。なぜなら，図書館法第17条の図書館無料の原則の下では，指定管理された業者にとって，図書館の管理運営は利益を上げるチャンスとならないからである。業者にしても，図書館流通センター（TRC），丸善など少数の民間企業が占める状況にある。また，指定管理者制度をいったん導入したものの，その企業が経営困難となって指定管理者から撤退するケースもある。そして，自治体の直営に戻すケースも出ている。それによって，今度はサービスが低下する館も出ている。図書館によっては，カウンター業務や物流業務に限って指定管理者制度を導入するところもある。図書館への指定管理者制度の導入をめぐって，状況は錯綜している観さえある（永利 2011）。

また，図書館の建設にあたり，民間資金構想（Private Finance Initiative：PFI）という手法を採る自治体も出ている。これは，民間が資金を出して施設を作り，それに地方公共団体が職員を派遣する方式である。この手法によると，地方公共団体は施設建築費を負担せずに済む。2004年10月に開館した三重県桑名市立中央図書館は日本で初めてPFI方式で設置された。1999年に「民間資金等の活用による公共施設等の整備等の促進に関する法律（PFI法）」が制定され，政府の「民間資金等活用事業推進委員会（PFI推進委員会）」の議を経て，2000年にPFIの理念とその実現のための方策を示した「基本方針」が策定された。PFI発祥の地であるイギリスでは，すでに有料橋，鉄道，病院，学校などの公共施設等の整備，再開発などの分野で成果を収めている。桑名市の場合，2000年に（財）日本経済研究所の試算の結果，市の財政負担が2.5〜9.5％削減されることが予測された。その後，2002年に6事業者の中から落札者を選定した。実際に落札した事業者の試算では，年間22.0％の経費削減につながることがわかった。約100名の民間職員と6名の市職員がおり，職員の90％以上は司書資格を所有している。運営は民間事業者に委託しているが，資料購入の決定は市の承認を経てなされ，館長も市職員である。この図書館には，貸出受付はなく，自動貸出機と自動化書庫があり，蔵書にはすべてICタグがつけられ管理されている。来館者は自分で書庫の蔵書を取り寄せ閲覧と貸出ができる。開館時間は9〜21時となっている。2004年の完成から30年後の2034年に，桑名市に所有権を無償譲渡されることになっている。経費節減とサービス向上を両立させようとする画期的な図書館であるが，その実際についての検証が待たれるところである。

4　学校図書館との連携の必要性

　生涯学習の時代を迎え，子どもたちが在籍する学校の図書館と公共図書館の連携が必要となっている。これまで双方は十分に協働できていなかった。

それは学校図書館が学校教育行政の，公共図書館が社会教育行政の管理下にあるためである。学校図書館職員（司書教諭，司書）と公共図書館の司書がともに，子どもたちの読書体験をより豊かにしていくために同じテーブルに着くことが求められている。子どもたちの読書を振興するための「学社連携」が期待されているのである。

（1）学校図書館とは
学校図書館法第2条では，学校図書館を次のように定義している。

> この法律において，「学校図書館」とは，小学校，中学校，及び高等学校において，図書，視聴覚教育の資料その他学校教育に必要な資料を収集し，整理し，及び保存し，これを児童又は生徒及び教員の利用に供することによって，学校の教育課程の展開に寄与するとともに，児童又は生徒の健全な教養を育成することを目的として設けられる学校の設備をいう。

私たちは，学校図書館を，子どもたちにとって「意味ある時空間」として機能させるべきであろう。まずは，子どもたちの読書要求に応える蔵書の充実化が図られなければならない。現状では，学校図書館の蔵書はきわめて乏しいという印象を受ける。さらに，インターネットと接続して，学校図書館から情報検索が行うことができるようにすべきである。もちろんここで子どもたちが有害情報に接近しないように制限をすることも必要になってこよう。また今日，図書館と学校図書館との連携の必要性が謳われているが，そのことが，学校図書館の蔵書整備を遅らせることにならないように留意が必要である。

学校図書館法では司書教諭には教諭を充てることになっている。2014年，学校図書館法が改正され，学校司書が明記された。この業界には，専任司書教諭を求める教職員組合運動と，専任の司書の配置を求める市民運動がある。後者は司書と司書教諭の2職種併置を求めている。しかし，はたして今日の厳しい財政状況の中で，2つの職種を併置できるか，その実現の可能性が問われてこよう。前者については，教諭の中から学校図書館の業務に専念する

司書教諭にどれだけの希望があるかが問われてこよう。これまでの教諭のアイデンティティが，担任をもち自ら専門とする教科の授業をすることにあっただけに，その発想の転換が求められよう。今や，PISA 型読解力を身に付けるべく，子どもの読解力育成に学校図書館がどのように関わることができるかも問われている。

（2）ユネスコ学校図書館宣言とは

ここで，1999年11月に第30回ユネスコ総会において批准された「ユネスコ学校図書館宣言」（School Library Manifesto Ratified by UNESCO）について触れておこう。まず，この宣言は「学校図書館は，今日の情報や知識を基盤とする社会に相応しく生きていくために基本的な情報とアイデアを提供する。学校図書館は，児童生徒が責任ある市民として生活できるように，生涯学習の技能を育成し，また，想像力を培う」という一文から始まる。学校図書館が生涯学習の技能の育成と関連があることが述べられている点は銘記すべきであろう。続いて，学校図書館の使命として「情報がどのような形態あるいは媒体であろうと，学校構成員全員が情報を批判的にとらえ，効果的に利用できるように，学習のためのサービス，図書，情報資源を提供する」とある。ここでは学校図書館がメディア・リテラシーの観点を持つことが必要であることが述べられている。さらに，「学校図書館が，例えば公共図書館のような他館種図書館と設備や資料等を共有する場合には，学校図書館独自の目的が認められ，主張されなければならない」と，図書館ネットワークにおける学校図書館の独自性を発揮することが求められている。学校図書館は公共図書館の学校版であってはならないのである。学校にある図書館として，教育活動に寄与することが自ずと優先されるのである。

学校図書館の目標については，日本の学校図書館法と同様に，まず「学校の使命およびカリキュラムとして示された教育目標を支援し，かつ増進する」，次に「子どもたちに読書の習慣と楽しみ，学習の習慣と楽しみ，そして生涯

を通じての図書館利用を促進させ，継続させるようにする」など9点が挙げられている。

学校図書館には，子どもたちを将来の公共図書館の利用者として育てる役割がある。学校図書館法には，司書についての規定はなく，「司書教諭」の規定がある。にもかかわらず，いくつかの自治体では，超法規的措置として「学校司書」を置いている。現在の学校図書館法では，司書教諭には教諭を充てることになっており，十分な学校図書館運営に携わることができにくい状況がある。司書教諭の専任化を図り「専任司書教諭」とするか，学校に司書職を新設して学校司書と司書教諭の二職種併置にするかの選択が迫られているのである。

5 注目すべき図書館の実践

今日，日本の図書館には，蔵書貸出業務だけにとどまらない多機能化が求められている。アメリカの図書館では，かねてより移民を対象にした成人識字教育がなされてきたが，日本では，2010年1月から，有志の図書館が「図書館海援隊」を結成し，ハローワーク等関係部局と連携した貧困・困窮者支援をはじめとする具体的な地域の問題解決に資する取り組みを開始した。それに伴い，医療，健康，福祉，法務等に関する役立つ支援・情報の提供やJリーグと連携した取り組みなど，取り扱う分野も拡大された（「『図書館海援隊』の活動について」文部科学省ホームページ，2011年9月30日アクセス）。

これは来館者に対する情報提供や相談業務を発展させて，地域が抱える様々な課題に対する解決支援サービスを実施するものである。「図書館海援隊」に参加している図書館は，2011年6月1日現在43館ある。そのうちの1つ，大阪市立中央図書館では次のような支援サービスを行っている。

```
<貧困・困窮者支援><ビジネス支援>
・図書展示「あなたの「働く」を，応援します！」
```

第4部　社会教育・生涯学習関連施設における学び

> ・企業や経営支援情報，市内の就職・キャリアアップ支援機関のチラシやパンフレットを設置・配布。
> <医療・健康情報>
> ・病気名などのキーワードから，関連する図書のある棚番号がわかる「医療・健康の本インデックス」を作成・配布。
> ・「調べ方ガイド　医療情報の調べ方」で調べ方を紹介。
> <法務情報>
> ・「調べ方ガイド」で，法律関連の調べ方を紹介。
> ・判例や法律文献の検索が可能な商用データベースを提供。

出所　大阪市立図書館ホームページ（2011年9月30日アクセス）から抜粋。

　司書は，来館者の情報収集を支援するとともに，必要に応じて専門の支援・関連機関を紹介している。いずれも商用データベースを提供している点が新しく，既存の図書館のイメージを打ち破るきわめて斬新な実践である。その他の図書館では，法テラスから講師を招いての講座の開催，闘病記コーナーの設置，心の健康コーナーの設置，多文化共生サービス，子育て支援コーナーの設置などが実施されている。

　最後に取り上げてみたいのは，地域情報センターとしての図書館のあり方を示している滋賀県愛荘町立愛知川図書館である。滋賀県は県民の読書が盛んで，1人当たりの貸出冊数は9.57冊（2009年）で日本一である。同図書館は2000年に開館し，渡部幹雄館長（当時）の下で，次の6項目をサービスの重点目標としてきた。①だれでも利用できる開かれた図書館とする。②貸出しをサービスの基本とする。③多様な資料要求に応えることを基本姿勢とする。④子どもの読書を大切にした運営とする。⑤愛知川町（2000年当時）の情報庫とする。⑥町民の生涯学習の拠点とする。筆者が訪問して驚いたのは，同図書館がまちづくりに取り組んでいることである。来館者が「蛍が観察できる場所」「お地蔵さんがある場所」といった地域の情報を，愛知川の大きな白地図上に記すことができるようになっている。また，地域の求人情報や，特売情報などに関する新聞の折り込み広告がファイル別に収集されていた。外国人町民は外字新聞を読める。ここに来れば，町民は蔵書以上の広がりをもっ

た情報を得ることができる。なお，同図書館は，NPO 法人知的資源イニシアチブ（IRI）が地域にねざした活動をしている図書館を選ぶ「Library of the Year 2007」を受賞している。

参考文献

赤尾勝己「多様な読書教育と市民参加」国立教育政策研究所編『読書教育への招待』東洋館出版社，2010年。

秋田喜代美『読書の発達過程——読書に関わる認知的要因・社会的要因の心理学的検討』風間書房，1998年。

秋田喜代美・庄司一幸編『本を通して世界と出会う』北大路書房，2005年。

秋田喜代美・黒木秀子編『本を通して絆をつむぐ』北大路書房，2006年。

有川浩『図書館戦争』アスキー・メディアワークス，2006年。

石川徹也，根本彰，吉見俊哉編『つながる図書館，博物館，文書館——デジタル時代の知の基盤づくりへ』東京大学出版会，2011年。

大串夏美・鳴海雅人・高野洋平・高木万貴子『触発する図書館』青弓社，2010年。

小形亮「非正規職員の現在と未来——基幹化と階層化の中で」『現代の図書館』第49巻第1号，日本図書館協会，2011年3月。

木幡智子「生涯学習社会における公共図書館と学校図書館の在り方——活動理論応用の可能性」愛知淑徳大学図書館情報学会，2009年。

佐野眞一『だれが「本」を殺すのか』プレジデント社，2001年。

菅谷明子『未来をつくる図書館——ニューヨークからの報告』岩波書店，2003年。

指定管理者制度の導入に関する調査委員会『指定管理者制度の導入状況に関する調査（2006）』（財）地方自治総合研究所，2006年。

長倉美恵子・堀川照代訳「ユネスコ学校図書館宣言——すべての者の教育と学習のための学校図書館[含解説]」『図書館雑誌』第94巻第3号，日本図書館協会，2000年3月。

永利和則「指定管理者から直営に移行した図書館長の図書館運営私論——小郡市立図書館の事例から」『図書館雑誌』第105巻第7号，日本図書館協会，2011年7月。

日本図書館情報学会研究委員会編『図書館情報専門職のあり方とその養成』（図書館情報学のフロンティア No.6）勉誠出版，2006年。

日本図書館情報学会研究委員会編『変革の時代の公共図書館』（図書館情報学のフロンティア No.8）勉誠出版，2008年。

第4部　社会教育・生涯学習関連施設における学び

日本図書館情報学会研究委員会編『図書館・博物館・文書館の連携』（図書館情報学のフロンティアNo.10）勉誠出版，2010年。
A.ブラック・D.マディマン／根本彰・三浦太郎訳『コミュニティのための図書館』東京大学出版会，2004年。
薬袋秀樹『図書館運動は何を残したか』勁草書房，2001年。
山口源治郎「公立図書館における基準法制および基準づくり」日本社会教育学会編『社会教育関連法制の現代的検討』（日本の社会教育第47集）東洋館出版社，2003年。
脇明子『読む力は生きる力』岩波書店，2005年。
渡部幹雄『図書館を遊ぶ——エンターテインメント空間を求めて』新評論，2003年。
渡部幹雄『地域と図書館——図書館の未来のために』慧文社，2006年。
渡辺信一先生古稀記念論文集編集委員会編『生涯学習時代における学校図書館』日本図書館協会，2005年。

第11章　博 物 館

1　転換期における博物館の現状

　文部科学省の『社会教育調査報告書』によると，博物館（登録博物館，博物館相当施設，博物館類似施設）の入館者数は，2008年には27万9,871人であったが，2018年現在，30万3,069人と増加している。学芸員数は，2008年には6,786人であったが，2018年現在8,403人と増加している。一方，博物館数は2008年には5,775館あったが，2018年現在5,738館とやや減少している。本章では2008年度の調査結果をもとに博物館の現状を概観していく。こうした入館者数の減少に対して，博物館はどのような手立てを打とうしているのか，まず戦後の博物館のあゆみから見ていこう。

　前章で触れた図書館と同様に，日本における博物館の位置づけは諸外国と比較して特異な位置を占めている。しかも，もともと3種類の法律が設立根拠となっている。国立博物館は文化財保護法が根拠となって設立された。国立博物館は2001年から独立行政法人になったが，2007年4月からは「国立文化財機構」が発足し，独立行政法人国立博物館と同文化財研究所を統合した。一方，国立学校設置法が根拠となって国立大学共同利用機関として，大阪府吹田市に国立民族学博物館（1974年）が，千葉県佐倉市に国立歴史民俗博物館（1981年）が設立された。これら2館は，2004年4月から，大学共同利用機関法人「人間文化研究機構」によって運営されている。

　博物館法に規定された博物館は，登録博物館（博物館法第2章登録第10条〜第17条）と博物館相当施設（博物館法第29条）である。もっとも多いのが法律に基

づかない「博物館類似施設」である。これら3種を合わせると2008年10月現在、博物館は5,775館ある。そのうち登録博物館が907館、博物館相当施設が341館の計1,248館あり、種類別に見ると、美術博物館（449館）、歴史博物館（436館）が多く、総合博物館（149館）、科学博物館（105館）が続いている。大多数を占める博物館類似施設は4527館あり、種類別では、歴史博物館が2891館と最も多く、次いで美術博物館（652館）、科学博物館（380館）の順となっている。

1973年に「公立博物館の設置及び運営に関する基準」が文部省告示として出され、公立博物館は一定の床面積、一定数の学芸員を配置することなどが定められた。しかし、地方分権・規制緩和の流れを受けて、2003年に「公立博物館の設置及び運営上の望ましい基準」の告示がなされた。ここで1973年の画一的な基準を大綱化、弾力化する一方、事業を自己評価する努力規定が明示された。2007年6月に文部科学省の「これからの博物館の在り方に関する検討協力者会議」から出された文書「新しい時代の博物館制度の在り方について」では、博物館登録制度について、「現行博物館登録基準は、外形的観点を中心としていることが問題」であるとして、新しい登録基準を作り、これまでの博物館相当施設を登録博物館にするなどして、登録博物館を増やす方向性を打ち出している。そこでの審査基準は、経営（マネージメント）、資料（コレクション）、交流（コミュニケーション）の3本柱からなるものとされている。そして、登録された博物館は、登録基準を満たしているかどうか、一定期間ごとに第三者機関から審査を受けることが構想されている。

一方、博物館の活動では、「展示活動」（63.0％）がもっとも多いが、博物館の基盤をなす資料の「収集保存活動」（9.6％）や「調査研究活動」（7.0％）に力を入れる館が減り、「教育普及活動」（17.2％）に力を入れる館が増えている。教育普及活動は、1997年以降、「講演会・シンポジウム」（46.4％）、「講座」（40.5％）、「講習会・工作教室」（43.7％）、「自然観察会」（27.0％）を実施する館が増えている。

学校との連携（博学連携）では、例えば、「よくある」＋「時々ある」の数値

をみた場合,「行事として学校が団体で来館すること」(80.1%),「授業の一環として児童や生徒が来館すること」(90.3%),「職場体験の一環として児童や生徒が来館すること」(64.3%),「学芸員が博物館で児童や生徒を指導すること」(55.8%),「学芸員が学校に出向いて児童や生徒を指導すること」(35.5%),「教師に来館のための事前オリエンテーションを行うこと」(38.9%),「教員対象の講座や講習会を開くこと」(32.5%),「教育委員会の教員研修と連携して事業・活動を行うこと」(32.3%),「学校に資料や図書を貸し出すこと」(35.2%)が多い。博学連携には,学校の理解が十分とは言えず密接な連携が難しい状況がある。

　博物館を研究施設と見るか教育施設と見るか,日本の博物館業界は大きな岐路に立っている。博物館の入館者数をみると年々減少しつつあり,図書館の入館者数に追い抜かれている。学芸員には自分は研究者であるというプライドがある。しかし,そうした研究者としてのプライドだけでは博物館経営が立ち行かない厳しい現状がある。入館者に展示の内容と形式をいかにアピールできるかが問われるのである。

2　生涯学習施設としての博物館の役割

　ここでは生涯学習施設としての博物館の役割として次の9点を挙げておきたい。

(1)　「メディア」としての博物館

　あらゆる展示は,ある観点から現実を切り取って人為的に構成されたものである。展示は自然な現実を表わしているのではなく,企画者によって「構成された現実」である。博物館は来館者に表だって「指導」しない。しかし,展示の内容・形式によって私たちに何かを伝えようとしている。展示内容・形式には埋め込まれた意図がある。つまり,あらゆる展示にはその企画者の

意図がある。一方，入館者は「メディアとしての博物館」における展示を「読み解く」「解釈する」主体である。それを自らの認識の地図の中に位置づけようと試みる。展示の読み解きがきっかけとなって，展示を観る以前に入館者がもっていた「認識の地図」に何らかの変容をもたらすかもしれないし，そうならないかもしれない。

（2）「学習者」としての入館者

　入館者は自分のこれまでの経験や価値観に照らしながら，展示内容を読み解いている。展示そのものがテキストである。展示内容・形式は企画者によって構成されているが，まずそれを肯定的に読み解くためのリテラシーが必要である。そのうえに批判的に読み解くためのリテラシーが加わっていく。重要なことは，展示の企画者と入館者の見方は予定調和的な関係にはないことである。すべての入館者が展示企画者の意図をそのまま受容しているわけではない。企画者の意図と入館者の認識のズレは必然的でさえある。双方には，展示を介して緊張対立関係が生起する可能性がある。「批判的な入館者」の存在は無視できない。その批判がどういう文脈と内容にあるかを分析する必要がある。できれば，入館者にアンケートを行い，それを検討してみてはどうだろうか。

（3）ボランティアの役割

　展示解説ボランティアは，博物館の学芸員が手薄になりがちな教育普及活動を担っている。そして活動そのものが，展示解説ボランティアの生涯学習の一環でもある。解説ボランティアからのフィードバックが必要である。それを博物館展示の改善につなげていきたい。大人の入館者の場合，解説ボランティアの介入の仕方が難しいという問題もある。大人の入館者は個人差が大きいので，ガイドを必要とする人と必要としない人がいる。解説を聴いて展示を観る人／観ない人が存在する。自分なりの解釈で観たい人，自分で展

示内容について考えたい人，手持ちの知識を基にして観たい人にとっては，解説ボランティアはあくまでも補助的な位置づけとなる。

（4）子どもたちへの対応

2002年度からの完全学校週5日制の導入で，子どもが博物館に来館する機会が増えてきた。子どもたちにウィングを伸ばした博物館の体制づくりが必要となっている。しかし，現段階ではその方法論（＝博物館教育学）は未開拓である。同一展示を子どもが観る場合と大人が観る場合では配慮も異なってこよう。子どもには事前指導やワークシート等の補助教材が必要になってくる。小・中・高校生に同じワークシートを使用してよいわけではない。学校段階に応じた教材づくりも課題である。ハンズオンや臭いを嗅ぐなどの参加体験コーナーを設けることが期待されよう。博学連携によって，学校で入手が困難な資料を貸し出したり，学校で子ども対象の出前講座をしたり，博物館が授業づくりなど教員研修に関わることが実践されつつある。

（5）情報化社会への対応

博物館によってはホームページを立ち上げているところがある。さらに，館蔵資料の検索，学芸員への質問コーナー，伝言板コーナーなどがあるとよい。メディア・リテラシーの観点から，情報化の波に一方的に流されず，真実を見抜く主体を創っていくという視点が必要である。

（6）現代的課題への取り組み

博物館にはポリシーがなければならない。現代的課題を基盤に据えた「主張する博物館」が登場している。現代的課題は複雑に絡み合っており，並列的ではない。現代的課題について「地球的に考え，地域で活動する」という原則を大切にしたい。そして，各課題についての展示を，過去・現在・未来という時系列と，ミクロ・マクロ・グローバルという空間列から構成してい

く。後者では，地域から日本，世界を見据えた展示で，入館者の認識に拡がりをもたせたい。その一例として，大阪人権博物館（リバティおおさか）が挙げられる。

（7） 講座プログラムの充実化

生涯学習時代を迎えて，館主催の講座プログラムの充実をどう図るかが課題となっている。高学歴化，情報化が進む成熟社会化の中で，企画者としての学芸員の専門性がたえず問われる時代になっている。市民参画の観点から，例えば，講座やイベントの一部に「市民企画展示」を導入してみてはどうであろうか。市民の中には必ずや学芸員に匹敵するだけの展示企画の力量を有した者がいるかもしれない。市民企画委員の提案をそのまま採用できないにしても参考にはなろう。市民企画員と学芸員との「協議」の中で，市民の企画案をより洗練できる可能性もあろう。

（8） 博物館協議会の活性化

博物館協議会は，博物館法第20条に規定された，博物館の運営に関し館長の諮問に応じ意見を述べる機関である。任意設置なので置かれていない博物館もある。協議会委員には，展示企画の内容にまで意見を求める機会をもちたい。館の専門性と委員の意見が対立する場面もあろう。無論，そこから新たな企画のアイデアが生み出せればよいと思われる。博物館の経営についての見識を有した博物館協議会委員を委嘱することが必要があろう。

（9） オーディエンスとしての入館者分析の必要性

当館の入館者の属性はどうなっているのか。オーディエンスのターゲットをどこに設定するのかが問われてくる。個人で入館した人は初めてなのかリピーターなのか，どこから来ているのかも問うてみたい。今日の情勢においては「員数評価」を欠くことができない。しかし，その内実を丁寧に見るこ

とも必要である。どの展示コーナーにどれだけの人がどのくらいの時間滞在しているか。それはどんな年齢，性別の人たちか？　それはなぜか？　逆に，ほとんど入館者が滞在しないコーナーはどこか？　アンケートを実施して「もっとも興味を持てた展示は何ですか？」と尋ねてみる。その逆も尋ねてみる。それは展示の内容・形式や，館内での入館者の動線とも関連してくるかもしれない。

3　学芸員の専門性とは

　博物館の展示はどのようになされているのだろうか。展示プランニングにはストーリーがある。ただ，漠然と展示物が並べられるのでなく，入館者の動線に沿った展示の内容と順序が工夫されなければならないのである。学芸員の展示内容についての関心や見識，意図が展示内容に反映しているのである。展示企画に関わる学芸員は，何もない空間を展示空間に加工しているのである。私たちは，自分がもしも学芸員であったらどのような展示ができるか考えてみるとよいであろう。入館者として批判的に展示を観ることも必要である。展示を批判的に観る態度が，将来，学芸員になった時に生きてくるのである。積極的な入館者になることは，博物館展示というメディアを自分のものにすることでもある。

　吹田市立博物館では市民参加による展示企画（市民企画展示）を実施している。ここでは学芸員と市民企画委員が協議をしながら展示内容を決めていく。両者の関係は決して予定調和的ではない。市民企画員が「自分の思い」である資料の展示を提案したとしても，資料の専門家である学芸員から賛成されるわけではない。両者にはスリリングな葛藤が生じてくることもある。場合によっては市民企画展示の企画会議は紛糾することもあるかもしれない。

　兵庫県立人と自然の博物館では，インターネットによる収蔵庫検索ができ，質問箱にメールをすれば学芸員からの回答が得られるというシステムがある。

これらの事例は学芸員がよりコミュニケーションを図ることの大切さを示している。ある調査によると，博物館利用者の3～4割が，学芸員に対して，「学習相談に応じること」(36.4%)，「コミュニケーション能力」(43.4%) が「不足している」と回答している。

こうした中で，先に触れた文部科学省の検討協力者会議では，学芸員に求められる専門性として次の4点を挙げている。

① 資料及びその専門分野に必要な知識及び研究能力
② 資料に関する収集・保管，展示等の実践技術
③ 高いコミュニケーション能力を有し，教育活動等を展開できる能力
④ 一連の博物館活動を運営・管理できる能力

そして将来的には，海外の博物館のキュレーター（curator）と交流しうる力量を有した上級学芸員（仮称）を大学院段階で養成する制度が構想されているが，継続的に検討されることになっている。2008年の博物館法の一部改正では，「文部科学大臣，都道府県教育委員会による学芸員等に対する研修の努力義務」(第7条) と「博物館による運営状況の評価とその結果の活動の努力義務」(第9条) が規定されている。

（1）学芸員の5つの役割

これらを踏まえ，筆者は学芸員には次の5つの役割があると考えている。

第1に，研究者（researcher）である。学芸員は一人ひとりが研究テーマを持っている。大学院時代からその研究テーマに継続的に取り組む場合もあるし，学芸員になってから新たな研究テーマを立ち上げることもあろう。いずれにしても研究活動が学芸員の生命線である。研究をしない学芸員はあり得ない。

第2に，制作者（producer）である。学芸員は，期間の限られた企画展示や

特別展示を企画する際に、割り当てられた予算をどう使うかを考えなければならない。ある貴重な資料をあるコレクターから1日いくらでレンタルできるか、その交渉に当たらねばならないこともある。場合によっては、資金を外部から調達してくる必要も出てこよう。

　第3は、計画者（planner）である。おおまかにどのようなストーリーに沿って資料をどの順序で展示するかを計画する。場合によっては、資料を提供していただく人物と展示方法をめぐって交渉することもある。

　第4は、ディレクター（director）である。これは現場で展示を構築していく際に、どのように入館者に見てもらうかに細心の注意を傾けなければならない。照明（ライティング）はどの角度から当てればよいか、明るすぎないか暗すぎないか、展示する位置は高すぎないか低すぎないか、傾いていないか水平になっているか、などを調整する。

　第5は、教育者（educator）である。入館者からの質問に答えたり、入館者用にワークシートを作成したり、触れることのできる展示（ハンズオン）のための資料を選択したり、図録を作ったりする。このように学芸員には多角的な力量が求められているのである。今後は以下のような力量が期待されよう。

（2）ミュージアム・エデュケーターとしての役割

　第1に、より一層の教育普及活動の充実が期待される。子どもたちへの参加体験型展示の充実が求められよう。ワークシートへの記入によって、入館者の学習をより確実にする。ハンズオンによって展示資料をより身近に感じてもらう。観察会によって、資料の発掘現場を紹介するなどの工夫が期待されよう。

　第2に、学習者としての入館者からの学習ニーズを展示にフィードバックすることである。学芸員の展示企画が、入館者に支持されるとは限らない。入館者の要望に100％応えることは不可能であろうが、少なくとも学芸員自身が自ら企画した展示がどのように入館者に受け取られているかについて知

ることは必要である。展示内容に関するアンケート調査をぜひやっていただきたい。

　第3に，バーチャル・ミュージアムの構築である。2008年現在，8割を超える館で整備されているホームページで，市民が代表的な資料を見ることができたり，収蔵庫検索ができたりするとよい。さらに，バーチャルミュージアムで，ネット上の仮想ミュージアムの中を人が歩いたり，資料を手に取ったりできるようになれば，直接来館できない人々にとって役立つであろう。

　第4に，出前展示である。アウトリーチ活動といってもよい。小学校への出前展示によって宣伝をして，子どもたちに多数来館してもらうのも一つの方法である。博物館の入館者数を増やすための営業戦略の一環にもなりうる。

　これらは先の検討協力者会議でも構想されている，教育普及を専門とするミュージアム・エデュケーターの役割である。折しも，2012年度から博物館学課程が改正され，学芸員資格を取得するうえで「博物館に関する科目」が8科目12単位から9科目19単位に増量された。ここで「博物館展示論」（2単位）と「博物館教育論」（2単位）が新設された。ここには，博物館において，これまで以上に教育普及活動を充実していく方向性が示されているのである。

4　指定管理者制度の導入をめぐって

　文部科学省の2018年調査によると，公立博物館の32%が指定管理者制度を導入しているが，その弊害も起こりつつある。第1に，博物館において長期的な展示計画を立てられないことである。第2に，学芸員の雇用は1年から5年と任期を設定されており，人生設計を立てにくいことである。第3に，そのために優秀な学芸員ほど，他の博物館や大学等の研究機関に頭脳流失してしまうことである。

　先の協力者会議は，指定管理者の導入について，「博物館においても効率的な運営は重要であり，指定管理者制度も直ちに博物館制度の趣旨と相容れな

いものではなく，学芸機能の継続性との両立を図る工夫等も取り入れつつ，博物館における指定管理者制度の浸透が模索されており，直轄で運営されていた時代よりも質的な向上を図るべく，努力している館も見受けられる」と賛意を表明しつつも，「本来，指定管理者制度は『施設の設置の目的を効果的に達成するための必要があると認めるとき』に行われるもので，上記のような博物館の重要な使命が損なわれないような運営が確保される必要がある」としている。特に博物館においては，資料の保存や調査研究といった外部から見えにくい部分が重要であり，「指定管理者の導入や評価に当たっては，経済効率性だけが強調され，このような見えにくい博物館機能の維持という視点が軽視されてはならない」と考えている。

また，今日の博物館は直営か指定管理かという二者択一が迫られている傾向にあるが，「地方独立行政法人による博物館運営を認め，当該博物館が登録博物館となる途を開くことも，有意義であると考えられる」と述べている。

さて，現在の博物館に求められているのは入館者をいかに増やすかである。その方策として「学校との連携強化」「各種団体との連携強化」が挙げられる。特に近年では，社会教育機関，地域，NPOとの連携協力が増えている。社会教育機関等との連携では，「地方自治体主催の生涯学習活動と連携して事業・活動を行うこと」（42.4％），「地域の自主的な学習サークルの活動に協力すること」（41.8％）が多く（「よくある」＋「時々ある」），「地域住民やサークル・団体に館の施設を貸し出す」（39.9％）だけでなく，「観光協会・旅行業者と連携・タイアップすること」（44.9％），「町づくりや町の活性化を目的に行政・市民団体と協力して事業・活動を行うこと」（41.5％）が挙げられる。NPOとの連携・協力・交流関係にある館は9％と少ないが，「共同して展覧会を企画・開催」したり「共同して調査研究」を行っている館もある。

先に展示解説ボランティアの役割について触れたが，近年，ボランティアの受け入れ基準が緩和され，徐々に展示解説のように学芸業務の補助から，博物館付帯活動や環境整備へと変わってきている。2008年の調査でボランテ

ィアを受け入れている博物館は34.5％で，「学芸業務の補助」32.5％であった
のに対して，「入館者案内，説明，解説」が56.1％，「博物館付帯活動」が40.4％
に上った。かつて1997年段階では「学芸業務の補助」が54.2％あったことに
比べると，ボランティアには展示資料について専門的知識を求めない方向に
変わりつつある。

　このように日本の博物館は厳しい時代を迎えているが，そうした中にあっ
て，様々なネットワークを構築しそれを活用しながら，入館者にとってより
魅力のある博物館づくりが求められているのである。

参考文献
青木豊『博物館映像展示論――視聴覚メディアをめぐる』雄山閣出版，1997年。
小笠原喜康：チルドレンズ・ミュージアム研究会編著『博物館の学びをつくりだす』
　　ぎょうせい，2006年。
大堀哲編集『博物館活動事例集』樹村房，2001年。
大堀哲監修，水島英治『博物館学を学ぶ人のためのミュージアムスタディガイド
　　――学習目標・学芸員試験問題』改訂増補版，アム・プロモーション，2004年。
神奈川県博物館協会編『学芸員の仕事』岩田書院，2005年。
神野善治・杉浦幸子・紫牟田伸子『ミュージアムと生涯学習』武蔵野美術大学出版
　　局，2008年。
加藤有次・鷹野光行・西源二郎・山田英徳・米田耕司編『生涯学習と博物館活動　新
　　版』（博物館学講座10）雄山閣出版，1999年。
木下周一『ミュージアムの学びをデザインする』ぎょうせい，2009年。
駒見和夫『だれもが学べる博物館学――公教育の博物館学』学文社，2008年。
小泉雅弘『下町の学芸員奮闘記――文化的行政と生涯学習の最前線』文芸社，2005
　　年。
小山修三「市民が企画運営した千里ニュータウン展」吹田市立博物館館報8，2008年。
T．コールトン／染川香澄・井島真知・徳永喜昭・芦谷美奈子・竹内有理訳『ハンズ・
　　オンとこれからの博物館――インタラクティブ系博物館・科学館に学ぶ理念と経
　　営』東海大学出版会，2000年。
菅井薫『博物館活動における「市民の知」のあり方――「関わり」と「価値」の再
　　構築』学文社，2011年。

関嘉寛「博物館という空間——記憶の伝承に関する一考察」『大阪大学大学院人間科学研究科紀要』第30巻，2004年。
高橋隆博・森隆男・米田文孝『博物館ハンドブック』関西大学出版部，2005年。
瀧端真理子「博物館法・基準・評価をめぐる現状と課題」日本社会教育学会編『社会教育関連法制の現代的検討』（日本の社会教育第47集）東洋館出版社，2003年。
瀧端真理子「指定管理者制度の導入——公立ミュージアムのゆくえ」赤尾勝己編集『現代のエスプリ　生涯学習社会の諸相』No.466，至文堂，2006年。
D.ディーン／北里桂一監訳・山地秀俊・山地有喜子訳『美術館・博物館の展示——理論から実践まで』丸善，2004年。
永田香織「博物館における市民との協働に関する一考察——九州国立博物館の事例を手掛かりに」『社会教育研究年報』第24号，名古屋大学大学院教育発達科学研究科社会・生涯教育学研究室，2010年。
西野嘉章『二十一世紀博物館——博物資源立国へ地平を拓く』東京大学出版会，2000年。
日本展示学会編『展示論——博物館の展示をつくる』雄山閣，2010年。
G.E.ハイン／鷹野光行監訳『博物館で学ぶ』同成社，2010年。
浜口哲一『放課後博物館へようこそ——地域と市民を結ぶ博物館』地人書館，2000年。
日髙真吾・園田直子編『博物館学への挑戦——何がどこまでできたのか』三好企画，2008年。
K.マックリーン／井島真知・芦谷美奈子訳『博物館をみせる』玉川大学出版部，2003年。
水藤真『博物館学を学ぶ——入門からプロフェッショナルへ』山川出版社，2007年。

第12章　公民館および生涯学習関連施設

1　公民館とはどんなものか

　公民館は1955年には全国に3万5,359館あったが，現在はその半数以下になっている。その実態は貸館業務が多く，しかも，1,000館以上に指定管理者制度が導入されている。このことは公民館の位置づけが下がっていることを意味する。館数では1万3,798館（2021年度）と最も多いが，高学歴化，都市化，情報化の進展の中で，公民館は都市部の高学歴層の人々にその存在をあまりアピールしなくなってきた。ここでは公民館とその周辺に位置し，市町村で首長部局が関わって運営されている男女共同参画センター，国際交流センターなどの生涯学習関連施設を取り上げてみたい。いずれの施設も，グローバル化した日本社会で必要とされる学習機会を提供している。公民館であれば，現代的課題の学習を中心とした講座や学級を，男女共同参画センターであれば男女共同参画社会に向けた学習を中心とした講座を，国際交流センターであれば国際化した社会において，異文化としての他者という存在を起点にした多文化共生のための学習機会を提供している。また，外国語などのコミュニケーション能力育成のための学習機会を提供することもある。いずれにせよ，公民館を含むこうした施設での学習機会は，1回から10回までのプログラムから構成される短期間の「講座」や，年間を通して固定した学習メンバーから構成される定期的な「学級」という形態で提供されている。そこでは，成人を対象に，主として「持続可能な社会の形成」に寄与する市民性教育の機会を提供していると言ってもよいであろう。

第12章　公民館および生涯学習関連施設

　第２次世界大戦後，1946年に第１次アメリカ教育使節団報告書が出され，その「5．成人教育」では，図書館，博物館を中心にした活動のあり方が勧告された。しかし，公民館についての記述はなかった。公民館は戦後日本において構想されたのである。1946年７月，文部次官は「公民館の設置運営について」と題する通牒を各地方長官宛てに出した。ここでは公民館の趣旨及び目的が次のように規定されている。

　　「これからの日本に最も大切なことは，すべての国民が豊かな文化的教養を身につけ，他人に頼らず自主的に考え平和的協力的に行動する習性を養うことである。そして，之を基礎として盛んに平和的産業を興し，新しい民主日本に生まれ変わることである。その為には教育の普及を何よりも必要とする。…（中略）…公民館は全国の各町村に設置せられ，此処に常時に町村民が打ち集って談論し読書し，生活上産業上の指導を受けお互いの交友を深める場所である。それは謂はゞ郷土に於ける公民学校，図書館，博物館，公会堂，町村集会所，産業指導所などの機能を兼ねた文化教養の機関である。…（以下略）…」。

　当時，文部省社会教育課長であった寺中作雄が同年に刊行した解説指導書『公民館の建設──新しい町村の文化施設』では，公民館について次のように説明されている。

　　「公民館は公民の家である。公民たる者が公民の資格に於いて集まり，其処で公民として適わしい修養や社交をする施設という意味である」（寺中 1995:188）。

　ここで言う公民とは「自己と社会との関係についての正しい自覚を持ち，自己の人間としての価値を重んずると共に，一身の利害を超越して，相互の

助け合いによって公共社会の完成の為に尽くすような人格を持った人又は其の様な人格たらんことを求めて努める人の意味である」（寺中 1995：188）。

　この寺中構想においては，公民館は総合的な文化施設であり，施設よりも機能が重視された。しかし，そうした総合的な文化施設といった性質は，1949年に制定された社会教育法では教育施設に変容していた。社会教育法では，第5章（第20条〜第42条）に公民館に関する条文がある。図書館と博物館には図書館法，博物館法といった単行法があるが，公民館にはない。同法第20条では公民館の目的が次のように定義されている。

　　「公民館は，市町村その他一定区域内の住民のために，実際生活に即する教育，学術及び文化に関する各種の事業を行い，もつて住民の教養の向上，健康の増進，情操の純化を図り，生活文化の振興，社会福祉の増進に寄与することを目的とする」。

　このように法律に規定された公民館であるが，その経営の実態はけっして満足のいくものではない。場所によっては職員のいない公民館もあり，教育施設というよりも集会施設になっている現状がある。「公民館主事」の専門性も十分には根づかなかった。

　公民館と生涯学習センターの法律上の違いは，後者は，社会教育法第42条に規定されている公民館類似施設に該当する。公民館運営審議会（第29条）は，館長の諮問機関である。任意設置のため公民館運営審議会を置いていない市町村も多い。そこには，当該の市町村が公民館をどのように位置づけているか，あるいは市町村の財政状況が反映されているのである。

2 講座の企画・運営

（1）講座企画者に必要な力量

　公民館をはじめとする生涯学習関連施設において，講座を企画するプロセスをここで述べておこう。講座を企画することは，「世界をつくる」（making the world）ことである。その企画者が，講座参加者に自分が見せたい「世界」を描いていくことである。講座参加者が講座に参加して，自分の考え方や行動をふりかえる機会になればよい。講座の企画にあたっては，必ず2人以上の複数で行うことが肝要で，そこで協議すべき7つの事項がある。

① 学習目標（どんな参加者にどうなってほしいか。参加者の認識の変容から行動の変容をめざす）講座のネーミングを工夫すること。時流に乗ってみる。例えば，2003年度に「ひきこもり講座」が人気を得たのはNHK教育テレビがこのテーマを取り上げたからであった。
② 学習内容（複数回の企画の場合，そこに起承転結等のストーリーがあったほうがよい）
③ 学習方法（各回の講座内容に即して座学だけでない，フィールドワークやワークショップなどの参加体験型学習を入れた変化をもたせた方法を考える）
④ 回数・講師の選定（単発講座か複数回講座であるかで異なってくる）
⑤ 日時・場所（働いている人々を参加対象者とする場合は，平日の夜間もしくは土・日に設定する。音楽などを使う場合は防音された部屋が望ましい）
⑥ 予算（講師謝礼が含まれ，各回の講座にどのくらいの費用がかけられるかを考える）
⑦ 広報（広報の方法を工夫する。特にチラシの作り方には工夫が必要である）

その際に考慮すべき7つの影響要因がある。

①　その施設の使命（講座企画の内容がその施設の使命に合致しているか）
②　企画者の意図（企画者の意図を明確にすること）
④　他の人の意見（企画者に近い人々から意見を聞く）
⑤　講師候補者の力量と都合（講師候補者についての情報を収集する）
⑥　市町村議会での議論（例えば，いくかの地方自治体では，2000年をはさんでジェンダーバッシングが吹き荒れた）
⑦　市民運動の力関係（⑥とも関わる。企画内容は地方政治の動向を無視できない）
⑧　その他の学習施設の動向（同一市町村の他の施設でどんな講座が開かれているか情報収集をしてそれと重複しないようにする）

　また，企画者の意図と講師の意図と参加者の意図がズレてしまうことがある。事前に企画者と講師で打ち合わせをすることが必要になる。もしも企画者の意図と講師の意図がズレていたら，企画者の側から，次回の講座の冒頭時に受講者にアナウンスすることも必要になろう。両者の間の意図の溝を埋めることが必要になってくる。

　企画者は講座の実施に際して，講師に丸投げしたり任せきりにしてはならない。企画者の意図が，講師を通して参加者に伝わっているかどうかをつねに観察することが大切である。企画者の意図が伝わっていない場合は，事後に参加者に対して必ずフォローの言葉を入れることも必要になってこよう。連続講座では，できれば全回を通したコーディネーターがいることが望ましい。企画者がコーディネーターを務めることもできる。

　企画のアイデアの出し方についてみると，複数の現代的課題を組み合わせてみるとよい。例えば，食（健康）と国際理解であれば「各国の健康料理をつくろう」，食（健康）と男女共同参画であれば「男性料理教室」，食と環境であれば「環境にやさしい料理教室」というテーマが浮かんでくる。しかし，つねにそれらの組み合わせがうまくいくとは限らない。

複数回の講座内容にはストーリーがなければならない。易しいものから難しいものへ、あるいは中心テーマと周辺テーマという関係であったり、自分の身の回りから、地域、社会、国家、世界に広げていく同心円的拡大であったり、自分づくり——仲間づくり——地域づくり——社会づくり——世界づくりといった広がりも考えられる。人々の関心の時間は短くなっているので、旬のテーマをつかむことも大切であろう。

企画者に必要な力量は、その人の文化資本と社会関係資本に関わっている。文化資本については、たえず情報収集をしていること、特定の現代的課題について深いこだわりがあり継続的に学んでいることが挙げられよう。ジャーナリストのセンスも必要であるが、ひとりよがりになってはならない。社会関係資本については、同じような講座を企画する他の施設の人とのつながりを大切にしておくことが望まれる。そうすれば、講師についての情報を交換できる。また、講師の人脈をたどって新しい講師候補者にアプローチすることもできる。ただし、公民館もしくは公民館類似施設の場合、企画する講座が、社会教育法第23条の禁止規定に抵触しないように注意していただきたい。①特定の政党、②特定の宗教、③営利事業に関わるものは禁止されている。講座の企画運営の方法については、以下の公民館（類似施設）以外の生涯学習関連施設についてもあてはまる。

（2）生涯学習関連施設の役割

その例として、市長部局が関係して運営されている男女共同参画センターと国際交流センターとコミュニティセンターを挙げておこう。例えば吹田市男女共同参画センターデュオの例であれば、「男女共同参画の推進に関する施策を実施し、並びに市民及び事業者による男女共同参画の推進に関する取組を支援するための拠点施設として、男女共同参画センターを設置する」（吹田市男女共同参画センター条例第1条）とされている。一般に、男女共同参画センターが開設している講座として、女性学講座や男性学講座がある。関連し

第4部　社会教育・生涯学習関連施設における学び

図12－1　男女共同参画センターでの講座例

保育あり　　　　　　　　　　　　　　　平成23年度　デュオ の講座

DVについて知る
～私たちにもできる支援とは～

配偶者・パートナー・恋人といった親しい関係で起きる、暴力（DV）について学びます。DVに対する知識を高めることは、自分自身の力を高めることにもつながります。また、身近な人からの相談を受けた時の対応や、自分がDVを受けた時に、ひとりで抱え込まずに相談窓口などへつながることの大切さについても学びます。

いずれも金曜日・午前10時～正午

日　時	内　容	講　師
①11／18	DVを知る ～吹田市におけるDVの実態について～	男女共同参画センター所長
②11／25	DVとその影響 ～私たちにもできる支援とは～	宮本由起代さん （大阪心のサポートセンター代表）
③12／2	学んだこと、感じたことを分かち合おう ～ふりかえりとリボン授与式～	小谷訓子さん （子・己育ち相談リリーフ主宰）

- ＜定　　員＞　40人（多数の場合は市内に在住、在勤、在学の方を優先して抽選）
- ＜費　　用＞　無料
- ＜保　　育＞　1歳から就学前の幼児24人（多数の場合抽選・おやつ代として150円が必要）
- ＜手話通訳＞　あり
- ＜申込締切＞　11月7日（月）必着

＜会　場・問合せ先＞　吹田市立男女共同参画センター・デュオ
　　　　　　　　　　　吹田市出口町2番1号
　　　　　　　　　　　TEL 06-6388-1451
＜申込FAX番号＞　06-6385-5411（24時間受付）
＜問合せ受付時間＞　午前9時～午後5時30分（月曜・祝日は休館）
＊申込方法などの詳細につきましては、裏面をご覧ください。

携帯メールからのお申し込みはこちら↓

duo-koza@city.suita.osaka.jp

主催　吹田市

出所：吹田市男女共同参画センター・デュオのチラシ。

て，性差別や人種・民族差別，高齢者差別の克服に向けた学習機会も企画されることがある。女性のみを対象とした気づきのための「意識高揚」(Consciousness Raising:CR) の学習グループを設けるセンターもある。近年では，男女平等だけでなく，性同一性障害の人々への理解を促す講座が提供されたり，男性を対象とした「DVからの脱暴力プログラム」「アサーティブ・トレーニング（非攻撃的自己主張）プログラム」を試みるセンターもある。目下，男女間のドメスティック・バイオレンス (DV) の問題に取り組むセンターの講座に注目が集まっている（図12-1参照）。

一方，国際交流センターは，とよなか国際交流センターの例を挙げると，「世界の多様な文化や人々との相互理解を深め，人権尊重を基調とした住民主体の国際交流活動を推進するとともに，地域社会の国際化の促進を図るため，豊中市に国際交流センターを設置する」（とよなか国際交流センター条例第1条）という目的を掲げている。外国人市民のための多言語相談サービスを常時開設している他に，外国人市民のための日本語学級が開かれている。国際交流センターの講座には，多文化共生の観点が貫かれており，市民参加による講座やイベントづくりが行われている。これから外国人市民の参画による講座やイベントを創ることが期待されている。

他方，コミュニティセンターは，総務省管轄の公的な集会施設で，地方自治体では市長部局が管轄し，地域のコミュニティ活動，健康増進，創造的余暇活動の推進を図る場として幅広く住民に利用されている。吹田市では，コミュニティセンターの中に，コミュニティプラザと地域保健健康センターを併せ持っている。特にコミュニティプラザでは，市民を対象として様々な学習機会を提供している。その目的として，「コミュニティプラザは，文化学習活動，ボランティア活動等，市民の多様な地域活動の用に供し，これらの活動が相互に連携することによって，地域における情報の交流を促すとともに，世代を超えた市民の連帯を深め，もって潤いのある豊かな地域社会の形成に寄与することを目的とする」（吹田市コミュニティセンター条例第4条）とある。

公民館よりも市民の地域活動の支援に力を入れていることがわかる。

さらに，公的な運営に属しないカルチャーセンターは，経済産業省管轄の民間学習施設である。経済産業省は，学習塾，外国語会話教室，フィットネスクラブ等も管轄している。これらは教育施設ではなく事業所である。カルチャーセンターでは，趣味やおけいこごとや教養に関する講座を開設し，利用者の大半を女性が占める傾向にある。

今日，公的な生涯学習関連施設には，NPOや指定管理者制度の導入によって，従来の公立施設のイメージではとらえきれない流動的な状況がある。NPOや指定管理者の導入などによって，従来の施設の運営管理とどのような違いが出てきているのか，そこでどのような学びの方法や内容に出会うことができるか，IT化によってそうした施設がどのように変わりつつあるかについても見ていこう。

3　曲がり角に来た公民館

2011年4月から大阪府豊中市では，市内の4つの公民館が，「地域連携センター・公民館」という名称に変わった。これは一方の軸足を市長部局の市民協働部が，もう一方を教育委員会に置くという変則的な運営形態である。これは公民館の存立をかろうじて維持しているケースである。また，奈良県生駒市では，中央公民館をコミュニティセンターに転用し，そのうえで指定管理者制度を導入する方向に向かった。2011年4月に，奈良県教育委員会から文部科学省に転用願いを提出して許可された。いずれのケースも，本来，公民館が果たすべき役割，すなわち地域の現代的課題に関する講座を企画・運営して市民に提供するということが十分にできなくなり，市民が自分たちのやりたい趣味やスポーツ等のサークルを作って活動している状況が背景としてある。そうした貸し部屋として公民館を機能させるのであれば，何も社会教育施設としての公民館でなくてもよいということになり，市長部局が管理

する集会施設である「地域連携センター」や「コミュニティセンター」であればよいということになる。今後このようなケースは，全国各地で見られることになるであろう。公民館は今や存立の危機に瀕しているとも言えよう。

社会教育法第23条には公民館の運営方針が制定されている。これは第1に「もっぱら営利を目的とした事業」を，第2に「特定の政党の利害に関する事業」を，第3に「特定の宗教」の支持を禁じている。公民館は第1の点で使いづらい，だから集会施設であるコミュニティセンターの方が利用しやすいという声もある。「もはや公民館はいらない」という声は至る所にある。現在，こうした声にどう対応していけばよいかが問われている。

こうした公民館の危機の背景には，松下圭一の「社会教育終焉論」がある。松下は次のように論じる。

> 「『社会教育法』自体が時代錯誤になったのである。『社会教育法』全体が，今日的批判には耐ええない。国や自治体の行政よりも文化水準のたかくなった市民文化活動にたいして，行政が施策をもって何をなしうるか，何をなしえないかをこそはっきりさせるべきであろう。…（中略）…国民を教育対象とするようなタテ割りの社会教育行政は，もはや残りえないだろう」（松下 2003：232-233）。
>
> 「そもそもが，市民文化活動の成熟がはじまれば，社会教育行政は消失するはずだったのである」（松下 2003：233）。

さらに松下は「公民館のジレンマ」にも言及している。これは現代的課題に関する環境問題など硬い内容の講座を開いても参加者が多く集まらない。かといって，茶道や華道といった習い事の講座を開いて参加が多く集まったとしても，なぜ税金を使ってまでして，公民館で習い事を無料か安い受講料で提供するのかという批判が行政監察当局からなされる恐れがある。また，環境問題の講座を開催して，そこで学んだ市民が当該自治体のごみ処理施設

のダイオキシン処理は大丈夫かという疑問を抱いて，議員に市議会で質問することに発展することもありうる。そうした時，公民館は行政批判をする市民活動の温床として，市当局から煙たい存在として見られ，公民館職員も肩身が狭くなるかもしれない。つまり，どちらに転んでも公民館は危うい存在となるのである。筆者としては，公民館が行政批判の温床になることに賛成である。第8章で言及したように，そもそもそれが「生涯学習行政」のパラドックス（逆説）だからである。しかし，そうした講座を企画・運営した職員が，その後の職員人事においてどのような処遇を得るのかについては予断を許さない。また筆者には，松下が論じるように，図書館，博物館は社会教育施設ではなく市民文化施設だというとらえ方には一理あるように思える。

社会教育終焉論の背景には，日本社会の高学歴化，都市化，情報化があることは明らかである。21世紀になり，特に都市部において社会教育の活動が多くの人々にアピールできなくなっていることは周知の事実である。都市部で社会教育職員の専門性をいくら声高に主張しても，必ずしも多くの人々が賛同しないことが予想される。

松下の主張には一定の理があると考えられる。しかし，「教育」という言葉への反感・嫌悪が先立っている。国家主義的あるいは行政主導の「上から目線」の「教育」への批判は共有できるが，それが成人に対するあらゆる教育の否定になってしまってよいものであろうか。教育を必要としている成人が存在していることを認知すべきである。松下は，全国で「市民文化活動」が盛んになっていることを指摘し，そうなれば社会教育は終焉すると述べているが，それは社会の一面しか見ていない，エリート主義的視点ではないだろうか。社会教育を否定した時に，誰が利益を損なうのか，それは社会の下層に位置づく人々であろう。このような理由によって，筆者としては性急な社会教育終焉論には与しえない。しかし，遠い将来においていつの日か「公民館」という名の館が消滅していく事態を覚悟してはいる。その一方で，2009年12月に開催されたユネスコの第6回国際成人教育会議において，日本の公

民館がコミュニティ・ラーニング・センター（Community Learning Center:CLC）という名称で，世界へ向けて発信されたことは銘記されてよいであろう。

4　指定管理者制度が導入された事例

ここでは指定管理者制度が導入された滋賀県米原市の米原市公民館と京都府長岡京市の長岡京市生涯学習センターについてレジュメ風に紹介したい。いずれも筆者の聴き取り調査に基づいている。

（1）ケース1——米原市公民館

ここは，指定管理者として特定非営利活動法人FIELDが，次の3本の柱によって管理・運営を行っている。

①	「公民」館	戦後の「地域課題の解決を担う公民のための館」（寺中構想）に立ち返り「受身型（講座を聴かせるだけ）」から「能動型（学習から協働）へのつなぎ役」へ変える。
②	たまり場	人と情報がフリーに集まる「自由なたまり場（三多摩テーゼ）」という機能を重視。子どもからお年寄りまで，日常の学習相談や地域のつながりづくりをコーディネートする。
③	民活導入	少数精鋭の若手専門職中心の登用や，維持管理の総合アウトソーシングを図り，民活導入の大命題である，「住民サービスの向上」と「コストダウン」を同時に実現した。

運営体制の特色として以下の4点が挙げられる。

① 若い専門職：20代の社会教育主事を複数配置し，「地元と外部」の2つの視点で新しい公民館を創造した。
② 緊急時に対応できる保守管理体制：「関西メンテナンス」へ一括アウトソーシングした。
③ バックアップ体制：業務相談役としての元米原公民館長，元社会教育課長などの賛助会員，大学教授などの顧問を複数配置した。

④　市内・県内 NPO とのネットワーク：同公民館長には市内・県内 NPO との広いネットワークをもつ当法人の理事長がなっている。

　2006年度から淡海文化振興財団の助成金を活用して，こほく NPO 共同オフィス「たまるん」を開設している。ここは，①共同オフィス機能（ミーティングルーム，事務机等），②運営支援機能（設立運営サポート，事業構築サポート等），③広報支援機能（チラシ等印刷，広報支援/作業スペース提供等），④情報コーナー機能（書籍配置，PC コーナー等）という 4 つの機能を果たしている。
2007年度から新規事業として「企業体育成プロジェクト」を立ち上げ，「経営力をもった市民活動組織」の育成をめざしている。

1）広報情報発信事業
　①　NPO・市民活動交流イベントの実施：協働フォーラムや湖北地域のイベントと連携する。
　②　情報媒体の発信：たまるん登録市民団体によって市民活動情報誌を制作する。
　③　メディア戦略：ケーブル TV，びわこ放送，FM ひこね等と連携し，TV，ラジオ番組の制作を検討した。

2）行政・企業とのコラボレーション事業
　①　コンサルティング事業：公認会計士，経営コンサルタントなど経営の専門家と協力体制を作る。
　②　企業・行政とのマッチング事業：NPO と企業・行政とのマッチングを検討する。

（2）ケース 2 ── 長岡京市中央生涯学習センター

　2005年 4 月に J R 長岡京駅西口に長岡京市立総合交流センター（愛称：バンビオ）が完成した。ここは「市民交流フロア」「市民活動サポートセンター」「オープンラウンジ」「観光情報センター」「総合生活支援センター」「中央生

涯学習センター」「教育支援センター」「女性交流支援センター」という8つの公的施設と，勤労者福祉施設や駅前保育施設をあわせもつ複合施設である。このうち公共公益棟（バンビオ1番館）の2F，3F，4F，6Fに中央生涯学習センターがある。同センターは，大阪ガスビジネスクリエイト株式会社が指定管理者として経営にあたっている。職員体制は7名（正社員2名，契約社員2名，アルバイト3名）であるが，市民交流フロアの管理運営も兼ねており，生涯学習センターの仕事に専念しているわけではない。

同市中央生涯学習センターの目的は，幅広い市民の生涯学習意欲に応え，自主的文化的な創造活動の場を提供するとともに，市内各地域における生涯学習活動の支援及びネットワーク化，生涯学習情報の収集・提供その他生涯学習活動の推進及び調整機能を果たす」ことである（長岡京市立総合交流センター設置条例第23条より）。そこでの事業は，施設の貸し出し，生涯学習関連事業の推進及び調整，生涯学習相談サービス及び生涯学習情報の提供，生涯学習関連施設のネットワーク化，生涯学習団体・サークル及びボランティア活動の支援及び交流，その他市長が必要と認める事業を行っている（同条例第24条）。

主催講座は少なく，貸室事業とイベントが中心である。主催事業についての補助金はなく，貸館中心でその料金は条例で良心的に設定されている。貸館は定期的な個人の教室としての利用が多い。貸館の内容は，社会教育法第23条の公民館の禁止規定に縛られず，営利，政党，宗派に関わるものであっても許可されている。また，長岡京市民以外の利用も可能である。

「プラス・マイナスゼロになればよいと思っています。営利ばかりを追求するのではなく」（同センター長談，2005年6月18日）。

ここは指定管理者が丸儲けできるシステムになっていない。2005年の中央生涯学習センターの指定管理者の公募にあたり3団体から申請があった。指

定管理者選定委員会の構成は，共通委員4名（部長，理事級），専門委員4名の計8名であった。市民委員は専門委員に1名しか入っていない。選定委員会では，申請してきた各社について100点満点で数値評価を行った結果，大阪ガスビジネスクリエイト株式会社の前名称である（株）プラネットアートがもっとも優れていた。同社は，すでに大阪市内の扇町スクエアでの貸館業務の実績があり，それが評価された。

同センター6Fには生涯学習団体交流室がある。ここは教育委員会生涯学習課の直轄である。4人の属託の生涯学習相談員が2日に1度のローテーション勤務をして，市民の学習相談にのっている。また，市内の各自治体で健康講座やパソコン講座などの企画運営を担う約50名の生涯学習推進委員の交流の場にもなっている。（午前9時～午後9時まで開室）年代別では60代が，曜日別では水・木，時間帯では午後4時が最も多い。

ところで，長岡京市では中央公民館と中央生涯学習センターが，プログラムの内容で棲み分けをしている。公民館は現代的課題に関わる内容を，センターは趣味や娯楽に関わる内容を主として担当しているのである。2006年度中央公民館講座案内（2006年10月現在）によると，①幼児家庭教育，②家庭教育，③環境教育，④高齢者，⑤時事問題，⑥人権教育，⑦平和教育の7つの分野で定期講座が開催されている。その他，青少年，成人を対象とした講座，男女共同参画，健康教育，地域づくり事業，福祉教育のジャンルで講座が開催されている。

長岡京市のように，同一地域に公民館と生涯学習センターが併存している場合は，講座の内容にすみわけができる。しかし，市町に公民館しかなく，そこに指定管理者制度が導入される場合，その館は市場価値を含めた「公共性」を追求しなければならなくなろう。

今後の研究課題として2点指摘しておきたい。第1に，講座プログラム形成の社会学的（あるいは政治経済学）研究を行う必要があることである。NPOや指定管理者制度の導入によって，公民館の講座プログラムはどのような変

容を受けるか，NPOや指定管理者が採算を度外視して，現代的課題の講座を実施する覚悟があるかが問われてこよう。究極には，NPOや指定管理者制度の導入は誰にとっての利益になるのか（For whose profit ?）という問題がある。

　第2点は，人々の学習ニーズと現代的課題の講座の兼ね合いの問題である。指定管理者は公民館等で収益を出そうとするかもしれない。しかし，そうすると講座受講料の有料化あるいは高額化によって経済力のない市民が来られなくなる。さらに講座プログラムのジャンルは，学習ニーズの高い実務，趣味や教養，スポーツに傾斜するであろう。現代的課題に関する講座は，市民ニーズが少ないのでやらなくなる。市場メカニズム，需要と供給の関係で講座プログラムの内容が規定されてくる。ノールズ（M. Knowles）が主張するようなプログラム計画のニーズ至上主義から脱却できる方途はあるのかが問われてこよう。

5　新たな動向

　文部科学省は，2010年5月から「公民館海援隊」プロジェクトを開始した。これは，公民館が地域の課題解決の支援を行おうとするものである。今日，社会の変化に伴う地域的課題の多様化（子育て，高齢者問題など），長引く不況による雇用状況の悪化，社会教育費の減少に伴う専任職員の減少など，公民館を取り巻く状況は厳しくなっている。そうした中で，子育て・家庭教育支援，少子・高齢化問題支援，環境問題支援，就業ビジネス支援など，地域の課題解決支援を積極的に行う有志の公民館が「公民館海援隊」を結成したのである。文部科学省としては，全国各地でのこうした取り組みを紹介し，公民館を拠点とする「新しい公共」の実現を目指そうとしている（文部科学省ホームページより抜粋）。その活動支援の例として次のようなものがある。

- 子育て・家庭教育支援，・地域の人材の活用，仲間づくりのための交流支援
- だがしや楽校を活用した世代間交流やコミュニティづくり
- 関係団体・機関と連携した青少年自立支援プログラムの実施，・高齢者の自立・福祉支援
- 子どもの安心・安全居場所づくり支援，・在住外国人との文化交流支援
- ボランティアグループによる育児，観光，環境，防災，ICT等の活動支援
- 公民館と学校・大学との連携促進事業の実施

2010年8月6日現在，「公民館海援隊」プロジェクトに関わっている公民館は，全国に25館ある。その1例として，西東京市芝久保公民館では，次のような実践を行っている。

- 小中高生の居場所に関わる課題，生活課題，地域の大人の彼らへの関わり方を，この地域の大きなテーマとしている。
- 公民館が中心となり「学校PTA関係者，地域子ども会，公民館，公民館利用者連絡会，学校評価委員会関係者」と，講座の企画段階から連携して，コーディネーターとして地域づくりを支援した。2008年度は「小中高生の居場所の問題」，2009年度は「裁判員制度と子どもの権利の学習」をとりあげた。ここでは市民参加の観点を有していることが窺える。

市民参加型で市民と職員が協働して講座を創る市民企画講座の問題点として，決まった市民しか活動しない，メンバーが高齢化し固定されて，企画のアイデアが枯渇して，企画内容がワンパターン化しまうことが指摘されている。新たな市民の参加をどう促すか，そこで新たな市民の担い手の力量形成のための方策が打たれるべきであろう。例えば，事前に学習会を開くとか，

「市民企画力養成講座」のような講座修了者に限って参加を認めるという方策もありうる。市民ならば誰でも講座の企画力があるわけではない。この事実を直視しそこから出発する必要があろう（赤尾 2009）。

　職員の専門性をめぐる議論も，労働運動から派生した「スローガンとしての専門職」をアピールするだけでは，広範な人々の支持を獲得することはできないであろう。閉じられた「業界の論理」だけでは立ち行かない時代に，社会教育関連職員が置かれていることを認識しておくことが必要であろう。

参考文献

赤尾勝己『生涯学習社会の可能性──市民参加による現代的課題の学習』ミネルヴァ書房，2009年。

池田和嘉子「エンパワーメントをめざす女性の学習」日本社会教育学会編『成人の学習』（日本の社会教育第48集）東洋館出版社，2004年。

岩崎久美子・中野洋恵編著『私らしい生き方を求めて──女性と生涯学習』玉川大学出版部，2002年。

上野景三・恒吉紀寿編著『岐路に立つ大都市生涯学習──都市公民館発祥の地から』（叢書地域をつくる学びⅨ）北樹出版，2003年。

北九州市立男女共同参画センター"ムーブ"編『ジェンダー白書1　女性に対する暴力』（ムーブ叢書）明石書店，2003年。

久留米市男女平等推進センター調査研究事業「男性を対象とした男女共同参画に向けた講座プログラム開発」調査研究報告書，2008年。

国立女性教育会館女性学・ジェンダー研究会編著『女性学教育／学習ハンドブック（新版）』有斐閣，2001年。

多賀太「個人化社会における男らしさのゆくえ──サラリーマンのいまとこれから」多賀太編『揺らぐサラリーマン生活──仕事と家庭のはざまで』ミネルヴァ書房，2011年。

竹本美恵・丹波恵子・田中靖子『だがしや楽校は未来を救う』ロゼッタストーン，2006年。

寺中作雄『社会教育法解説　公民館の建設』国土社，1995年。

南里悦史・松田武雄編著『校区公民館の再構築──福岡の校区公民館の歴史と実践』（叢書地域をつくる学びⅩⅣ）北樹出版，2005年。

日本公民館学会編『公民館のデザイン』エイデル研究所，2010年。
日本社会教育学会編『現代公民館の創造——公民館50年の歩みと展望』東洋館出版社，1999年。
M. ノールズ／三輪建二・堀薫夫監訳『成人教育の現代的実践——ペダゴジーからアンドラゴジーへ』鳳書房，2002年。
E. ヘイズ・D.D. フラネリー／入江直子・三輪建二監訳『成人女性の学習』鳳書房，2009年。
益川浩一「法人公民館の設立・運営に関する一考察——岐阜県多治見市の財団法人池田屋公民館を事例として」<研究ノート>『教育学研究』第78巻第1号，日本教育学会，2011年。
松下圭一『社会教育の終焉』[新版]筑摩書房，2003年。
松田道雄・矢部亭『だがしや楽校のススメ』創童社，2003年。
松本大「エンパワーメント・ポリティックスと女性」高橋満・槙石多希子編『ジェンダーと成人教育』創風社，2005年。
牟田静香『人が集まる!行列ができる!講座，イベントの作り方』講談社，2007年。
矢野泉編著『多文化共生と生涯学習』明石書店，2007年。
渡辺義彦『公民館取扱説明書』ふきのとう書房，1998年。

終章　生涯学習社会の課題と可能性

1　自己のコスモロジーのたえざる再構築を求めて

　人間の人生においてフォーマルな学習，ノンフォーマルな学習，インフォーマルな学習の3種の学習は，人間の能力形成の総体に関わり，その人ならでは一種の世界（コスモロジー）を形成している（野村 1994）。それは絶えざる形成過程にある「未完のコスモロジー」である。ポプケヴィッツ（T. Popkewitz）らは，生涯学習者とは「未完のコスモポリタン＝国際市民」（unfinished cosmopolitan）であると表現している。

> 　「未完の国際市民という広い概念に注目することによって，私たちの意図は，学習社会，生涯学習者としての個人，さらに広く政策科学が，変革や選択，人間の利害について考えることがいかに可能であるかを，歴史的に探究することである。統治性（governmentality）という概念は，この現在を歴史化する戦略を提供する」（Popkewitz, Olsson, Petersson 2006：446）。

　「国際市民」という用語の背景には，多文化主義との関連性がある。自分たちの国民や民族が世界で一番優れているという自民族中心主義（ethnocentrism）からの脱却が前提とされるのである。
　序章と第9章において，筆者は3種の学習形態に言及したが，ここで改めて，生涯における自己のコスモロジーの構築に関わる3種の学習の関係を示

しておきたい。

　筆者は，これらの学習を一つの山に例えた。大量のインフォーマルな学びが学習の表層を形成する。その内側にノンフォーマルな学習が位置づく。さらにその中核に学校教育を典型とするフォーマルな学習が位置づく。この学びのすそ野づくりは生涯にわたって継続されていくのである。その人の人生の中で，学びは重層的かつ立体的に積み重ねられていくのである。場合によっては，これまで学んできた偏見や思い込みを「学び捨てること」（unlearning）も必要になってくるかもしれない。Unlearningの次には，「学び直すこと」（relearning）も必要になってくるかもしれない。

　フォーマルな学校教育で得た知識が，その後のノンフォーマルな学習やインフォーマルな学習で得た知識によって問い返されることもあろう。また，その逆もありうる。インフォーマルな学びで得た知識がフォーマルなあるいはノンフォーマルな学習で得た知識によって問い直され修正されるのである。学んだ知識総体の内部において相互交渉が繰り返され，生涯の時間的経過の中で再帰的に練り上げられていくのである。暗黙知の多くはインフォーマルな学びにおいて獲得される。形式知の多くはフォーマルな学習において獲得される。双方の知のせめぎあいによって，新たな形式知が創造されるのである（野中 2003）。

　ガードナー（H. Gardner）は「多重知能」（multiple intelligence）として「言語的知能」「論理数学的知能」「音楽的知能」「身体運動的知能」「空間的知能」「対人的知能」「内省的知能」「博物的知能」の8種類の知能を提起している。これらの知能も，私たちの生涯学習と密接に関わっているが，これらは並列的な知能のカタログではなく，キーコンピテンシーとの関連でいくつかの種類の能力の中に位置づけることができるであろう。

　2011年8月から実施された国際成人力調査（PIAAC）では，読解力について次のような問題が例示された。

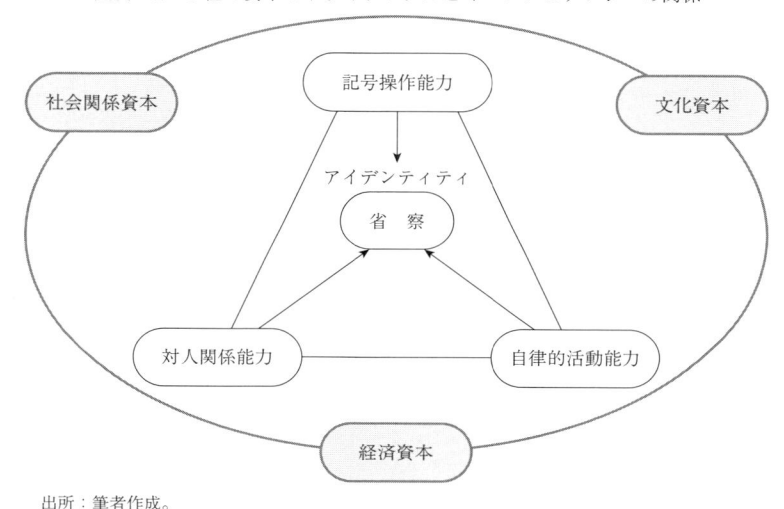

終章　生涯学習社会の課題と可能性

図終-1　3種の資本のトライアングルとキーコンピテンシーの関係

```
         記号操作能力
社会関係資本  ↓        文化資本
      アイデンティティ
         省　察
        ↗    ↖
   対人関係能力 ── 自律的活動能力
         経済資本
```

出所：筆者作成。

・ホテルなどにある電話のかけ方の説明を読んで，指定された相手に電話をかけるにはどのように操作したらよいかを答える。
・図書館の蔵書検索システムを使って，指定された条件に合う本を選ぶ。
・商品の取扱説明書を読み，問題が起きた時の解決方法を答える。

このような問題を解くためには，学校のようなフォーマルな学習よりもむしろ日常生活でのインフォーマルな学びが重要になってくることがわかる。「生涯学力」というのは，フォーマル・ノンフォーマル・インフォーマルな学びの総体の中で培われてくるもので，それらは本書で言及した学校学力，学士力，社会人力と呼ばれている能力群の総体でもある。

次に，キーコンピテンシーと文化資本──経済資本──社会関係資本，そしてアイデンティティの連関性について見てみよう。これまで本書で学んだことを総合すると，後期近代社会に生きる私たちの生涯学習は図終-1の中

219

に位置づけられるのではないだろうか。

ブルデュー（P. Bourdieu）は，文化資本を3つの形態に分けている。第1は，身体化された様態である。対人関係において適切な言葉遣いができる，挨拶ができるなどの慣習的行動様式（habitus）がこれにあたる。面接試験で試されるのはこれである。第2は，客体化された様態である。これは，蔵書，楽器（ピアノ，ヴァイオリン，フルート，オーボエ，トランペットなど），家具，自家用車といった物的環境を指す。これらの物的環境が，それらを使いこなす人間の身体のあり方，すなわち第1の文化資本の身体化された様態と連関している。第3は，制度化された様態である。これは学歴，免許，資格など，その人が学習した成果を公的に認定するものであり，その所持が就職市場等において意味をもち，経済資本との関わりが深い（ブルデュー）。文化資本は，経済資本と密接な関係にあり，世代間で文化的再生産が行われる。

社会関係資本は，人と人との関係，人的ネットワークを指す。これには，家族や結社のようなのような同質な人々の集まりを指す結束型（bonding）と，職場関係や出入り自由なサークルやクラブでの人間関係のような橋渡し型（bridging）がある。社会関係資本の形成と市民参加の関係についてみれば，社会関係資本は，生涯学習を通した市民社会の構築と市民性の涵養に関わっている。近年の研究では，市民参加（civic engagement）と社会関係資本の関連性の強さが指摘されている（佐藤 2011a）。

これらの3種の資本に包摂されたキーコンピテンシーは格差社会の中にある。私たちはつねに，階級（class），性（gender），人種（race），民族（ethnicity）等の観点から，人間の生涯学習の営みや，諸施設での生涯学習の実践，さらに生涯学習政策・行政について分析する視点をもちたい。そこで学習格差との関連で，誰が得をして誰が損をしているかを分析する研究が必要である。図終−1にあるように，生涯学習の中核にはアイデンティティの形成があり，それはたえず省察に開かれている。人間のアイデンティティ形成の課題は，究極的には，他者のアイデンティティを侵害しないことに尽きる。これにつ

いて，バウマンは次のように論じている。

> 「互いにばらばらに存在するアイデンティティによって排他性が生み出されないような対策を講じること，他のアイデンティティとの共生を排斥しないことである。そして，今度はこのことによって自己主張という名目で他者のアイデンティティを抑圧するようなことをやめる必要性が生み出されるばかりでなく，その全く反対に，他者のアイデンティティを保護することこそ自分の独自性を花開かせてくれるような多様性を維持することにつながると認める態度を身につけさせることになる」（バウマン 2008：133-134）。

　これは簡潔に言えば，自己と他者との間の「ウィン・ウィン」（win win）関係である。これまでのアイデンティティ論がともすれば「あれか，これか」といった二者択一的な発想に彩られていたこととは対照的である。私たちはここに，より包摂的で非差別的な新たなアイデンティティ論の水準を確認できよう。

2　生涯学習社会は生涯資格化社会か

　私たちは学んだことを目に見えるものにして確実にするために，資格取得という形につなげていきたいと考えがちである。とりわけ，不景気の中で，少しでも就職市場における自分の商品価値を上げたいと願う人々にとって資格取得は大きな魅力となろう。このことに異存はない。しかし，こうした資格取得によって「学びを形にしたい」という私たちの願いが，うまく第三者に利用されていることにも注意が必要である。
　私たちは本書第4章で「生涯学習パスポート」という考え方があることを知った。これはOECDが提唱している「学習の可視化」という考え方にも通

じている。人々のインフォーマル・ノンフォーマルな学びを評価して単位を与えていくということが構想されている。その根底には，1980年代の臨時教育審議会で提唱された「学歴主義の弊害の是正」が掲げられている。しかし，学校教育というフォーマルな学習を蓄積した結果，獲得した学歴でついた差を，社会教育等のノンフォーマルな学習を評価することで埋めることができるのであろうか。学歴でついた差はやはり学歴で埋めていくしかないのではないだろうか。ここでの根本的な問題は，生涯学習パスポートにおける人々の学習の認証評価においては，学んだ結果得られた「学力」が問われていないことである。学習経験だけが記録され認証評価されることになっていることである。大学での資格取得では，履修した科目について試験が行われ学力評価がなされるが，生涯学習パスポートにおける学習の認証評価にはそれがない。ここに大きな隔たりがあるのである。

　若い頃に大学教育を受けることができなかった人々や，社会に出てもう一度学びなおしたいと思う人々のために，大学等では社会人入試が行われているのである。大学に入学すれば，講義や演習を受講し試験によって学力が評価される。しかし，学力を評価しない生涯学習パスポートでは，人々に誤った期待を抱かせることになろう。「学習の可視化」は，また人々の学びのプライバシーを侵害するという弊害も生み出す。ボランティアを評価して単位を与えるという発想も，評価されるためにボランティアを行うという，もともとのボランティアのあり方を歪めてしまうことになろう。

　今日，私たちは，資格取得を暗に強制される社会に生きているとも言えよう。それは，人々の中に，不況の中で，他の人よりも少しでも多く資格を取得しておかなければ，職に就けないあるいは職場で昇進できないのではないかという漠然とした「不安」があるからである。そのために学生時代に多くの資格を取得しようとする学生がいることも周知のとおりである。筆者には，少しでも多くの資格を取得することで就職を有利にしたいという学生諸君の気持ちはよくわかる。しかし，「就職」に役立たない資格を取得してどうなる

のであろうか。これは労働市場の中で、自分の付加価値を上げたいという欲求の表われでもある。そこに様々な民間の資格提供業者が似たような資格を宣伝して、この不安感につけ込むのである。民間の資格提供業者にしてみれば、これはたいへんおいしい利益を得る市場になる。だから、誰もこうした事態を批判しようとしないのである。それは、人々の不安が資格取得によって軽減されたり（正統化のメカニズム）、促進されたりしながら、そこが民間資格業者にとっては資本蓄積（蓄積）の場になりえるからである。その結果、似たような資格が乱立して、人々に混乱を引き起こしている。こうした人々を生涯にわたり資格取得に駆り立てる状況を、エインリー（P. Ainley）に倣い「生涯資格化社会」（Lifelong Certified Society）と呼ぶことができよう。人々は労働市場における救いを求めて資格取得のための学びに駆り立てられるのである。国家もそうした状況に対して有効な調整を講じようとしていない。こうした現象は社会病理の一つとも言えよう。

　人々の学習の評価については、ユネスコであれ、OECDであれ、アメリカの学習社会論であれ、考えていることは同様である。人間のあらゆる学び——フォーマルな学習、ノンフォーマルな学習、インフォーマルな学習——を評価の対象にしていく社会にしていこうとしているように見える。しかしそれでほんとうによいのだろうか。人々は生涯にわたり自らの学びの総体を評価にさらしていくことになるかもしれない。

　これは見方を変えれば、フーコー（M. Foucault）が批判したベンサム（J. Bentham）の考案した「一望監視システム」である。刑務所にいる受刑者たちはたえず自らが監視されていると思い込まされる。監視塔に看守がいない時間でも、自らの身体全体が監視の対象となっていると思い込まされている。これは究極の自己監視の形態なのである。これでは最初から「評価ありきの学び」（learning with evaluation）になってしまう。人々はつねに「学びの自己規制」を強いられることになるのである。

　今や人々の間の学歴格差を是正していこうとする生涯学習システムが、

人々の学びの評価範囲の拡大をもたらすという事態を生み出そうとしている。ここには，人々の学歴格差を生涯学習政策・施策によって埋めることは可能なのかという根本的な問題が存在する。ここで，私たちは，生涯学習社会を，人々のあらゆる学習を評価し等級づける「生涯学習一望監視型社会」にしてはなるまい。

3　一望監視型社会と自己監視の関係

　フーコーは，権力論について注目すべき知見を残している。彼は『監獄の誕生』の中で，ベンサムの＜一望監視装置＞（パノプティコン）の効果について次のように論じている。

> これは，「見る＝見られるという一対の事態を切り離す機械仕掛であって，その円周状の内部では人は完全に見られるが，けっして見るわけにはいかず，中央部の塔のなかからは人はいっさいを見るが，けっして見られはしないのである。これは重要な装置だ，なぜならそれは権力を自動的なものにし，権力を没個人化するからである」（フーコー　1977：204）。

　私たちは規律的権力（disciplinary power）に従って，自らを規律づける。規律的権力は，自己監視を強化し，刑務所の中で機能することで，もっとも顕わになる。そのメカニズムは，学校，工場，社会サービス機関，そして成人教育でも機能する。規律的権力は，グループや集団を個別の単位に切り離していく。孤立した自己決定学習者は，自らを監視するようになる。個々人の自己決定的・自己ペースでの学習プロジェクトが機能する。自己決定学習者にしても，そうした権力の網の目から逃れられるわけではないのである。

「ここには高圧的な国家装置は必要ない。主体化，すなわち個人を主体に変ずる権力形式があれば事足りるのである」（フーコー 2006:15）。

ここでは自己監視（self-surveillance）が，規律的権力のもっとも重要な構成要素である。国家権力は全体化と個別化を同時になす権力形式である。ここでは，人々の学習の収奪，学習の操作が行われ，資格取得によってよい生活ができるという幻想をふりまいている。

アンダーソンは，「以前の学習」の認証には次のような機能が働いていると論じる。言説レベルでは，学習の認証によって学習者の自尊感情（self esteem）が高まると言える。これによって，人々が失業から救われ，資格取得に至るのに必要以上の学習をしないで済むという救済の物語（salvation narrative）も機能している（Anderson 2008:128）。さらに，知識の性質が変わってきた。つまり，ノンフォーマルな学習やインフォーマルな学習で得られる知識が，フォーマルな学校教育で得られる知識より，以前に比べて相対的に重要になってきた。学校知よりもポランニーの言う「暗黙知」や「個人的知識」が生産性に深く関わりつつある。だからこそ，それらの知がどれだけ獲得されているかを測定しようと，国家の欲望が頭をもたげてくるのである。

そのことが，学習者にとっては，将来どのように学習すればよいかという判断に影響していく。人々の学びが「評価されるための学び」に傾斜していくのである。実はそれは長期的には有益なことではない。なぜなら，それがインフォーマルな学びに一定の暗黙の枠をはめてしまうからである。本来，インフォーマルな学びにはそのような枠はない。そうした開かれたインフォーマルな学びの世界に資格化の制限が設けられることは，実は知の活性化にとって望ましいことではないのだ。そうした逆説を私たちは知るべきである。

序章で触れたように，そもそもインフォーマルな学びは価値を問わない様々な文脈で生起する。その意味で，生涯学習は海のような豊饒な世界であ

る。その学びはきわめて文脈依存的であり，偶然によって左右されがちである。正統的周辺参加論にしても，新参者が入門する共同体は，多種雑多な世界を有する。学習が文脈を離れてあり得ないという社会構成主義的学習理論の動向から見ると，文脈を捨象したうえでのインフォーマルな学習の評価という行為は，逆向きではないだろうか。なぜなら「以前の学習」の評価は，学習者が生きている実存的な文脈を切断して行わざるを得ない行為だからである。

同時に決定的なのは，ノンフォーマルな学習やインフォーマルな学習の評価においては「学力」という概念を欠いている点である。フォーマルな学習であればなんらかの「学力テスト」によって学力水準を確認できよう。しかし，文脈依存的なノンフォーマル・インフォーマルな学習の評価においては，「客観的な」学力を測定することはできない。それらの学習で培われる力は文脈依存的で局所的である。だから，そもそも「客観的な」測定や定式化にはなじまないのである。

本書を終えるにあたり，私たちが日本の生涯学習社会を構想する際に，「管理社会批判」という視座を大切にしたい。今ある社会が，生涯学習社会になることで，これ以上息苦しい社会になってはならないという問題意識が根底には必要であろう。

生涯学習と企業社会の変容との関連性について言及するならば，かつては，企業が社員を自らの色に染め上げていくための企業内教育が中心であった。精神主義，社訓の内面化，社歌による社員の一体感の育成等，社員は企業に身も心もアイデンティフィケートさせていた。しかし，今は終身雇用制が相対化され，自己啓発が中心になっている。そうした人事政策の変化の下で，人々は自分の力量を高め，それが会社にとってどのような貢献ができるかを考えていかねばならない。さらに，職業訓練を受けても職に就くことができない時代に入っている。グローバリゼーションの影響で正規雇用が少なくなり，非正規雇用が増加している。企業自体が柔軟な人事を行わなければ存続

できなくなっている時代に入った。構造的に，企業社会は少数の正規労働者と多数の非正規労働者によって担われている。

こうした構造の改革は生涯学習の努力だけでは，どうすることもできない。国家としては職に就けるように何かをやっているという口実のために職業訓練をやらざるを得ない。しかし，不況で全体的に就職のパイが少なくなっている状況においては，これも焼け石に水でしかない。景気の好況・不況によって左右される就職市場において，ノンフォーマルな学習やインフォーマルな学習の評価が，国家が何らかの手を打っているというアリバイ作りのために利用されることもありうるであろう。人々の中には，そうした評価を受ければ，就職市場で有利になるかもしれないという期待も生まれてくるかもしれない。しかし，それは淡い期待でしかない。

4　ささやかな希望的観測

生涯学習社会は，一方で，ノンフォーマルな学習やインフォーマルな学習の可視化が進行するが，他方で，学習を通した民主主義の実現への可能性を有している。オルセン（M. Olssen）は，「学習社会はもはや教育の理念としてではなく政治的な理念として機能している。この意味で，学習は，参加と学習が起こるコミュニケーションと言語のシステムとして，まさに社会的な特質をもち，コミュニティと連関している。こうしたテーマは，個人と集団が調停されるメカニズムとして直接，民主主義と結びついている」（Olssen 2008: 45）と述べている。

彼は，今日の生涯学習が，人々の自己管理学習（self-managed learning）に基盤を置き，柔軟な支配を行う新自由主義にからめとられる状況について，次のような指摘をしている。

「究極的に，生涯学習は責任をシステムから個人にシフトさせている。

そこでは，個人は自己解放（self-emancipation）と自己創造（self-creation）に責任をもつのだ。それが，社会において自らの場所を得るために，自らの技能を更新する責任をもつ自律的で自立した個人の言説なのだ」（Olssen 2008：41）。
　「本質的に，学習者は自らの発達についての起業家（entrepreneurs）になるのだ。国家が提供するのは，その過程を促進し評価する道具である。個人は学習しなければならないだけでなく，何を学ぶか，そして何をいつ忘れるか，さらに状況が要求した時に，何を学ぶべきかを認識することを学ばなければならないのだ」（Olssen 2008：42）。

　ここには先に触れた unlearning も含まれている。だが，ここでオルセンは次のような希望的観測を提示している。

　「生涯学習は，今日の時代において，はっきりと新自由主義の統治可能性の言説となってしまったが，コンピューターであれ，言葉であれ，より特殊な目的であれ，発達のための技能や機会の多くが，教育的理想として明らかに価値があるということが議論されていない。…（中略）…私たちはみんな将来の学習社会の住民なのだしそうなるべきなのだ。重要な問いは，どんな目的のために学習は利用できるのか，学習は何の目的に奉仕すべきなのか，ということだ」（Olssen 2008：43）。

もっと言えば，「新自由主義的な理性に奉仕しない学習のモデルはどのようにして開発できるか？」という問いである。「簡潔に言えば，それは，新自由主義的な利用から学習を守るためのより広い規範的な枠組みを確立することである」（Olssen 2008：43-44）。
　ここで，学習を他者とのかかわりの過程として含むコスモポリタニズム＝世界市民主義（cosmopolitanism）の原理が提示される。

「学習はそれ自体，本質的に民主的なプロジェクトである。もしも私たちの本質的な民主主義の概念が，ある程度の多様性と多元性を許容する一定の一般的な目的を据えるのであれば，私たちの民主主義についての手続き的見解は，すべての個人と集団の発達，機会と同様に，包摂（inclusion），安全を確実にするために制度化されたバランスのとれた制度，メカニズム，過程の方向性としてある。この点において，学習をめぐる研究は，これらの目的を満たすために民主主義を進化させる手段に焦点化する必要があるのである」(Olssen 2008:45)。

これに関連して，ポプケヴィッツ（T. Popkewitz）らは，フーコーの言う統治性概念とコスモポリタニズム＝世界市民主義の関係について次の4つの論点を提起している。

① 学習社会の概念は，世界市民の生活様式について，現在を旅する歴史的な碑文の範囲を通して思考し行為することを可能にする。世界市民主義は，ある一つのものでもなく，歴史の気まぐれの中で手に取ることができずに動いている不変のものではない。…（中略）…今日の世界市民は，変化の過程の中で変革を創り出す，エンパワーされ声を有し自己に責任をもった行為主体の（agencial）個人である。行為主体の概念と理性の普遍性は，変化の中で，単に現在において現れているのではなく，自己（the self）についての歴史的構成物でもある。
② 教育学や社会科学，教育科学には，世界市民主義に行為主体を刻み付ける神聖不可侵性がある。しかし，この行為主体が，近代国家の形成と統治の技術を交差する記録であることはほとんど探求されていない。…（中略）…つまり各々の人間は，個々の自己が統合される，異なる生物的・社会的力を反映している動機や知覚の全体的なシステムを保持しているのだ。

③ 世界市民の理性は，行為主体の土台であるだけでなく，統治の境界であり客体である。…（中略）…理性は，むしろ省察や参加を秩序づける規則や基準の歴史的に作られたシステムからなる。世界市民的理性という概念は，社会の進歩や個人的満足の名の下に，省察や行為を統治するために，意図され統治可能なものである。

④ 啓蒙思想家たちが，理性や合理性（科学）を，個人がローカルな局所的なものから超えていくことを可能にする価値として論じる一方で，世界市民的理性の規則や基準は，日々の生活を秩序づける際のある特殊な専門的知識を前提としている。…（中略）…人間科学は心の内的な質と社会的相互作用に注目する特殊なテクノロジーとして現れた。人間科学の専門的知識は世界市民の自由を構成できるのである。(Popkewitz, Olsson, Petersson 2006:434-435)

つまりここで，ポプケヴィッツらは，世界市民主義が，生涯学習社会や学習者について歴史的に考える戦略を持つことが大切であり，「今日の生涯学習者や学習社会についての改革は，この歴史的な世界市民主義の物語とイメージをめぐる歴史的文脈において意味をなす。これらは自己省察，行為，参加といった原則を統治するテクノロジーとして機能している」(Popkewitz, Olsson, Petersson 2006:436) と論じている。後期近代社会における人間の統治様式を見越した深い洞察ではないだろうか。

そして，「学習社会の前文は，自律性や民主主義を増大させるという観点で書かれうるだけでなく，自己実現の実質的な基盤概念が変化しつつあることと，個人化された可能性と公的・集団的な潜在能力（capabilities）を強調することに移行しているという観点において書かれうるのである」(Popkewitz, Olsson, Petersson 2006:436) と論じている。この「未完の世界市民」の潜在能力については，かつてセン（A. Sen）も語っている。

「潜在能力とは，第一に価値ある機能を達成する自由を反映したものである。それは，自由を達成するための手段ではなく，自由そのものに直接，注目する。そして，それはわれわれが持っている真の選択肢を明らかにする。この意味において，潜在能力は，実質的な自由を反映したものであると言える。機能が個人の福祉の構成要素である限り，潜在能力は個人の福祉を達成しようとする自由を表している」（セン 1997:70）。

センの所論には検討すべき点が残されているが，後期近代社会に生きる私たちの学びが，個人化された自己実現と世界市民としてよりよい社会を形成していく駆動力となっていくと同時に，私たちは民主主義を基盤としたより善き生涯学習社会のあり方を常に構想していかなければならないのである。

参考文献
赤尾勝己『生涯学習の社会学』玉川大学出版部，1998年。
赤尾勝己「生涯学習社会へ向けて」山根祥雄編著『現代教育の争点』八千代出版，2000年。
稲葉陽二編著『ソーシャル・キャピタルの潜在力』日本評論社，2008年。
稲葉陽二・大守隆・近藤克則・宮田加久子・矢野聡・吉野諒三編『ソーシャル・キャピタルのフロンティア——その到達点と可能性』ミネルヴァ書房，2011年。
今田高俊『自己組織性と社会』東京大学出版会，2005年。
R.コリンズ／新堀通也監訳，大野雅敏・波平勇夫共訳『資格社会——教育と階層の歴史社会学』有信堂高文社，1984年。
佐藤智子「社会関係資本と生涯学習」立田慶裕・井上豊久・岩崎久美子・金藤ふゆ子・佐藤智子・荻野亮吾『生涯学習の理論』福村出版，2011年 a。
佐藤智子「社会関係資本に対する成人学習機会の効果——教育は社会的ネットワークを促進するか？」日本社会教育学会紀要第47号，2011年 b。
助川晃洋「キー・コンピテンシーと"well-being"——DeSeCoプロジェクトにおける両者の関係のとらえ方とそれを支える福祉理論について」『平成21年度戦略重点経費研究プロジェクト成果報告書——児童・生徒の"well-being（よりよき生）の実現に資する教育実践とその理論的基礎に関する研究』宮崎大学，2010年。

A．セン／鈴村興太郎訳『福祉の経済学──財と潜在能力』岩波書店，1988年。
A．セン／池本幸生・野上裕生・佐藤仁訳『不平等の再検討─潜在能力と自由─』岩波書店，1999年。
野中郁次郎・泉田裕彦・永田晃也編著『知識国家論序説──新たな政策過程のパラダイム』東洋経済新報社，2003年。
野村幸正『かかわりのコスモロジー』関西大学出版部，1994年。
Z．バウマン／澤井敦・菅野博史・鈴木智之訳『個人化社会』青弓社，2008年。
J．フィールド／矢野裕俊監訳『ソーシャルキャピタルと生涯学習』東信堂，2011年。
M．フーコー／田村俶訳『監獄の誕生──監視と処罰』新潮社，1977年。
M．フーコー／渥海和久訳「主体と権力」『ミシェル・フーコー思考集成Ⅸ 自己/統治性/快楽1982-83』筑摩書房，2001年。
M．フーコー／小林康夫・石田英敬・松浦寿輝編『生政治・統治』（フーコーコレクション 6）筑摩書房，2006年。
P．ブルデュー／福井憲彦訳「文化資本の三つの姿」『actes』第 1 号，日本エディタースクール出版社，1986年。
P．ブルデュー・J．パスロン／宮島喬訳『再生産』藤原書店，1991年。
S．J．ボール編著／稲垣恭子・喜名信之・山本雄二監訳『フーコーと教育──＜知=権力＞の解読』勁草書房，1999年。
M．ポラニー／長尾史郎訳『個人的知識──脱批判哲学をめざして』ハーベスト社，1985年。
本田由紀『多元化する「能力」と日本社会──ハイパー・メリトクラシー化のなかで』NTT 出版，2005年。
山家歩「市民性を通じての統治──フーコー統治性論と市民社会論」村上俊介・石塚正英・篠原敏昭編著『市民社会とアソシエーション──構想と経験』社会評論社，2004年。
N．リン／筒井淳也他訳『ソーシャル・キャピタル』ミネルヴァ書房，2008年。
P. Ainley, *Learning Policy: Toward the Certified Society*, Macmillan, 1999.
P. Anderson, *Recognition of prior learning as a technique of governing*, In A. Fejes, K. Nicoll ed., *Foucault and Lifelong Learning: Governing the subject*, Routledge, 2008.
P. Jarvis, *The emergence of lifelong learning*, In P. Jarvis, J. Holford, C. Griffin, ed., *TheTheory and Practice of Learning*, 2nded., KoganPage, 2003.
P. Jarvis, *Toward a Comprehensive Theory of Human Learning: Lifelong Learning and the Learning Society* Vol.1, Routledge, 2006.

P. Jarvis, *Globalisation, Lifelong Learning and the Learning Society:* Lifelong Learning and the Learning Society Vol.2, Routledge, 2007.

P. Jarvis, *Democracy, Lifelong Learning and the Learning Society: active citizenship in a late modern age,* Lifelong Learning and the Learning Society Vol.3, Routledge, 2008.

M. Olssen, *Understanding the mechanisms of neoliberal control: Lifelong learning, flexibility and knowledge capitalism,* In A. Fejes, K. Nicoll ed., *Foucault and Lifelong Learning: Governing the subject,* Routledge, 2008.

M. Osborne, K. Sankey, B. Wilson, *Social Capital, Lifelong Learning and the Management of Place: An International Perspective,* Routledge, 2007.

T. Popkewitz, U. Olsson, K. Petersson, *The learning society, the unfinished cosmopolitan, and governing education, public health and crime prevention at the beginning of the 21st century,* Educational Philosophy and Theory Vol. 38, No.4, 2006.

T. Schuller, *Exploiting Social Capital: Learning about Learning,* FCE Occasional Paper No.1, Faculty of Continuing Education, Birkbeck University, 2001.

T. Schuller, Angela Brassett-Grundy, Andy Green, Cathie Hammond, John Preton, *Learning, Continuity and Change in Adult Life,* Wider Benefits of Learning Research Report No.3 Center for Research on the Wider Benefits of Learning, 2002.

T. Schuller, D. Watson, *Learning Through Life: Inquiry into the Future for Lifelong Learning,* NIACE, 2009.

　　　　　　　　あ と が き

　ある日，関西大学の私の研究室にミネルヴァ書房編集部の方から一通のお手紙が届いた。その文面には，私が関西大学で担当している「生涯学習概論（一）」の講義で使っているテキスト『生涯学習概論――学習社会の構想』（関西大学出版部，1998年初版，2010年３月第10刷発行）の内容を読んで，21世紀の日本の生涯学習社会にふさわしい新しい教科書を書いてみませんかという提案がなされていた。当時，私は大阪大学大学院で社会人大学院生として博士論文の作成に取り掛かっていた。そこでまず博士論文を書籍にしていただき，その後で新しい生涯学習概論のテキストを書かせていただければというご提案をさせていただいた。そこで刊行されたのが『生涯学習社会の可能性――市民参加による現代的課題の講座づくり』（ミネルヴァ書房，2009年）である。
　実は，生涯学習・社会教育研究者の世界は非常に党派的である。そうした業界において，かねてより私には，党派を超えて「学としての生涯学習概論」を書いてみたいという思いがあった。私が編者となって『生涯学習理論を学ぶ人のために』（世界思想社，2004年）を刊行し，世界で通用している生涯学習理論の普及に努めたのはその端緒である。今回，あえて本書に『新しい生涯学習概論――後期近代社会に生きる私たちの学び』という書名をつけたのは，ミクロ・レベルの人間の学習による認識の変容からマクロ・レベルにある社会のあり方まで視野に入れた，あまたある生涯学習概論のテキストにはない地平を切り開きたいという思いによるものである。
　本書では，まず，後期近代社会に生きる私たちの学びのあり方を究明する視点として，フォーマル・ノンフォーマル・インフォーマルな学習（学び）がどのように絡んでいるのか，そこにどのような学習（学び）が生起している

のかという問題意識から，生涯学習を論じてきた。また，国際機関や国家，地方自治体などの行政が生涯学習を促進していく状況について述べ，それらがどのような意味を持っているのかについて述べてきた。グローバル・レベル，マクロ・レベル，ローカル・レベルの連関性・重層性だけでなく，それらの間の齟齬や葛藤についても理解していただければ幸いである。

　各章末には，読者の皆様が生涯学習の世界に深く分け入って行けるような参考文献を挙げておいた。本書が，読者の皆様にとって，ミクロ・レベルでの生涯学習の営みにとどまらず，生涯学習社会のあり方についてより深く考えるための素材となることを心から願っている。さらに，読者の皆様が，本書の中で1つの章でも，あるいは1つのキーワードについて興味を抱いて，さらにくわしく調べていこうという気になっていただければ，生涯学習概論の新しい境地を開こうとしている私のねらいは達成されることになろう。

　最後に，ミネルヴァ書房編集部の音田潔様には，原稿のとりまとめや本書の構成や字句について，きめ細かなご助言をいただきたいへんお世話になった。ここに記して深く御礼を申し上げる次第である。

　2011年12月

関西大学千里山キャンパスの研究室で

赤尾　勝己

巻末資料

教育基本法
(平成18年法律第120号)

　我々日本国民は，たゆまぬ努力によって築いてきた民主的で文化的な国家を更に発展させるとともに，世界の平和と人類の福祉の向上に貢献することを願うものである。
　我々は，この理想を実現するため，個人の尊厳を重んじ，真理と正義を希求し，公共の精神を尊び，豊かな人間性と創造性を備えた人間の育成を期するとともに，伝統を継承し，新しい文化の創造を目指す教育を推進する。
　ここに，我々は，日本国憲法の精神にのっとり，我が国の未来を切り拓く教育の基本を確立し，その振興を図るため，この法律を制定する。

第1章　教育の目的及び理念

（教育の目的）
第1条　教育は，人格の完成を目指し，平和で民主的な国家及び社会の形成者として必要な資質を備えた心身ともに健康な国民の育成を期して行われなければならない。
（教育の目標）
第2条　教育は，その目的を実現するため，学問の自由を尊重しつつ，次に掲げる目標を達成するよう行われるものとする。
　一　幅広い知識と教養を身に付け，真理を求める態度を養い，豊かな情操と道徳心を培うとともに，健やかな身体を養うこと。
　二　個人の価値を尊重して，その能力を伸ばし，創造性を培い，自主及び自律の精神を養うとともに，職業及び生活との関連を重視し，勤労を重んずる態度を養うこと。
　三　正義と責任，男女の平等，自他の敬愛と協力を重んずるとともに，公共の精神に基づき，主体的に社会の形成に参画し，その発展に寄与する態度を養うこと。
　四　生命を尊び，自然を大切にし，環境の保全に寄与する態度を養うこと。
　五　伝統と文化を尊重し，それらをはぐくんできた我が国と郷土を愛するとともに，他国を尊重し，国際社会の平和と発展に寄与する態度を養うこと。
（生涯学習の理念）
第3条　国民一人一人が，自己の人格を磨き，豊かな人生を送ることができるよう，その生涯にわたって，あらゆる機会に，あらゆる場所において学習することができ，その成果を適切に生かすことのできる社会の実現が図られなければならない。
（教育の機会均等）
第4条　すべて国民は，ひとしく，その能力に応じた教育を受ける機会を与えられな

ければならず，人種，信条，性別，社会的身分，経済的地位又は門地によって，教育上差別されない。
2　国及び地方公共団体は，障害のある者が，その障害の状態に応じ，十分な教育を受けられるよう，教育上必要な支援を講じなければならない。
3　国及び地方公共団体は，能力があるにもかかわらず，経済的理由によって修学が困難な者に対して，奨学の措置を講じなければならない。

第2章　教育の実施に関する基本

（義務教育）
第5条　国民は，その保護する子に，別に法律で定めるところにより，普通教育を受けさせる義務を負う。
2　義務教育として行われる普通教育は，各個人の有する能力を伸ばしつつ社会において自立的に生きる基礎を培い，また，国家及び社会の形成者として必要とされる基本的な資質を養うことを目的として行われるものとする。
3　国及び地方公共団体は，義務教育の機会を保障し，その水準を確保するため，適切な役割分担及び相互の協力の下，その実施に責任を負う。
4　国又は地方公共団体の設置する学校における義務教育については，授業料を徴収しない。

（学校教育）
第6条　法律に定める学校は，公の性質を有するものであって，国，地方公共団体及び法律に定める法人のみが，これを設置することができる。
2　前項の学校においては，教育の目標が達成されるよう，教育を受ける者の心身の発達に応じて，体系的な教育が組織的に行われなければならない。この場合において，教育を受ける者が，学校生活を営む上で必要な規律を重んずるとともに，自ら進んで学習に取り組む意欲を高めることを重視して行われなければならない。

（大学）
第7条　大学は，学術の中心として，高い教養と専門的能力を培うとともに，深く真理を探究して新たな知見を創造し，これらの成果を広く社会に提供することにより，社会の発展に寄与するものとする。
2　大学については，自主性，自律性その他の大学における教育及び研究の特性が尊重されなければならない。

（私立学校）
第8条　私立学校の有する公の性質及び学校教育において果たす重要な役割にかんがみ，国及び地方公共団体は，その自主性を尊重しつつ，助成その他の適当な方法に

よって私立学校教育の振興に努めなければならない。
　（教員）
第9条　法律に定める学校の教員は，自己の崇高な使命を深く自覚し，絶えず研究と修養に励み，その職責の遂行に努めなければならない。
２　前項の教員については，その使命と職責の重要性にかんがみ，その身分は尊重され，待遇の適正が期せられるとともに，養成と研修の充実が図られなければならない。
　（家庭教育）
第10条　父母その他の保護者は，子の教育について第一義的責任を有するものであって，生活のために必要な習慣を身に付けさせるとともに，自立心を育成し，心身の調和のとれた発達を図るよう努めるものとする。
２　国及び地方公共団体は，家庭教育の自主性を尊重しつつ，保護者に対する学習の機会及び情報の提供その他の家庭教育を支援するために必要な施策を講ずるよう努めなければならない。
　（幼児期の教育）
第11条　幼児期の教育は，生涯にわたる人格形成の基礎を培う重要なものであることにかんがみ，国及び地方公共団体は，幼児の健やかな成長に資する良好な環境の整備その他適当な方法によって，その振興に努めなければならない。
　（社会教育）
第12条　個人の要望や社会の要請にこたえ，社会において行われる教育は，国及び地方公共団体によって奨励されなければならない。
２　国及び地方公共団体は，図書館，博物館，公民館その他の社会教育施設の設置，学校の施設の利用，学習の機会及び情報の提供その他の適当な方法によって社会教育の振興に努めなければならない。
　（学校，家庭及び地域住民等の相互の連携協力）
第13条　学校，家庭及び地域住民その他の関係者は，教育におけるそれぞれの役割と責任を自覚するとともに，相互の連携及び協力に努めるものとする。
　（政治教育）
第14条　良識ある公民として必要な政治的教養は，教育上尊重されなければならない。
２　法律に定める学校は，特定の政党を支持し，又はこれに反対するための政治教育その他政治的活動をしてはならない。
　（宗教教育）
第15条　宗教に関する寛容の態度，宗教に関する一般的な教養及び宗教の社会生活における地位は，教育上尊重されなければならない。

2　国及び地方公共団体が設置する学校は，特定の宗教のための宗教教育その他宗教的活動をしてはならない。

第3章　教育行政

（教育行政）

第16条　教育は，不当な支配に服することなく，この法律及び他の法律の定めるところにより行われるべきものであり，教育行政は，国と地方公共団体との適切な役割分担及び相互の協力の下，公正かつ適正に行われなければならない。

2　国は，全国的な教育の機会均等と教育水準の維持向上を図るため，教育に関する施策を総合的に策定し，実施しなければならない。

3　地方公共団体は，その地域における教育の振興を図るため，その実情に応じた教育に関する施策を策定し，実施しなければならない。

4　国及び地方公共団体は，教育が円滑かつ継続的に実施されるよう，必要な財政上の措置を講じなければならない。

（教育振興基本計画）

第17条　政府は，教育の振興に関する施策の総合的かつ計画的な推進を図るため，教育の振興に関する施策についての基本的な方針及び講ずべき施策その他必要な事項について，基本的な計画を定め，これを国会に報告するとともに，公表しなければならない。

2　地方公共団体は，前項の計画を参酌し，その地域の実情に応じ，当該地方公共団体における教育の振興のための施策に関する基本的な計画を定めるよう努めなければならない。

第4章　法令の制定

第18条　この法律に規定する諸条項を実施するため，必要な法令が制定されなければならない。

　　　附　則（抄）

（施行期日）

1　この法律は，公布の日から施行する。

社会教育法（抄）

（昭和24年法律第207号）

〔最新改正〕令和4年法律第68号

第1章　総則

（この法律の目的）

第1条　この法律は，教育基本法（平成18年法律第120号）の精神に則り，社会教育に関する国及び地方公共団体の任務を明らかにすることを目的とする。

（社会教育の定義）

第2条　この法律で「社会教育」とは，学校教育法（昭和22年法律第26号）に基き，学校の教育課程として行われる教育活動を除き，主として青少年及び成人に対して行われる組織的な教育活動（体育及びレクリエーションの活動を含む。）をいう。

（国及び地方公共団体の任務）

第3条　国及び地方公共団体は，この法律及び他の法令の定めるところにより，社会教育の奨励に必要な施設の設置及び運営，集会の開催，資料の作製，頒布その他の方法により，すべての国民があらゆる機会，あらゆる場所を利用して，自ら実際生活に即する文化的教養を高め得るような環境を醸成するように努めなければならない。

2　国及び地方公共団体は，前項の任務を行うに当たつては，国民の学習に対する多様な需要を踏まえ，これに適切に対応するために必要な学習の機会の提供及びその奨励を行うことにより，生涯学習の振興に寄与することとなるよう努めるものとする。

3　国及び地方公共団体は，第1項の任務を行うに当たつては，社会教育が学校教育及び家庭教育との密接な関連性を有することにかんがみ，学校教育との連携の確保に努め，及び家庭教育の向上に資することとなるよう必要な配慮をするとともに，学校，家庭及び地域住民その他の関係者相互間の連携及び協力の促進に資することとなるよう努めるものとする。

（国の地方公共団体に対する援助）

第4条　前条第1項の任務を達成するために，国は，この法律及び他の法令の定めるところにより，地方公共団体に対し，予算の範囲内において，財政的援助並びに物資の提供及びそのあつせんを行う。

（市町村の教育委員会の事務）

第5条　市（特別区を含む。以下同じ。）町村の教育委員会は，社会教育に関し，当該

地方の必要に応じ，予算の範囲内において，次の事務を行う。
一　社会教育に必要な援助を行うこと。
二　社会教育委員の委嘱に関すること。
三　公民館の設置及び管理に関すること。
四　所管に属する図書館，博物館，青年の家その他の社会教育施設の設置及び管理に関すること。
五　所管に属する学校の行う社会教育のための講座の開設及びその奨励に関すること。
六　講座の開設及び討論会，講習会，講演会，展示会その他の集会の開催並びにこれらの奨励に関すること。
七　家庭教育に関する学習の機会を提供するための講座の開設及び集会の開催並びに家庭教育に関する情報の提供並びにこれらの奨励に関すること。
八　職業教育及び産業に関する科学技術指導のための集会の開催並びにその奨励に関すること。
九　生活の科学化の指導のための集会の開催及びその奨励に関すること。
十　情報化の進展に対応して情報の収集及び利用を円滑かつ適正に行うために必要な知識又は技能に関する学習の機会を提供するための講座の開設及び集会の開催並びにこれらの奨励に関すること。
十一　運動会，競技会その他体育指導のための集会の開催及びその奨励に関すること。
十二　音楽，演劇，美術その他芸術の発表会等の開催及びその奨励に関すること。
十三　主として学齢児童及び学齢生徒（それぞれ学校教育法第18条に規定する学齢児童及び学齢生徒をいう。）に対し，学校の授業の終了後又は休業日において学校，社会教育施設その他適切な施設を利用して行う学習その他の活動の機会を提供する事業の実施並びにその奨励に関すること。
十四　青少年に対しボランティア活動など社会奉仕体験活動，自然体験活動その他の体験活動の機会を提供する事業の実施及びその奨励に関すること。
十五　社会教育における学習の機会を利用して行つた学習の成果を活用して学校，社会教育施設その他地域において行う教育活動その他の活動の機会を提供する事業の実施及びその奨励に関すること。
十六　社会教育に関する情報の収集，整理及び提供に関すること。
十七　視聴覚教育，体育及びレクリエーションに必要な設備，器材及び資料の提供に関すること。
十八　情報の交換及び調査研究に関すること。

十九　その他第3条第1項の任務を達成するために必要な事務
（都道府県の教育委員会の事務）
2　市町村の教育委員会は，前項第13号から第15号までに規定する活動であつて地域住民その他の関係者（以下この項及び第9条の7第2項において「地域住民等」という。）が学校と協働して行うもの（以下「地域学校協働活動」という。）の機会を提供する事業を実施するに当たつては，地域住民等の積極的な参加を得て当該地域学校協働活動が学校との適切な連携の下に円滑かつ効果的に実施されるよう，地域住民等と学校との連携協力体制の整備，地域学校協働活動に関する普及啓発その他の必要な措置を講ずるものとする。
3　地方教育行政の組織及び運営に関する法律（昭和31年法律第162号）第23条第1項の条例の定めるところによりその長が同項第1号に掲げる事務（以下「特定事務」という。）を管理し，及び執行することとされた地方公共団体（以下「特定地方公共団体」という。）である市町村にあつては，第1項の規定にかかわらず，同項第3号及び第4号の事務のうち特定事務に関するものは，その長が行うものとする

第6条　都道府県の教育委員会は，社会教育に関し，当該地方の必要に応じ，予算の範囲内において，前条第1項各号の事務（同項第3号の事務を除く。）を行うほか，次の事務を行う。
一　公民館及び図書館の設置及び管理に関し，必要な指導及び調査を行うこと。
二　社会教育を行う者の研修に必要な施設の設置及び運営，講習会の開催，資料の配布等に関すること。
三　社会教育施設の設置及び運営に必要な物資の提供及びそのあつせんに関すること。
四　市町村の教育委員会との連絡に関すること。
五　その他法令によりその職務権限に属する事項
2　前条第2項の規定は，都道府県の教育委員会が地域学校協働活動の機会を提供する事業を実施する場合に準用する。
3　特定地方公共団体である都道府県にあつては，第1項の規定にかかわらず，前条第1項第4号の事務のうち特定事務に関するものは，その長が行うものとする。
（教育委員会と地方公共団体の長との関係）
第7条　地方公共団体の長は，その所掌に関する必要な広報宣伝で視聴覚教育の手段を利用することその他教育の施設及び手段によることを適当とするものにつき，教育委員会に対し，その実施を依頼し，又は実施の協力を求めることができる。
2　前項の規定は，他の行政庁がその所掌に関する必要な広報宣伝につき，教育委員会（特定地方公共団体にあつては，その長又は教育委員会）に対し，その実施を依

頼し，又は実施の協力を求める場合に準用する。

第8条　教育委員会は，社会教育に関する事務を行うために必要があるときは，当該地方公共団体の長及び関係行政庁に対し，必要な資料の提供その他の協力を求めることができる。

（図書館及び博物館）

第9条　図書館及び博物館は，社会教育のための機関とする。

2　図書館及び博物館に関し必要な事項は，別に法律をもつて定める。

第2章　社会教育主事等

（社会教育主事及び社会教育主事補の設置）

第9条の2　都道府県及び市町村の教育委員会の事務局に，社会教育主事を置く。

2　都道府県及び市町村の教育委員会の事務局に，社会教育主事補を置くことができる。

（社会教育主事及び社会教育主事補の職務）

第9条の3　社会教育主事は，社会教育を行う者に専門的技術的な助言と指導を与える。ただし，命令及び監督をしてはならない。

2　社会教育主事は，学校が社会教育関係団体，地域住民その他の関係者の協力を得て教育活動を行う場合には，その求めに応じて，必要な助言を行うことができる。

3　社会教育主事補は，社会教育主事の職務を助ける。

（社会教育主事の資格）

第9条の4　次の各号のいずれかに該当する者は，社会教育主事となる資格を有する。

一　大学に2年以上在学して62単位以上を修得し，又は高等専門学校を卒業し，かつ，次に掲げる期間を通算した期間が3年以上になる者で，次条の規定による社会教育主事の講習を修了したもの

　イ　社会教育主事補の職にあつた期間

　ロ　官公署，学校，社会教育施設又は社会教育関係団体における職で司書，学芸員その他の社会教育主事補の職と同等以上の職として文部科学大臣の指定するものにあつた期間

　ハ　官公署，学校，社会教育施設又は社会教育関係団体が実施する社会教育に関係のある事業における業務であつて，社会教育主事として必要な知識又は技能の習得に資するものとして文部科学大臣が指定するものに従事した期間（イ又はロに掲げる期間に該当する期間を除く。）

二　教育職員の普通免許状を有し，かつ，5年以上文部科学大臣の指定する教育に関する職にあつた者で，次条の規定による社会教育主事の講習を修了したもの

三　大学に2年以上在学して，62単位以上を修得し，かつ，大学において文部科学省令で定める社会教育に関する科目の単位を修得した者で，第1号イからハまでに掲げる期間を通算した期間が1年以上になるもの

四　次条の規定による社会教育主事の講習を修了した者（第1号及び第2号に掲げる者を除く。）で，社会教育に関する専門的事項について前3号に掲げる者に相当する教養と経験があると都道府県の教育委員会が認定したもの

（社会教育主事の講習）

第9条の5　社会教育主事の講習は，文部科学大臣の委嘱を受けた大学その他の教育機関が行う。

2　受講資格その他社会教育主事の講習に関し必要な事項は，文部科学省令で定める。

（社会教育主事及び社会教育主事補の研修）

第9条の6　社会教育主事及び社会教育主事補の研修は，任命権者が行うもののほか，文部科学大臣及び都道府県が行う。

（地域学校協働活動推進員）

第9条の7　教育委員会は，地域学校協働活動の円滑かつ効果的な実施を図るため，社会的信望があり，かつ，地域学校協働活動の推進に熱意と識見を有する者のうちから，地域学校協働活動推進員を委嘱することができる。

2　地域学校協働活動推進員は，地域学校協働活動に関する事項につき，教育委員会の施策に協力して，地域住民等と学校との間の情報の共有を図るとともに，地域学校協働活動を行う地域住民等に対する助言その他の援助を行う。

第3章　社会教育関係団体

（社会教育関係団体の定義）

第10条　この法律で「社会教育関係団体」とは，法人であると否とを問わず，公の支配に属しない団体で社会教育に関する事業を行うことを主たる目的とするものをいう。

（文部科学大臣及び教育委員会との関係）

第11条　文部科学大臣及び教育委員会は，社会教育関係団体の求めに応じ，これに対し，専門的技術的指導又は助言を与えることができる。

2　文部科学大臣及び教育委員会は，社会教育関係団体の求めに応じ，これに対し，社会教育に関する事業に必要な物資の確保につき援助を行う。

（国及び地方公共団体との関係）

第12条　国及び地方公共団体は，社会教育関係団体に対し，いかなる方法によつても，不当に統制的支配を及ぼし，又はその事業に干渉を加えてはならない。

（報告）

第14条 文部科学大臣及び教育委員会は，社会教育関係団体に対し，指導資料の作製及び調査研究のために必要な報告を求めることができる。

第4章　社会教育委員

（社会教育委員の設置）

第15条 都道府県及び市町村に社会教育委員を置くことができる。

2　社会教育委員は，教育委員会が委嘱する。

（社会教育委員の職務）

第17条 社会教育委員は，社会教育に関し教育委員会に助言するため，次の職務を行う。

　一　社会教育に関する諸計画を立案すること。

　二　定時又は臨時に会議を開き，教育委員会の諮問に応じ，これに対して，意見を述べること。

　三　前二号の職務を行うために必要な研究調査を行うこと。

2　社会教育委員は，教育委員会の会議に出席して社会教育に関し意見を述べることができる。

3　市町村の社会教育委員は，当該市町村の教育委員会から委嘱を受けた青少年教育に関する特定の事項について，社会教育関係団体，社会教育指導者その他関係者に対し，助言と指導を与えることができる。

（社会教育委員の委嘱の基準等）

第18条 社会教育委員の委嘱の基準，定数及び任期その他社会教育委員に関し必要な事項は，当該地方公共団体の条例で定める。

　　この場合において，社会教育委員の委嘱の基準については，文部科学省令で定める基準を参酌するものとする。

（私立学校法の一部改正）

第5章　公民館

（目的）

第20条 公民館は，市町村その他一定区域内の住民のために，実際生活に即する教育，学術及び文化に関する各種の事業を行い，もつて住民の教養の向上，健康の増進，情操の純化を図り，生活文化の振興，社会福祉の増進に寄与することを目的とする。

（公民館の設置者）

第21条 公民館は，市町村が設置する。

2　前項の場合を除くほか，公民館は，公民館の設置を目的とする一般社団法人又は一般財団法人（以下この章において「法人」という。）でなければ設置することができない。
3　公民館の事業の運営上必要があるときは，公民館に分館を設けることができる。
（公民館の事業）
第22条　公民館は，第20十条の目的達成のために，おおむね，左の事業を行う。但し，この法律及び他の法令によつて禁じられたものは，この限りでない。
　一　定期講座を開設すること。
　二　討論会，講習会，講演会，実習会，展示会等を開催すること。
　三　図書，記録，模型，資料等を備え，その利用を図ること。
　四　体育，レクリエーション等に関する集会を開催すること。
　五　各種の団体，機関等の連絡を図ること。
　六　その施設を住民の集会その他の公共的利用に供すること。
（公民館の運営方針）
第23条　公民館は，次の行為を行つてはならない。
　一　もつぱら営利を目的として事業を行い，特定の営利事務に公民館の名称を利用させその他営利事業を援助すること。
　二　特定の政党の利害に関する事業を行い，又は公私の選挙に関し，特定の候補者を支持すること。
2　市町村の設置する公民館は，特定の宗教を支持し，又は特定の教派，宗派若しくは教団を支援してはならない。
（公民館の基準）
第23条の2　文部科学大臣は，公民館の健全な発達を図るために，公民館の設置及び運営上必要な基準を定めるものとする。
2　文部科学大臣及び都道府県の教育委員会は，市町村の設置する公民館が前項の基準に従つて設置され及び運営されるように，当該市町村に対し，指導，助言その他の援助に努めるものとする。
（公民館の設置）
第24条　市町村が公民館を設置しようとするときは，条例で，公民館の設置及び管理に関する事項を定めなければならない。
（公民館の職員）
第27条　公民館に館長を置き，主事その他必要な職員を置くことができる。
2　館長は，公民館の行う各種の事業の企画実施その他必要な事務を行い，所属職員を監督する。

3　主事は，館長の命を受け，公民館の事業の実施にあたる。

第28条　市町村の設置する公民館の館長，主事その他必要な職員は，当該市町村の教育委員会（特定地方公共団体である市町村の長がその設置，管理及び廃止に関する事務を管理し，及び執行することとされた公民館（第30条第1項及び第40条第1項において「特定公民館」という。）の館長，主事その他必要な職員にあつては，当該市町村の長）が任命する。

（公民館の職員の研修）

第28条の2　第9条の6の規定は，公民館の職員の研修について準用する。

（公民館運営審議会）

第29条　公民館に公民館運営審議会を置くことができる。

2　公民館運営審議会は，館長の諮問に応じ，公民館における各種の事業の企画実施につき調査審議するものとする。

第30条　市町村の設置する公民館にあつては，公民館運営審議会の委員は，当該市町村の教育委員会（特定公民館に置く公民館運営審議会の委員にあつては，当該市町村の長）が委嘱する。

2　前項の公民館運営審議会の委員の委託の基準，定数及び任期その他当該公民館運営審議会に関し必要な事項は，当該市町村の条例で定める。この場合において，委員の委嘱の基準については，文部科学省令で定める基準を参酌するものとする。

第31条　法人の設置する公民館に公民館運営審議会を置く場合にあつては，その委員は，当該法人の役員をもつて充てるものとする。

（運営の状況に関する評価等）

第32条　公民館は，当該公民館の運営の状況について評価を行うとともに，その結果に基づき公民館の運営の改善を図るため必要な措置を講ずるよう努めなければならない。

（運営の状況に関する情報の提供）

第32条の2　公民館は，当該公民館の事業に関する地域住民その他の関係者の理解を深めるとともに，これらの者との連携及び協力の推進に資するため，当該公民館の運営の状況に関する情報を積極的に提供するよう努めなければならない。

（基金）

第33条　公民館を設置する市町村にあつては，公民館の維持運営のために，地方自治法（昭和22年法律第67号）第241条の基金を設けることができる。

（特別会計）

第34条　公民館を設置する市町村にあつては，公民館の維持運営のために，特別会計を設けることができる。

（公民館の補助）
第35条　国は，公民館を設置する市町村に対し，予算の範囲内において，公民館の施設，設備に要する経費その他必要な経費の一部を補助することができる。
2　前項の補助金の交付に関し必要な事項は，政令で定める。
第36条　削除
〔公民館に対する都道府県補助についての報告〕
第37条　都道府県が地方自治法第232条の2の規定により，公民館の運営に要する経費を補助する場合において，文部科学大臣は，政令の定めるところにより，その補助金の額，補助の比率，補助の方法その他必要な事項につき報告を求めることができる。
第38条　国庫の補助を受けた市町村は，左に掲げる場合においては，その受けた補助金を国庫に返還しなければならない。
　一　公民館がこの法律若しくはこの法律に基く命令又はこれらに基いてした処分に違反したとき。
　二　公民館がその事業の全部若しくは一部を廃止し，又は第20条に掲げる目的以外の用途に利用されるようになつたとき。
　三　補助金交付の条件に違反したとき。
　四　虚偽の方法で補助金の交付を受けたとき。
（法人の設置する公民館の指導）
第39条　文部科学大臣及び都道府県の教育委員会は，法人の設置する公民館の運営その他に関し，その求めに応じて，必要な指導及び助言を与えることができる。
（公民館の事業又は行為の停止）
第40条　公民館が第23条の規定に違反する行為を行つたときは，市町村の設置する公民館にあつては当該市町村の教育委員会（特定公民館にあつては，当該市町村の長），法人の設置する公民館にあつては都道府県の教育委員会は，その事業又は行為の停止を命ずることができる。
2　前項の規定による法人の設置する公民館の事業又は行為の停止命令に関し必要な事項は，都道府県の条例で定めることができる。
（罰則）
第41条　前条第一項の規定による公民館の事業又は行為の停止命令に違反する行為をした者は，1年以下の懲役若しくは禁錮又は3万円以下の罰金に処する。
（公民館類似施設）
第42条　公民館に類似する施設は，何人もこれを設置することができる。
2　前項の施設の運営その他に関しては，第39条の規定を準用する。

第6章 学校施設の利用

（適用範囲）

第43条 社会教育のためにする国立学校（学校教育法第2条第2項に規定する国立学校をいう。以下同じ。）又は公立学校（同項に規定する公立学校をいう。以下同じ。）の施設の利用に関しては，この章の定めるところによる。

（学校施設の利用）

第44条 学校（国立学校又は公立学校をいう。以下この章において同じ。）の管理機関は，学校教育上支障がないと認める限り，その管理する学校の施設を社会教育のために利用に供するように努めなければならない。

2　前項において「学校の管理機関」とは，国立学校にあつては設置者である国立大学法人（国立大学法人法（平成15年法律第112号）第2条第1項に規定する国立大学法人をいう。）の学長若しくは理事長又は独立行政法人国立高等専門学校機構の理事長，公立学校のうち，大学及び幼保連携型認定こども園にあつては設置者である地方公共団体の長又は公立大学法人（地方独立行政法人法（平成15年法律第118号）第68条第1項に規定する公立大学法人をいう。以下この項及び第48条第1項において同じ。）の理事長，大学以外の公立学校にあつては設置者である地方公共団体に設置されている教育委員会又は公立大学法人の理事長をいう。

（学校施設利用の許可）

第45条 社会教育のために学校の施設を利用しようとする者は，当該学校の管理機関の許可を受けなければならない。

2　前項の規定により，学校の管理機関が学校施設の利用を許可しようとするときは，あらかじめ，学校の長の意見を聞かなければならない。

第46条 国又は地方公共団体が社会教育のために，学校の施設を利用しようとするときは，前条の規定にかかわらず，当該学校の管理機関と協議するものとする。

（社会教育の講座）

第48条 文部科学大臣は国立学校に対し，地方公共団体の長は当該地方公共団体が設置する大学又は当該地方公共団体が設立する公立大学法人が設置する公立学校に対し，地方公共団体に設置されている教育委員会は当該地方公共団体が設置する大学以外の公立学校に対し，その教員組織及び学校の施設の状況に応じ，文化講座，専門講座，夏期講座，社会学級講座等学校施設の利用による社会教育のための講座の開設を求めることができる。

2　文化講座は，成人の一般的教養に関し，専門講座は，成人の専門的学術知識に関し，夏期講座は，夏期休暇中，成人の一般的教養又は専門的学術知識に関し，それ

ぞれ大学，高等専門学校又は高等学校において開設する。
3　社会学級講座は，成人の一般的教養に関し，小学校，中学校又は義務教育学校において開設する。
4　第一項の規定する講座を担当する講師の報酬その他必要な経費は，予算の範囲内において，国又は地方公共団体が負担する。

第7章　通信教育

（適用範囲）
第49条　学校教育法第54条，第70条第1項，第82条及び第84条の規定により行うものを除き，通信による教育に関しては，この章の定めるところによる。
（通信教育の定義）
第50条　この法律において「通信教育」とは，通信の方法により一定の教育計画の下に，教材，補助教材等を受講者に送付し，これに基き，設問解答，添削指導，質疑応答等を行う教育をいう。
2　通信教育を行う者は，その計画実現のために，必要な指導者を置かなければならない。
（通信教育の認定）
第51条　文部科学大臣は，学校又は一般社団法人若しくは一般財団法人の行う通信教育で社会教育上奨励すべきものについて，通信教育の認定（以下「認定」という。）を与えることができる。
2　認定を受けようとする者は，文部科学大臣の定めるところにより，文部科学大臣に申請しなければならない。
3　文部科学大臣が，第1項の規定により，認定を与えようとするときは，あらかじめ，第13条の政令で定める審議会等に諮問しなければならない。
（認定手数料）
第52条　文部科学大臣は，認定を申請する者から実費の範囲内において文部科学省令で定める額の手数料を徴収することができる。ただし，国立学校又は公立学校が行う通信教育に関しては，この限りでない。
2　前項の認定の取消に関しては，第51条第3項の規定を準用する。

　　附　則〔抄〕
1　この法律は，公布の日から施行する。
　　附　則（令和4年法律第68号）〔抄〕
（施行期日）
第1条　この法律は，刑法等一部改正法施行日から施行する。〔後略〕

巻末資料

図書館法（抄）
(昭和25年法律第118号)

〔最新改正〕令和元年法律第26号

第1章　総則

（この法律の目的）
第1条　この法律は，社会教育法（昭和24年法律第207号）の精神に基き，図書館の設置及び運営に関して必要な事項を定め，その健全な発達を図り，もつて国民の教育と文化の発展に寄与することを目的とする。

（定義）
第2条　この法律において「図書館」とは，図書，記録その他必要な資料を収集し，整理し，保存して，一般公衆の利用に供し，その教養，調査研究，レクリエーション等に資することを目的とする施設で，地方公共団体，日本赤十字社又は一般社団法人若しくは一般財団法人が設置するもの（学校に附属する図書館又は図書室を除く。）をいう。

2　前項の図書館のうち，地方公共団体の設置する図書館を公立図書館といい，日本赤十字社又は一般社団法人若しくは一般財団法人の設置する図書館を私立図書館という。

（図書館奉仕）
第3条　図書館は，図書館奉仕のため，土地の事情及び一般公衆の希望に沿い，更に学校教育を援助し，及び家庭教育の向上に資することとなるように留意し，おおむね次に掲げる事項の実施に努めなければならない。
一　郷土資料，地方行政資料，美術品，レコード及びフィルムの収集にも十分留意して，図書，記録，視聴覚教育の資料その他必要な資料（電磁的記録（電子的方式，磁気的方式その他人の知覚によつては認識することができない方式で作られた記録をいう。）を含む。以下「図書館資料」という。）を収集し，一般公衆の利用に供すること。
二　図書館資料の分類排列を適切にし，及びその目録を整備すること。
三　図書館の職員が図書館資料について十分な知識を持ち，その利用のための相談に応ずるようにすること。
四　他の図書館，国立国会図書館，地方公共団体の議会に附置する図書室及び学校に附属する図書館又は図書室と緊密に連絡し，協力し，図書館資料の相互貸借を行うこと。

五　分館，閲覧所，配本所等を設置し，及び自動車文庫，貸出文庫の巡回を行うこと。
　六　読書会，研究会，鑑賞会，映写会，資料展示会等を主催し，及びこれらの開催を奨励すること。
　七　時事に関する情報及び参考資料を紹介し，及び提供すること。
　八　社会教育における学習の機会を利用して行つた学習の成果を活用して行う教育活動その他の活動の機会を提供し，及びその提供を奨励すること。
　九　学校，博物館，公民館，研究所等と緊密に連絡し，協力すること。
　（司書及び司書補）
第4条　図書館に置かれる専門的職員を司書及び司書補と称する。
2　司書は，図書館の専門的事務に従事する。
3　司書補は，司書の職務を助ける。
　（司書及び司書補の資格）
第5条　次の各号のいずれかに該当する者は，司書となる資格を有する。
　一　大学を卒業した者（専門職大学の前期課程を修了した者を含む。次号において同じ。）で大学において文部科学省令で定める図書館に関する科目を履修したもの
　二　大学又は高等専門学校を卒業した者で次条の規定による司書の講習を修了したもの
　三　次に掲げる職にあつた期間が通算して3年以上になる者で次条の規定による司書の講習を修了したもの
　　イ　司書補の職
　　ロ　国立国会図書館又は大学若しくは高等専門学校の附属図書館における職で司書補の職に相当するもの
　　ハ　ロに掲げるもののほか，官公署，学校又は社会教育施設における職で社会教育主事，学芸員その他の司書補の職と同等以上の職として文部科学大臣が指定するもの
2　次の各号のいずれかに該当する者は，司書補となる資格を有する。
　一　司書の資格を有する者
　二　学校教育法（昭和22年法律第26号）第90条第1項の規定により大学に入学することのできる者で次条の規定による司書補の講習を修了したもの
　（司書及び司書補の講習）
第6条　司書及び司書補の講習は，大学が，文部科学大臣の委嘱を受けて行う。
2　司書及び司書補の講習に関し，履修すべき科目，単位その他必要な事項は，文部

科学省令で定める。ただし，その履修すべき単位数は，15単位を下ることができない。

（司書及び司書補の研修）

第7条　文部科学大臣及び都道府県の教育委員会は，司書及び司書補に対し，その資質の向上のために必要な研修を行うよう努めるものとする。

（設置及び運営上望ましい基準）

第7条の2　文部科学大臣は，図書館の健全な発達を図るために，図書館の設置及び運営上望ましい基準を定め，これを公表するものとする。

（運営の状況に関する評価等）

第7条の3　図書館は，当該図書館の運営の状況について評価を行うとともに，その結果に基づき図書館の運営の改善を図るため必要な措置を講ずるよう努めなければならない。

（運営の状況に関する情報の提供）

第7条の4　図書館は，当該図書館の図書館奉仕に関する地域住民その他の関係者の理解を深めるとともに，これらの者との連携及び協力の推進に資するため，当該図書館の運営の状況に関する情報を積極的に提供するよう努めなければならない。

（協力の依頼）

第8条　都道府県の教育委員会は，当該都道府県内の図書館奉仕を促進するために，市（特別区を含む。以下同じ。）町村の教育委員会（地方教育行政の組織及び運営に関する法律（昭和31年法律第162号）第23条第1項の条例の定めるところによりその長が図書館の設置，管理及び廃止に関する事務を管理し，及び執行することとされた地方公共団体（第13条第1項において「特定地方公共団体」という。）である市町村にあつては，その長又は教育委員会）に対し，総合目録の作製，貸出文庫の巡回，図書館資料の相互貸借等に関して協力を求めることができる。

（公の出版物の収集）

第9条　政府は，都道府県の設置する図書館に対し，官報その他一般公衆に対する広報の用に供せられる独立行政法人国立印刷局の刊行物を2部提供するものとする。

2　国及び地方公共団体の機関は，公立図書館の求めに応じ，これに対して，それぞれの発行する刊行物その他の資料を無償で提供することができる。

第2章　公立図書館

（設置）

第10条　公立図書館の設置に関する事項は，当該図書館を設置する地方公共団体の条例で定めなければならない。

第11条及び第12条　削除

（職員）

第13条　公立図書館に館長並びに当該図書館を設置する地方公共団体の教育委員会（特定地方公共団体の長がその設置、管理及び廃止に関する事務を管理し、及び執行することとされた図書館（第15条において「特定図書館」という。）にあつては、当該特定地方公共団体の長）が必要と認める専門的職員，事務職員及び技術職員を置く。

2　館長は，館務を掌理し，所属職員を監督して，図書館奉仕の機能の達成に努めなければならない。

（図書館協議会）

第14条　公立図書館に図書館協議会を置くことができる。

2　図書館協議会は，図書館の運営に関し館長の諮問に応ずるとともに，図書館の行う図書館奉仕につき，館長に対して意見を述べる機関とする。

第15条　図書館協議会の委員は,当該図書館を設置する地方公共団体の教育委員会（特定図書館に置く図書館協議会の委員にあつては，当該地方公共団体の長）が任命する。

第16条　図書館協議会の設置，その委員の任命の基準，定数及び任期その他図書館協議会に関し必要な事項については，当該図書館を設置する地方公共団体の条例で定めなければならない。この場合において，委員の任命の基準については，文部科学省令で定める基準を参酌するものとする。

（入館料等）

第17条　公立図書館は，入館料その他図書館資料の利用に対するいかなる対価をも徴収してはならない。

第18条及び第19条　削除

（図書館の補助）

第20条　国は，図書館を設置する地方公共団体に対し，予算の範囲内において，図書館の施設，設備に要する経費その他必要な経費の一部を補助することができる。

2　前項の補助金の交付に関し必要な事項は，政令で定める。

第21条及び第22条　削除

第23条　国は，第20条の規定による補助金の交付をした場合において，左の各号の一に該当するときは，当該年度におけるその後の補助金の交付をやめるとともに，既に交付した当該年度の補助金を返還させなければならない。

　一　図書館がこの法律の規定に違反したとき。
　二　地方公共団体が補助金の交付の条件に違反したとき。

三　地方公共団体が虚偽の方法で補助金の交付を受けたとき。

第3章　私立図書館

（都道府県の教育委員会との関係）
第25条　都道府県の教育委員会は，私立図書館に対し，指導資料の作製及び調査研究のために必要な報告を求めることができる。
2　都道府県の教育委員会は，私立図書館に対し，その求めに応じて，私立図書館の設置及び運営に関して，専門的，技術的の指導又は助言を与えることができる。
（国及び地方公共団体との関係）
第26条　国及び地方公共団体は，私立図書館の事業に干渉を加え，又は図書館を設置する法人に対し，補助金を交付してはならない。
第27条　国及び地方公共団体は，私立図書館に対し，その求めに応じて，必要な物資の確保につき，援助を与えることができる。
（入館料等）
第28条　私立図書館は，入館料その他図書館資料の利用に対する対価を徴収することができる。
（図書館同種施設）
第29条　図書館と同種の施設は，何人もこれを設置することができる。
2　第25条第2項の規定は，前項の施設について準用する。

　　附　則〔抄〕
1　この法律は，公布の日から起算して3月を経過した日から施行する。但し，第17条の規定は，昭和26年4月1日から施行する。

　　附　則（令和元年法律第26号）
（施行期日）
第1条　この法律は，公布の日から施行する。〔後略〕

博物館法（抄）
（昭和26年法律第285号）

〔最新改正〕令和4年法律第24号

第1章　総則

（この法律の目的）
第1条　この法律は，社会教育法（昭和24年法律第207号）の精神に基き，博物館の設置及び運営に関して必要な事項を定め，その健全な発達を図り，もつて国民の教育，

学術及び文化の発展に寄与することを目的とする。
　（定義）
第2条　この法律において「博物館」とは，歴史，芸術，民俗，産業，自然科学等に関する資料を収集し，保管（育成を含む。以下同じ。）し，展示して教育的配慮の下に一般公衆の利用に供し，その教養，調査研究，レクリエーション等に資するために必要な事業を行い，あわせてこれらの資料に関する調査研究をすることを目的とする機関（社会教育法による公民館及び図書館法（昭和25年法律第118号）による図書館を除く。）のうち，地方公共団体，一般社団法人若しくは一般財団法人，宗教法人又は政令で定めるその他の法人（独立行政法人（独立行政法人通則法（平成11年法律第103号）第2条第1項に規定する独立行政法人をいう。第29条において同じ。）を除く。）が設置するもので次章の規定による登録を受けたものをいう。
2　この法律において，「公立博物館」とは，地方公共団体の設置する博物館をいい，「私立博物館」とは，一般社団法人若しくは一般財団法人，宗教法人又は前項の政令で定める法人の設置する博物館をいう。
3　この法律において「博物館資料」とは，博物館が収集し，保管し，又は展示する資料（電磁的記録（電子的方式，磁気的方式その他人の知覚によつては認識することができない方式で作られた記録をいう。）を含む。）をいう。
　（博物館の事業）
第3条　博物館は，前条第1項に規定する目的を達成するため，おおむね次に掲げる事業を行う。
　一　実物，標本，模写，模型，文献，図表，写真，フィルム，レコード等の博物館資料を豊富に収集し，保管し，及び展示すること。
　二　分館を設置し，又は博物館資料を当該博物館外で展示すること。
　三　一般公衆に対して，博物館資料の利用に関し必要な説明，助言，指導等を行い，又は研究室，実験室，工作室，図書室等を設置してこれを利用させること。
　四　博物館資料に関する専門的，技術的な調査研究を行うこと。
　五　博物館資料の保管及び展示等に関する技術的研究を行うこと。
　六　博物館資料に関する案内書，解説書，目録，図録，年報，調査研究の報告書等を作成し，及び頒布すること。
　七　博物館資料に関する講演会，講習会，映写会，研究会等を主催し，及びその開催を援助すること。
　八　当該博物館の所在地又はその周辺にある文化財保護法（昭和25年法律第214号）の適用を受ける文化財について，解説書又は目録を作成する等一般公衆の当該文化財の利用の便を図ること。

九　社会教育における学習の機会を利用して行つた学習の成果を活用して行う教育活動その他の活動の機会を提供し，及びその提供を奨励すること。
十　他の博物館，博物館と同一の目的を有する国の施設等と緊密に連絡し，協力し，刊行物及び情報の交換，博物館資料の相互貸借等を行うこと。
十一　学校，図書館，研究所，公民館等の教育，学術又は文化に関する諸施設と協力し，その活動を援助すること。
2　博物館は，その事業を行うに当つては，土地の事情を考慮し，国民の実生活の向上に資し，更に学校教育を援助し得るようにも留意しなければならない。
（館長，学芸員その他の職員）
第4条　博物館に，館長を置く。
2　館長は，館務を掌理し，所属職員を監督して，博物館の任務の達成に努める。
3　博物館に，専門的職員として学芸員を置く。
4　学芸員は，博物館資料の収集，保管，展示及び調査研究その他これと関連する事業についての専門的事項をつかさどる。
5　博物館に，館長及び学芸員のほか，学芸員補その他の職員を置くことができる。
6　学芸員補は，学芸員の職務を助ける。
（学芸員の資格）
第5条　次の各号のいずれかに該当する者は，学芸員となる資格を有する。
一　学士の学位（学校教育法（昭和22年法律第26号）第104条第2項に規定する文部科学大臣の定める学位（専門職大学を卒業した者に対して授与されるものに限る。）を含む。）を有する者で，大学において文部科学省令で定める博物館に関する科目の単位を修得したもの
二　大学に2年以上在学し，前号の博物館に関する科目の単位を含めて62単位以上を修得した者で，3年以上学芸員補の職にあつたもの
三　文部科学大臣が，文部科学省令で定めるところにより，前2号に掲げる者と同等以上の学力及び経験を有する者と認めた者
2　前項第2号の学芸員補の職には，官公署，学校又は社会教育施設（博物館の事業に類する事業を行う施設を含む。）における職で，社会教育主事，司書その他の学芸員補の職と同等以上の職として文部科学大臣が指定するものを含むものとする。
（学芸員補の資格）
第6条　学校教育法（昭和22年法律第26号）第90条第1項の規定により大学に入学することのできる者は，学芸員補となる資格を有する。
（学芸員及び学芸員補の研修）
第7条　文部科学大臣及び都道府県の教育委員会は，学芸員及び学芸員補に対し，そ

の資質の向上のために必要な研修を行うよう努めるものとする。
（設置及び運営上望ましい基準）
第8条　文部科学大臣は，博物館の健全な発達を図るために，博物館の設置及び運営上望ましい基準を定め，これを公表するものとする。
（運営の状況に関する評価等）
第9条　博物館は，当該博物館の運営の状況について評価を行うとともに，その結果に基づき博物館の運営の改善を図るため必要な措置を講ずるよう努めなければならない。
（運営の状況に関する情報の提供）
第9条の2　博物館は，当該博物館の事業に関する地域住民その他の関係者の理解を深めるとともに，これらの者との連携及び協力の推進に資するため，当該博物館の運営の状況に関する情報を積極的に提供するよう努めなければならない。

　　　　第2章　登録

（登録）
第10条　博物館を設置しようとする者は，当該博物館について，当該博物館の所在する都道府県の教育委員会（当該博物館（都道府県が設置するものを除く。）が指定都市（地方自治法（昭和22年法律第67号）第252条の19第1項の指定都市をいう。以下この条及び第29条において同じ。）の区域内に所在する場合にあつては，当該指定都市の教育委員会。同条を除き，以下同じ。）に備える博物館登録原簿に登録を受けるものとする。
（登録の申請）
第11条　前条の規定による登録を受けようとする者は，設置しようとする博物館について，左に掲げる事項を記載した登録申請書を都道府県の教育委員会に提出しなければならない。
　一　設置者の名称及び私立博物館にあつては設置者の住所
　二　名称
　三　所在地
2　前項の登録申請書には，次に掲げる書類を添付しなければならない。
　一　公立博物館にあつては，設置条例の写し，館則の写，直接博物館の用に供する建物及び土地の面積を記載した書面及びその図面，当該年度における事業計画書及び予算の歳出の見積りに関する書類，博物館資料の目録並びに館長及び学芸員の氏名を記載した書面
　二　私立博物館にあつては，当該法人の定款の写又は当該宗教法人の規則の写，館

則の写し，直接博物館の用に供する建物及び土地の面積を記載した書面及びその図面，当該年度における事業計画書及び収支の見積りに関する書類，博物館資料の目録並びに館長及び学芸員の氏名を記載した書面

（登録要件の審査）

第12条　都道府県の教育委員会は，前条の規定による登録の申請があつた場合においては，当該申請に係る博物館が左に掲げる要件を備えているかどうかを審査し，備えていると認めたときは，同条第１項各号に掲げる事項及び登録の年月日を博物館登録原簿に登録するとともに登録した旨を当該登録申請者に通知し，備えていないと認めたときは，登録しない旨をその理由を附記した書面で当該登録申請者に通知しなければならない。

一　第２条第１項に規定する目的を達成するために必要な博物館資料があること。
二　第２条第１項に規定する目的を達成するために必要な学芸員その他の職員を有すること。
三　第２条第１項に規定する目的を達成するために必要な建物及び土地があること。
四　１年を通じて150日以上開館すること。

（登録事項等の変更）

第13条　博物館の設置者は，第11条第１項各号に掲げる事項について変更があつたとき，又は同条第２項に規定する添付書類の記載事項について重要な変更があつたときは，その旨を都道府県の教育委員会に届け出なければならない。

2　都道府県の教育委員会は，第11条第１項各号に掲げる事項に変更があつたことを知つたときは，当該博物館に係る登録事項の変更登録をしなければならない。

（登録の取消）

第14条　都道府県の教育委員会は，博物館が第12条各号に掲げる要件を欠くに至つたものと認めたとき，又は虚偽の申請に基いて登録した事実を発見したときは，当該博物館に係る登録を取り消さなければならない。但し，博物館が天災その他やむを得ない事由により要件を欠くに至つた場合においては，その要件を欠くに至つた日から２年間はこの限りでない。

2　都道府県の教育委員会は，前項の規定により登録の取消しをしたときは，当該博物館の設置者に対し，速やかにその旨を通知しなければならない。

（博物館の廃止）

第15条　博物館の設置者は，博物館を廃止したときは，すみやかにその旨を都道府県の教育委員会に届け出なければならない。

2　都道府県の教育委員会は，博物館の設置者が当該博物館を廃止したときは，当該博物館に係る登録をまつ消しなければならない。

第 3 章　公立博物館

（設置）

第18条　公立博物館の設置に関する事項は，当該博物館を設置する地方公共団体の条例で定めなければならない。

（所管）

第19条　公立博物館は，当該博物館を設置する地方公共団体の教育委員会（地方教育行政の組織及び運営に関する法律（昭和31年法律第162号）第23条第1項の条例の定めるところにより地方公共団体の長がその設置，管理及び廃止に関する事務を管理し，及び執行することとされた博物館にあつては，当該地方公共団体の長。第21条において同じ。）の所管に属する。

（博物館協議会）

第20条　公立博物館に，博物館協議会を置くことができる。

2　博物館協議会は，博物館の運営に関し館長の諮問に応ずるとともに，館長に対して意見を述べる機関とする。

第21条　博物館協議会の委員は，当該博物館を設置する地方公共団体の教育委員会が任命する。

第22条　博物館協議会の設置，その委員の任命の基準，定数及び任期その他博物館協議会に関し必要な事項は，当該博物館を設置する地方公共団体の条例で定めなければならない。この場合において，委員の任命の基準については文部科学省令で定める基準を参酌するものとする。

（入館料等）

第23条　公立博物館は，入館料その他博物館資料の利用に対する対価を徴収してはならない。但し，博物館の維持運営のためにやむを得ない事情のある場合は，必要な対価を徴収することができる。

（博物館の補助）

第24条　国は，博物館を設置する地方公共団体に対し，予算の範囲内において，博物館の施設，設備に要する経費その他必要な経費の一部を補助することができる。

2　前項の補助金の交付に関し必要な事項は，政令で定める。

第25条　削除

（補助金の交付中止及び補助金の返還）

第26条　国は，博物館を設置する地方公共団体に対し第24条の規定による補助金の交付をした場合において，左の各号の一に該当するときは，当該年度におけるその後の補助金の交付をやめるとともに，第1号の場合の取消が虚偽の申請に基いて登録

した事実の発見に因るものである場合には，既に交付した補助金を，第3号及び第4号に該当する場合には，既に交付した当該年度の補助金を返還させなければならない。
一　当該博物館について，第14条の規定による登録の取消があつたとき。
二　地方公共団体が当該博物館を廃止したとき。
三　地方公共団体が補助金の交付の条件に違反したとき。
四　地方公共団体が虚偽の方法で補助金の交付を受けたとき。

第4章　私立博物館

（都道府県の教育委員会との関係）
第27条　都道府県の教育委員会は，博物館に関する指導資料の作成及び調査研究のために，私立博物館に対し必要な報告を求めることができる。
2　都道府県の教育委員会は，私立博物館に対し，その求めに応じて，私立博物館の設置及び運営に関して，専門的，技術的の指導又は助言を与えることができる。
（国及び地方公共団体との関係）
第28条　国及び地方公共団体は，私立博物館に対し，その求めに応じて，必要な物資の確保につき援助を与えることができる。

第5章　雑則

（博物館に相当する施設）
第29条　博物館の事業に類する事業を行う施設で，国又は独立行政法人が設置する施設にあつては文部科学大臣が，その他の施設にあつては当該施設の所在する都道府県の教育委員会（当該施設（都道府県が設置するものを除く。）が指定都市の区域内に所在する場合にあつては、当該指定都市の教育委員会）が，文部科学省令で定めるところにより，博物館に相当する施設として指定したものについては，第27条第2項の規定を準用する。

　　附　則（抄）
（施行期日）
1　この法律は，公布の日から起算して3箇月を経過した日から施行する。
　　附　則（令和4年法律第24号）（抄）
（施行期日）
第1条　この法律は，令和5年4月1日から施行する。〔後略〕

生涯学習の振興のための施策の推進体制等の整備に関する法律（抄）

(平成2年法律第71号)

〔最新改正〕平成14年法律第15号

（目的）
第1条　この法律は，国民が生涯にわたって学習する機会があまねく求められている状況にかんがみ，生涯学習の振興に資するための都道府県の事業に関しその推進体制の整備その他の必要な事項を定め，及び特定の地区において生涯学習に係る機会の総合的な提供を促進するための措置について定めるとともに，都道府県生涯学習審議会の事務について定める等の措置を講ずることにより，生涯学習の振興のための施策の推進体制及び地域における生涯学習に係る機会の整備を図り，もって生涯学習の振興に寄与することを目的とする。

（施策における配慮等）
第2条　国及び地方公共団体は，この法律に規定する生涯学習の振興のための施策を実施するに当たっては，学習に関する国民の自発的意思を尊重するよう配慮するとともに，職業能力の開発及び向上，社会福祉等に関し生涯学習に資するための別に講じられる施策と相まって，効果的にこれを行うよう努めるものとする。

（生涯学習の振興に資するための都道府県の事業）
第3条　都道府県の教育委員会は，生涯学習の振興に資するため，おおむね次の各号に掲げる事業について，これらを相互に連携させつつ推進するために必要な体制の整備を図りつつ，これらを一体的かつ効果的に実施するよう努めるものとする。
　一　学校教育及び社会教育に係る学習（体育に係るものを含む。以下この項において「学習」という。）並びに文化活動の機会に関する情報を収集し，整理し，及び提供すること。
　二　住民の学習に対する需要及び学習の成果の評価に関し，調査研究を行うこと。
　三　地域の実情に即した学習の方法の開発を行うこと。
　四　住民の学習に関する指導者及び助言者に対する研修を行うこと。
　五　地域における学校教育，社会教育及び文化に関する機関及び団体に対し，これらの機関及び団体相互の連携に関し，照会及び相談に応じ，並びに助言その他の援助を行うこと。
　六　前各号に掲げるもののほか，社会教育のための講座の開設その他の住民の学習の機会の提供に関し必要な事業を行うこと。
2　都道府県の教育委員会は，前項に規定する事業を行うに当たっては，社会教育関

係団体その他の地域において生涯学習に資する事業を行う機関及び団体との連携に努めるものとする。

（都道府県の事業の推進体制の整備に関する基準）

第４条 文部科学大臣は，生涯学習の振興に資するため，都道府県の教育委員会が行う前条第一項に規定する体制の整備に関し望ましい基準を定めるものとする。

2 　文部科学大臣は，前項の基準を定めようとするときは，あらかじめ，審議会等（国家行政組織法（昭和23年法律第120号）第八条に規定する機関をいう。以下同じ。）で政令で定めるものの意見を聴かなければならない。これを変更しようとするときも，同様とする。

（地域生涯学習振興基本構想）

第５条 都道府県は，当該都道府県内の特定の地区において，当該地区及びその周辺の相当程度広範囲の地域における住民の生涯学習の振興に資するため，社会教育に係る学習（体育に係るものを含む。）及び文化活動その他の生涯学習に資する諸活動の多様な機会の総合的な提供を民間事業者の能力を活用しつつ行うことに関する基本的な構想（以下「基本構想」という。）を作成することができる。

2 　基本構想においては，次に掲げる事項について定めるものとする。
　一　前項に規定する多様な機会（以下「生涯学習に係る機会」という。）の総合的な提供の方針に関する事項
　二　前項に規定する地区の区域に関する事項
　三　総合的な提供を行うべき生涯学習に係る機会（民間事業者により提供されるものを含む。）の種類及び内容に関する基本的な事項
　四　前号に規定する民間事業者に対する資金の融通の円滑化その他の前項に規定する地区において行われる生涯学習に係る機会の総合的な提供に必要な業務であって政令で定めるものを行う者及び当該業務の運営に関する事項
　五　その他生涯学習に係る機会の総合的な提供に関する重要事項

3 　都道府県は，基本構想を作成しようとするときは，あらかじめ，関係市町村に協議しなければならない。

4 　都道府県は，基本構想を作成しようとするときは，前項の規定による協議を経た後，文部科学大臣及び経済産業大臣に協議することができる。

5 　文部科学大臣及び経済産業大臣は，前項の規定による協議を受けたときは，都道府県が作成しようとする基本構想が次の各号に該当するものであるかどうかについて判断するものとする。
　一　当該基本構想に係る地区が，生涯学習に係る機会の提供の程度が著しく高い地域であって政令で定めるもの以外の地域のうち，交通条件及び社会的自然的条件

からみて生涯学習に係る機会の総合的な提供を行うことが相当と認められる地区であること。
　二　当該基本構想に係る生涯学習に係る機会の総合的な提供が当該基本構想に係る地区及びその周辺の相当程度広範囲の地域における住民の生涯学習に係る機会に対する要請に適切にこたえるものであること。
　三　その他文部科学大臣及び経済産業大臣が判断に当たっての基準として次条の規定により定める事項（以下「判断基準」という。）に適合するものであること。
6　文部科学大臣及び経済産業大臣は，基本構想につき前項の判断をするに当たっては，あらかじめ，関係行政機関の長に協議するとともに，文部科学大臣にあっては前条第2項の政令で定める審議会等の意見を，経済産業大臣にあっては産業構造審議会の意見をそれぞれ聴くものとし，前項各号に該当するものであると判断するに至ったときは，速やかにその旨を当該都道府県に通知するものとする。
7　都道府県は，基本構想を作成したときは，遅滞なく，これを公表しなければならない。
　（判断基準）
第6条　判断基準においては，次に掲げる事項を定めるものとする。
　一　生涯学習に係る機会の総合的な提供に関する基本的な事項
　二　前条第一項に規定する地区の設定に関する基本的な事項
　三　総合的な提供を行うべき生涯学習に係る機会（民間事業者により提供されるものを含む。）の種類及び内容に関する基本的な事項
　四　生涯学習に係る機会の総合的な提供に必要な事業に関する基本的な事項
　五　生涯学習に係る機会の総合的な提供に際し配慮すべき重要事項
2　文部科学大臣及び経済産業大臣は，判断基準を定めるに当たっては，あらかじめ，総務大臣その他関係行政機関の長に協議するとともに，文部科学大臣にあっては第4条第2項の政令で定める審議会等の意見を，経済産業大臣にあっては産業構造審議会の意見をそれぞれ聴かなければならない。
3　文部科学大臣及び経済産業大臣は，判断基準を定めたときは，遅滞なく，これを公表しなければならない。
4　前2項の規定は，判断基準の変更について準用する。
　（基本構想の実施等）
第8条　都道府県は，関係民間事業者の能力を活用しつつ，生涯学習に係る機会の総合的な提供を基本構想に基づいて計画的に行うよう努めなければならない。
2　文部科学大臣は，基本構想の円滑な実施の促進のため必要があると認めるときは，社会教育関係団体及び文化に関する団体に対し必要な協力を求めるものとし，かつ，

関係地方公共団体及び関係事業者等の要請に応じ，その所管に属する博物館資料の貸出しを行うよう努めるものとする。
3　経済産業大臣は，基本構想の円滑な実施の促進のため必要があると認めるときは，商工会議所及び商工会に対し，これらの団体及びその会員による生涯学習に係る機会の提供その他の必要な協力を求めるものとする。
4　前2項に定めるもののほか，文部科学大臣及び経済産業大臣は，基本構想の作成及び円滑な実施の促進のため，関係地方公共団体に対し必要な助言，指導その他の援助を行うよう努めなければならない。
5　前3項に定めるもののほか，文部科学大臣，経済産業大臣，関係行政機関の長，関係地方公共団体及び関係事業者は，基本構想の円滑な実施が促進されるよう，相互に連携を図りながら協力しなければならない。
（都道府県生涯学習審議会）
第10条　都道府県に，都道府県生涯学習審議会（以下「都道府県審議会」という。）を置くことができる。
2　都道府県審議会は，都道府県の教育委員会又は知事の諮問に応じ，当該都道府県の処理する事務に関し，生涯学習に資するための施策の総合的な推進に関する重要事項を調査審議する。
3　都道府県審議会は，前項に規定する事項に関し必要と認める事項を当該都道府県の教育委員会又は知事に建議することができる。
4　前3項に定めるもののほか，都道府県審議会の組織及び運営に関し必要な事項は，条例で定める。
（市町村の連携協力体制）
第11条　市町村（特別区を含む。）は，生涯学習の振興に資するため，関係機関及び関係団体等との連携協力体制の整備に努めるものとする。

　　　附　則（抄）
（施行期日）
1　この法律は，平成2年7月1日から施行する。
　　　附　則（平成14年法律第15号）（抄）
（施行期日）
第1条　この法律は，平成14年4月1日から施行する。

索　引

あ　行

アイデンティティ　2, 7, 21, 26-29, 39, 70, 73, 143, 219-221
アソシエーション　144
新しい公共　213
アッシャー，R.　103
アンダーソン，P.　225
暗黙知　13, 48-50, 225
生きる力　151
意識化　61, 66, 120
意識高揚　205
以前の学習　85, 100, 103, 225, 226
一望監視型社会　224
一望監視システム　223
居場所づくり　163
異文化としての他者　8, 142, 198
イベント　163
意味ある時空間　163, 179
意味ある他者　26
移民　84, 103, 105, 181
インターネット　12, 19, 128, 142, 176, 179
インフォーマルな学習（学び）　3, 4, 11-13, 36, 70, 74, 78, 82, 84-86, 91, 101, 154, 160, 161, 164, 217, 218, 222, 223, 225-227
ウェンガー，E.　11
ウォーラーステイン，I.　25
エインリー，P.　223
エリクソン，E.　27
エンゲストローム，Y.　50
エンパワー　229
岡本薫　4, 10
オルセン，M.　227

か　行

階級　220
外国人市民　205
介護等体験　164
開発教育　157
学芸員　175, 187, 189, 190-192
格差　108, 129, 220
学社連携　51, 179
学習　106
学習権　63
学習コミュニティ　145
学習市場　98, 99
学習指導要領　31
学習社会　59, 93, 94, 96, 98, 108, 145
学習する組織　44, 45, 50, 53, 55, 97, 145
学習成果　88
学習相談　118
学習組織　44, 46
　　　──論　53
学習地域　74, 145
学習都市　74, 145, 146
学習の可視化　82, 85, 87, 91, 221, 222
学習：秘められた宝　67
学士力　165, 166, 219
学生　94
拡張的学習　26
学力　31, 40, 151, 154, 155, 226
学力格差　36
学歴　90, 107, 129
学歴格差　223
学歴産業　100, 102
学歴資格　11, 107
学歴社会　116, 117
学歴主義　102, 222

268

索　引

過剰教育　96, 102
課題提起教育　66
片山善博　177
学級　3, 12
　　──・講座　113, 161, 162
学校インターンシップ　164
学校学力　219
学校教育　14, 51, 85, 91, 112, 114, 131, 150, 161, 162
　　──行政　179
学校支援地域本部事業　162
学校支援ボランティア　162
学校知　13
学校で学ぶ意味　161
学校図書館　177, 178, 180
　　──法　179-181
活動システム　50-52
活動理論　50, 53
家庭教育　14, 114, 161
ガードナー, H.　218
カーネギー高等教育委員会　94
カルチャーセンター　117, 128, 206
環境　91, 119, 141, 155, 157, 207
観察会　186, 193
慣習的の行動様式（habitus）　220
完全学校週5日制　1, 31, 189
官民交流　52
寛容　88
管理社会批判　226
企業インターンシップ　164
企業内教育　5, 44, 45, 80, 96, 119, 226
キーコンピテンシー　38, 83, 167, 218, 219
基礎的・汎用的能力　165
気づき　12
ギデンズ, A.　18, 20, 26, 120
機能的識字　105
基本的人権　70, 133, 174
キュレーター　192
教育委員会　138, 139, 148, 206
教育学　14, 44, 229
教育基本法　5, 9, 126, 150, 161, 173, 198

教育コミュニティ　135, 137
教育施設　206
教育的価値　4, 44
教育の機会均等　77, 79
教育の優秀性に関する全米審議会　103
教育普及活動　186
協議　190
教師　37
矯正教育　5, 96
行政批判　208
共同体　88
　　──主義　143
居住地　129
規律的権力　224, 225
銀行型教育　66
近代　18
空間　24
偶発的学習　11
グローバリゼーション　21, 23-25, 97, 226
グローバル化　44
訓練　5
経営学　5, 44
経営学者　9
経営学修士　→ MBA
経験学習　9, 74, 100-103
経済産業省　165
経済資本　219, 220
経済のグローバル化　96
形式知　48-50
継続教育　6, 94
研究共同体　164
現代的課題　31, 119, 122, 141, 155, 157, 162, 189, 198, 202, 206, 207, 213
権力　53, 54, 224, 225
行為主体　229
行為についての省察　21
行為の中での省察　21
公開講座　5
高学歴化　96, 112, 175, 176, 190, 208
　　──社会　164
後期近代　20, 21, 26, 143

269

──社会　7, 18, 20, 25, 27, 143, 144, 176, 219, 230
公共図書館　172, 177
講座　3, 12, 163, 202
　　　──プログラム　190
講師　202
構成主義　159
構造改革特別区域法　139
高等教育　93
公費削減政策　116
広報　201
公民館　3, 5, 10, 12, 51, 113, 140, 157, 163, 164, 198, 199, 206, 208, 212
公民館運営審議会　144, 200
公民館海援隊　213, 214
公民館主事　200
公民館のレジンマ　207
公民館類似施設　203
高齢化　1
高齢者　63, 212
高齢社会　119
国際化　2, 112, 116
国際交流センター　198, 203, 205
国際成人教育　59
　　　──会議　63, 73-75
国際成人力調査　→ PIAAC
国際理解　119, 155
国立教育政策研究所　84, 85
国立博物館　185
国立民族博物館　185
国立歴史民俗博物館　185
小島茂　102
個人化　20-22, 143, 176, 230
個人主義　8, 97-99, 159
個人的知識　225
コスモポリタニズム　228, 229
コスモポリタン　23, 24
　　　・コミュニティ　143
コスモロジー　217
コゾル, J.　105
国家権力　73
国家装置　225
コーディネーター　202
子ども企画イベント・講座　163
子どもの権利条約　163
コミュニケーション　8, 191
　　　・コミュニティ　142, 143
　　　──能力　165, 167, 192
コミュニティ　72, 88, 90, 142, 143, 147, 227
　　　・カレッジ　5, 95, 96
　　　──センター　205, 206
　　　・ラーニング・センター　209
雇用可能性　105
コルブ, D.　9
コンピテンシー　88

さ　行

再帰性　19, 159
再帰的　140
再帰的近代化　20-22
　　　──社会　120
再帰的専有　19
サービス・ラーニング　159
差別　28
参加　230
参加体験型学習　201
参加体験型展示　193
参加のパラドックス　90
ジェルピ, E.　60, 62, 64
ジェンダー　69, 71, 121, 157, 202
資格　12, 86, 87
　　　──化　84
　　　──取得　221, 222
資格証明書主義　99, 102
時間　24
識字　105
　　　──教育　106
　　　──プログラム　104
　　　──率　64
事業所　206
時空間　18, 19, 176

索　引

試験による単位　100-102
自己　13, 229
自己学習　14, 60
自己監視　223-225
自己教育　13, 14
自己決定学習　14, 60, 175
　　──者　224
自己実現　2, 98, 134, 230
自己組織性　27
自己の複数性　27
自己モニタリング　21
司書　175, 179, 182
市場　98
司書教諭　179
システム思考　46
持続可能な開発　74
持続可能な社会　198
　　──に向けた学習　155
持続可能な発展　69, 73
　　──のための教育　157
市長部局　139, 203, 205, 206
実践共同体　11, 53, 54
指定管理者　126, 211
　　──制度　177, 194, 206, 209, 212, 213
シティズンシップ　24
自動貸出機　178
自分史　7
資本主義　25
市民　88
市民運動　202
市民活動　210
市民企画講座　214
　　──会議　91
市民企画展示　190, 191
市民企画力養成講座　215
市民教育　63
市民参加　69, 205, 220
市民社会　71
市民性　22, 69-72, 74, 91, 106, 220
　　──教育　90, 155, 198
自民族中心主義　217

市民的コンピテンシー　90
市民的・社会的関与　87, 88, 89, 90, 91
市民文化活動　207, 208
市民力　134, 136
社会学　14
社会関係資本　88, 90, 91, 135, 146, 147, 203, 219, 220
社会教育　5, 14, 51, 96, 112, 113, 161, 162, 208
社会教育委員　144
　　──会議　144
社会教育行政　131, 139, 148, 163, 179, 207
社会教育局　117
社会教育施設　156
　　──・機関　173
社会教育終焉論　207, 208
社会教育主事　209
社会教育法　5, 9, 10, 127, 161, 172, 173, 200, 207
　　──第23条　203
社会構成主義　158, 159, 226
社会人院生　168
社会人基礎力　165, 167
社会人入試　222
社会人力　219
社会づくり　203
社会的成果　91
社会的包摂　85
集会施設　200
集会所　163
終身雇用制　226
収蔵庫検索　194
首長部局　131, 135, 136, 138
準学士号　95
準拠枠　8
生涯学習　38, 67, 78
生涯学習委員　136
生涯学習行政　131
生涯学習局　117
生涯学習社会　116, 231
生涯学習情報　118, 211

生涯学習審議会　118, 119, 122, 123, 126
生涯学習振興室　117
生涯学習振興整備法（略称）　118, 133
生涯学習推進計画　133, 134
生涯学習推進センター　118
生涯学習成果　124
生涯学習政策局　126
生涯学習センター　200, 212
生涯学習相談員　212
生涯学習体系　116
生涯学習単位　124
生涯学習都市　148
　　──宣言　132, 133
生涯学習に関する世論調査　127
生涯学習のまちづくり　131
生涯学習の理念　126
生涯学習パスポート　123, 126, 221, 222
生涯学習モデル市町村事業　132
生涯学習ルーム　137
生涯学習を進めるまちづくり　117
生涯学力　42, 150, 155, 166, 219
生涯教育　6, 58-61, 73, 78, 93, 112-116
　　──論　112, 115
生涯資格化社会　221, 223
生涯発達　7, 9
上級学芸員(仮称)　192
状況的学習　90
商工行政　132
小中連携　51
商品　98
　　──化　103
　　──としての知識　97
情報　155
　　──化　2, 112, 116, 175, 176, 190, 208
情報活用能力　165
女性　84
女性学講座　203
女性差別　64
人権　24, 69-71, 74, 106, 119, 141, 157, 205, 212
人種　80, 102, 205, 220

新自由主義　99, 107, 227, 228
人的資源開発　96
人的資本　72, 88, 146, 147
榛村純一　132
心理学　14
鈴木みどり　106, 155
ストーリー　203
スポーツクラブ　128
性　80, 107, 205, 220
省察　14, 21, 39, 45, 53, 230
省察的学習　106
　　──者　20, 155
省察的実践者　21
政治的中立性　140
成人学習　70, 73
　　──者　97, 107
成人基礎教育　96, 105
成人教育　4-6, 62, 63, 69, 71, 73, 74, 91, 96, 97, 99, 107, 108, 172, 199, 224
　　──学　5
　　──者　61, 97
　　──の発展に関する勧告　6, 62
　　──法　103, 104
成人・経験学習に関する協議会　101
成人識字教育　5, 61, 63, 67, 70, 103, 105, 181
成人中等教育　96
成人力　40-42
生成語　64
製造物責任法　→PL法
正統的周辺参加　11, 90
青年団　113
政府開発援助　→ODA
世界システム論　25
世界市民　230
　　──主義　228-230
世界とともにある存在　66
世界をつくる　201
積極的な入館者　191
ゼミナール　164
前期近代　20, 26
　　──社会　27

センゲ，P. M. 44, 46, 48, 55
全国一斉学力テスト 154
潜在能力 230, 231
全米識字法 103
専門家システム 25, 26
専門職主義 99
専門性 21, 72, 175, 190-192, 215
専門的知識 19
総合行政 148
総合的な学習の時間 31, 68, 154-157, 160
ソーシャル・キャピタル 135, 136

た 行

第1次アメリカ教育使節団報告書 172, 199
大学 164
大学院 37, 99, 164, 168
大学レベル試験プログラム 100
貸館 211
代償教育 77
第4の領域 141, 142, 144
だがしや楽校 214
確かな学力 151, 154
脱埋め込み化 18
立田慶裕 85
脱文脈化 103
多文化共生 182, 198, 205
多文化主義 8, 40, 143, 217
単位認定 100
短期大学 95
男女共同参画学習課 126
男女共同参画社会 119, 120, 122
男女共同参画センター 198, 203
男性学講座 203
地域教育協議会 162
地域コーディネーター 162
地域社会 3, 67
地域生涯学習振興基本構想 118
地域づくり 203
地域の教育力 162
地域リカレント教育推進事業 118

地球的に考え，地域で活動する 106, 140, 155, 189
知識 19
知識基盤社会 44
地方教育行政の組織及び運営に関する法律 138
地方自治法 126
チーム学習 47, 48
中央教育審議会 114, 115, 118, 127, 151, 165
中央生涯学習センター 210
中等後教育 94
調査研究活動 186
通産省 117, 118
通信教育 2
デジタル・デバイド 97
出前展示 194
寺中作雄 13, 199, 200
デランティ，G. 24, 143
転機 7
展示解説ボランティア 195
展示活動 186
電子図書館 176
動線 191
登録博物館 185
特区 139
読書コミュニティ 176
特定非営利活動促進法 → NPO法
都市化 3, 112, 208
図書館 5, 10, 37, 60, 103, 113, 157, 172, 173, 187, 198-200, 208
図書館員 174
　──の倫理綱領 174
図書館海援隊 181
図書館学 175
図書館協議会 144
図書館人 173, 176
図書館の自由 174, 175
　──に関する宣言 173
図書館法 127, 172, 200
図書館奉仕 173
図書館無料の原則 172, 177

273

読解力　32-34, 36, 38, 41, 180, 218
ドメスティック・バイオレンス　→ DV
トライやる・ウィーク　160

な 行

ナショナル・アイデンティティ　28
ニーズ至上主義　213
日本語学級　205
日本図書館協会　173
入館　195
入館者　187-189, 191, 193, 194, 196
　　　──数　185
人間科学　230
人間関係形成能力　165
認証　84, 86, 87, 123, 124
認証システム　123
認知主義　159
ネグリ，A.　25
年収　129
農村　132
能動的な市民性　70-72
野中郁次郎　48
ノーマライゼーション　133
ノールズ，M.　5, 6, 213
ノンフォーマルな学習（学び）　3, 11, 13, 70, 74, 82, 84-86, 91, 101, 160, 161, 164, 217, 218, 222, 223, 225-227,
ノンフォーマルな教育　5, 10

は 行

バウマン，Z.　25, 27, 29, 221
博学連携　186, 187
博物館　5, 10, 12, 157, 175, 198-200, 208
博物館教育学　189
博物館教育論　194
博物館協議会　144, 190
博物館相当施設　185
博物館登録制度　186
博物館法　127, 185, 200

博物館類似施設　186
波多野完治　58
バーチャル・ミュージアム　194
ハッチンス，R.　102
発達課題　7, 20
ハート，M.　25
ハーバード・ビジネススクール　99
バレンタイン，T.　97
半識字　105
ハンズオン　189, 193
ハンブルグ宣言　69, 72, 75
反面教師　12
非識字　72, 104, 105
　　　──者　64, 66, 67
美術博物館　186
非正規労働　226
非政府組織　→ NGO
非専任職員　172
非大学後援教育　100-102
非伝統型　94
　　　──学生　95, 100
　　　──高等教育　100-102
批判的識字　105
批判的な入館者　188
評価の多次元化　117
被抑圧者の教育　66
ファシリテーター　54, 55
不安定性　25
フィールドワーク　201
フィンランド　36
フォーマルな学習（学び）　3, 11-13, 80, 85, 86, 101, 154, 160, 161, 217, 218, 223
フォーマルな教育　5, 81, 82, 126
フォール報告書　59
付加価値　223
福祉　155, 157
フーコー，M.　223, 229
婦人会　113
不本意就学者　95
フレイレ，P.　61, 63, 64, 67, 105, 106
プログラム学習　158

索　引

文化行政　132
文化資本　203, 219, 220
文化・生涯学習　136
平和　157, 212
ベック，U.　26
変容的学習　7
　――理論　8
放課後子ども教室事業　163
放送大学　118
法テラス　182
ポートフォリオ　126
ポプケヴィッツ，T.　217, 229, 230
ボランティア　159, 164, 188, 195, 222
　――活動　101, 119, 122, 162, 205, 211
ボランニー，M.　48, 225

ま　行

マイノリティ　63, 96, 97
マーシック，V.　45
まちづくり　122, 131, 137, 182
松下圭一　207
学び捨てること　218
学び直すこと　218
学びの共同体　164
学びのすそ野　159-161, 163
未完のコスモポリタン　217
ミュージアム・エデュケーター　194
未来の学習　68, 73
民間委託　177
民間事業者　178
民間資金構想　178
民主主義　24, 25, 67, 69-73, 133, 174, 227, 229-231
民主的参加　67
民族　205, 220
ムンバイ声明　72
メジロー，J.　8
メディアとしての博物館　188
メディア・リテラシー　106, 155, 180, 189
文部科学省　32, 126, 151, 186, 194, 206, 213

文部省　118

や　行

有給教育休暇　80
　――に関する勧告　79
ユニバーサル・アテンダンス　94, 95
ユネスコ　6, 115, 223
ユネスコ学校図書館宣言　180
ユネスコ公共図書館宣言　174
ユネスコ生涯学習研究所　73, 74

ら・わ行

ライフコース　7
ライフ・ポリティクス　120
ラングラン，P.　58-60
リカレント教育　1, 77-81, 93, 115, 119
リカレント教育推進協議会　119
リキッド・モダン　27
臨時教育審議会　116, 117, 222
レイヴ，J.　11
歴史博物館　186
レビンソン，D.　7
レファレンス・サービス　176
老人会　137
労働　81, 82
労働組合　86
労働市場　95
ロングワース，N.　146
ワークシート　189, 193
ワークショップ　54, 55, 201
渡部幹雄　182
ワトキンス，K.　45

欧　文

CAI　159
DV　205
education more education　107
Ipad　26

Ipod　26
MBA　99, 102
NGO　145
NPO　122, 195, 206, 212, 213
　——委託　177
　——法　121, 122
ODA　120
OECD　77, 84, 85, 115, 119, 155, 221, 223
OJT　82

PFI　178
　——法　178
PIAAC　40, 42, 218
PISA　32, 34, 36, 39-42, 150, 154, 180
PL法　120
PTA　137
unlearning　228
You Tube　26

《著者紹介》
赤尾勝己（あかお・かつみ）
　1957年　福岡県生まれ。
　1985年　慶應義塾大学大学院社会学研究科教育学専攻博士課程所定単位取得後退学。
　2008年　大阪大学大学院人間科学研究科教育学系博士課程修了，博士（人間科学）。
　現　在　関西大学文学部教授，放送大学客員教授，豊中市教育委員，日本学習社会
　　　　　学会会長。
　主　著　『生涯学習理論を学ぶ人のために』（編著）世界思想社，2004年。
　　　　　『生涯学習社会の諸相』（現代のエスプリ第466号）（編著），2006年。
　　　　　『教育改革の国際比較』（共著）ミネルヴァ書房，2007年。
　　　　　『生涯学習社会の可能性』ミネルヴァ書房，2009年。
　　　　　『生涯学習社会の構図』（共著）福村出版，2009年。
　　　　　『学習社会学の構想』（編著）晃洋書房，2017年。
　　　　　『生涯学習支援の理論と実践』（共編著）放送大学教育振興会，2022年。

　　　　　　　　　　新しい生涯学習概論
　　　　　　　　──後期近代社会に生きる私たちの学び──

　　2012年4月10日　初版第1刷発行　　　〈検印省略〉
　　2023年2月20日　初版第3刷発行
　　　　　　　　　　　　　　　　　　定価はカバーに
　　　　　　　　　　　　　　　　　　表示しています

　　　　　著　　者　　赤　尾　勝　己
　　　　　発　行　者　　杉　田　啓　三
　　　　　印　刷　者　　中　村　勝　弘

　　　　　発　行　所　株式会社　ミネルヴァ書房
　　　　　　　　　　607-8494 京都市山科区日ノ岡堤谷町1
　　　　　　　　　　電話代表　(075)581-5191
　　　　　　　　　　振替口座　01020-0-8076

　　　　　　Ⓒ 赤尾勝己，2012　　　　　中村印刷・新生製本

　　　　　　　　ISBN978-4-623-06284-3
　　　　　　　　　Printed in Japan

生涯学習社会の可能性
市民参加による現代的課題の講座づくり
赤尾勝己 著
A5 判／384 頁／本体 5000 円

「参加の力」が創る共生社会
早瀬昇 著
A5 判／256 頁／本体 2000 円

人が集まるボランティア組織をどうつくるのか
長沼豊 著
A5 判／228 頁／本体 2800 円

ソーシャル・キャピタルのフロンティア
その到達点と可能性
稲葉陽二・大守隆・近藤克則
宮田加久子・矢野聡・吉野諒三 編
A5 判／272 頁／本体 3500 円

現代文化論
社会理論で読み解くポップカルチャー
遠藤英樹 著
A5 判／176 頁／本体 2400 円

―― ミネルヴァ書房 ――
https://www.minervashobo.co.jp/